中世鎌倉五山の建築

鈴木　亘

中央公論美術出版

中世鎌倉五山の建築

目次

序

五山の制度と鎌倉五山

日本における宋朝禅を旨とする専門禅刹伽藍は宋僧蘭渓道隆を開山に迎えて、執権北条時頼により建長五年（一二五三）十一月に落慶供養された鎌倉の建長寺を以て嚆矢とする。その後、執権北条時宗は、宋僧無学祖元を開山に請じて鎌倉に円覚寺を創立し、弘安五年（一二八二）十二月八日に開堂した。本邦において禅宗が最も盛んであったのは鎌倉時代末から南北朝期であり、鎌倉および京都を中心に多くの禅寺が創設された。それに伴い来日僧および入宋、入元僧を通じて宋・元の文物が招来され、建築では新様式である禅宗様（唐様）の一大発展をみた。

一方、多くの禅寺の創設に伴い、幕府は禁制および規式条書を配布し、禅寺の統制を計った。中国禅寺の制度を模した五山の制度は、執権北条貞時により鎌倉時代末に採用されたと考えられている。延慶三年（一三一〇）頃には、建長・円覚・寿福・浄智の四寺が五山に列位され、それに将軍源頼家創建の京都建仁寺を加え五山と称された。

南北朝期になると、足利氏は多くの禅寺を管理統制するため、中国禅寺における五山・十刹・甲刹の三段階からなる官寺・寺格制度を採り入れた。室町幕府は、鎌倉時代末以来の五山位次を改め、暦応五年（一三四二）四月に五山・十刹次第を定めた。『扶桑五山記』によると、この時の五山次第はつぎのようである。

五山次第

第一　建長寺　南禅寺〈両寺均等之子細、見状左、但依都鄙改坐位、〉

第二　円覚寺　天竜寺

第三　寿福寺

第四　建仁寺

第五　東福寺〈住持家幷本所承諾、治定畢、〉

此外浄智寺〈可准五山、長老幷両班耆旧名、可列一類之位次也、〉

鎌倉の建長・円覚両寺は京都の南禅・天龍両寺とともに五山の第一・第二を占め、鎌倉の寿福寺は第三、京都の建仁寺は第四、東福寺は第五であった。鎌倉の浄智寺は五山に準じ、浄妙寺は十刹の第一であった。その後、一部の改定を経て、京都および鎌倉の五山位次が定まるのは至徳三年（一三八六）七月である。この年、将軍足利義満創建の京都相国寺が完成し、同寺を五山に加えるために南禅寺を五山の上に昇格した。『扶桑五山記』によると、その位次はつぎの通りである。

五山之上　南禅寺

五山第一　天竜寺　建長寺

第二　相国寺　円覚寺

第三　建仁寺　寿福寺

第四　東福寺　浄智寺

第五　万寿寺　浄妙寺

京都五山と鎌倉五山の位次は、その後、中世を通じて踏襲された。なお、禅寺の統制は鎌倉時代末から南北朝期に武家の中から任命された行事が当ったが、三代将軍足利義満の時、僧録司制度を新設し、僧官がそれを統率するようになった。

鎌倉の五山禅寺は、五山制度が確立する以前に創立され、鎌倉時代末期には三門、仏殿、僧堂、庫院、法堂、方丈を中心とする禅宗様の伽藍を整えていた。鎌倉五山禅寺の開山は中国の来日僧もしくは入宋僧であり、開基は鎌倉将軍家及び北条執権もしくはその一族と足利氏である。鎌倉の五山禅寺は新興の武家階級により創建されたのである。中でも建長寺と円覚寺は宋僧蘭渓道隆と無学祖元を開山とし、執権北条時頼と北条時宗をそれぞれ開基としていた。両寺は創建に当り、中国南宋五山第一径山万寿禅寺の伽藍を模したと伝えられる(1)。鎌倉時代の五山禅寺は来日僧および入宋僧の住持が多いだけでなく、宋様式の伽藍と建築を中国より招来し、また十方住持制度あるいは生活様式を定める清規などに宋風をとり入れていた。鎌倉時代に禅宗とともに招来された南宋の建築は中国の永い歴史の中で最も洗練され、全体と部分を統一し完成した様式を整えていた。鎌倉五山禅寺は、その宋様式の建築を模して創建されたのである。そこには、中国の来日僧と入宋僧による指導があり、また彼我の間に工匠の往来があったと伝えられる。鎌倉五山禅寺の盛期における主要伽藍の配置とその建築様式は、日本の中世建築に大きな影響を与えた。五山禅寺の盛期における伽藍とその建築は日本文化の中で極めて重要な位置を占めている。

本書は、中世鎌倉五山禅院の創立から盛期における伽藍及び塔頭の建築について考察している。つぎに、伽藍及び塔頭の用語について補足する。

伽藍は、『広辞苑』に「がらん［伽藍］（梵語 Samghârâma 僧伽藍摩の略。衆園・僧園または精舎と訳す。）僧侶が住んで仏道を修行する所。寺。寺院」とあり、僧院を意味する。また建築では、七堂伽藍あるいは伽藍配置というように寺院における主要堂宇の意味にも用いられる。本書は、主として後者の意味に用いる。

塔頭は中国禅寺において発生したもので、禅宗とともに日本の禅寺に伝えられた。中国において塔とは高僧が入滅した後、その遺骨を埋葬する墓をいい、その上に設けた覆屋を塔院といった。塔頭は高僧の塔のなかで特に一宗一派の祖とあがめられる人の塔を、塔の主なるものという意味をもたせて塔頭と呼び、一般の塔と区別するようになったという。(2) 日本の禅寺では塔頭と塔所の区別がなく、高僧の塔所を塔頭と呼んでいる。『広辞苑』に「たっちゅう［塔頭］（唐音）①禅宗で、祖師または大寺の高僧が死んだ後、その弟子が師徳を慕って塔の頭《ほとり》に構えた房舎。②一山内の寺院、即ち子院の内の大きなもの。わきでら。」とある。鎌倉五山の禅院は一つ谷戸に中心伽藍を造営したので、塔頭はその周辺と三方の丘陵に営まれ、多くの子院を構成した。

本書前編第一章から五章において、鎌倉五山各禅院の創立と創建期の伽藍および盛期における伽藍配置と主要堂宇の形式を考察した。特に第一章では元弘元年の「建長寺伽藍指図」に描かれた三門、仏殿、僧堂・庫院と方丈「大客殿」の平面形をもとに、それらの建築形式を復原的に考察し、鎌倉時代末から南北朝期における最盛期の建長寺伽藍にみられる宋風建築の特徴を明らかにした。第二章では建武頃の「円覚寺境内絵図」を復原的に考察し、三門、仏殿、僧堂・庫院、法堂および方丈など主要堂宇はそれぞれ規模を縮小して描かれていること、特に、三門両脇殿より仏殿両側を繋ぐ回廊は絵図にみえないが、鎌倉時代末から南北朝期の盛期円覚寺伽藍にそれが存在したことを明らかにした。また、応安七年（一三七四）の円覚寺火災後に再建された方丈の平面を考察し、六間取型の推定復原平面を提示した。これは六間取型方丈の室内の様子が知られる初期例である。また、第三章で寿福寺仏殿は開山明庵栄西の時、建保三年（一二一五）に創建されたことを明らかにした。仏殿の本尊は釈迦、阿弥陀、弥勒の三世仏であった。寿福寺の三門、仏殿、法堂、方丈が整うのは文永年間、第四世蔵叟朗誉の時である。その後、弘安元年（一二七八）に寿福寺に入院した第六世大休正念の時、僧堂と庫院、および三門と仏殿・法堂の両側を繋ぐ南・北長廊下などが整備された。

後編は鎌倉五山の塔頭における主要建築の構成と形式を論じた。第一章及び第二章で、五山禅院における開山の塔頭とそのほかの諸塔頭について創立から室町時代に至る主要建築の構成と形式を考察した。それをもとに第三章で、鎌倉五山の塔頭における開山堂と本坊の平面形式をまとめた。

開山堂と昭堂の構成よりなる塔頭は建長寺開山塔頭西来庵および円覚寺の開山塔頭正続院と黄梅院である。弘安二年（一二七九）に創建された西来庵開山堂は方三間の土間堂で、母屋の仏壇に開山坐像を安置していた。開山の霊骨器（銀製）は仏壇後ろ地中に築いた石卵（石室のこと）に奉安され、その直上の床に開山石塔（無縫塔）を立てていたと推察される。開山堂前の昭堂は、南浦紹明が住持の時、延慶元年（一三〇八）に創建された。十五世紀中ごろの西来庵祖塔は開山堂・合の間・昭堂よりなる複合建築であった。開山堂は創建期と同じ規模・形式である。昭堂は方三間「もこし」付の禅宗様建築であった。

応永末年に再建された円覚寺正続院開山堂は方三間の土間堂で、堂内背面中央間の厨子に仏光国師坐像を安置し、その前に禅宗様須弥壇（現存）を置いていたと推察される。昭堂は開山堂前方の下壇に建ち、方三間「もこし」付形式であったと推察される。

鎌倉五山塔頭の開山堂は開山堂単独の構成が多い。開山堂は一般に方三間の規模で、基壇に立つ禅宗様土間堂であったと推察される。堂内は背面一間通り仏壇の中央柱間に開祖の坐像を安置し、脇壇に釈迦、聖観音像あるいは開基、檀那などの木像を祀っていた。

塔頭本坊の例は鎌倉時代後期に遡り、客殿と書院を備えていた。鎌倉五山塔頭本坊の特色の一つは二階建の本坊が九棟もあることである。二階閣をもつ本坊は鎌倉時代創立の塔頭に多く、一階に客殿と書院を備えた例が知られる。

開山堂を設けない塔頭では、本坊に開祖の頂像を安置した。当初は客殿背後の壁あるいは客殿背面に作った狭い仏壇に開祖の画像を安置したと思われるが、十四世紀中ごろになると客殿奥に仏間を設け、その仏壇に開祖木像や塔頭の本尊を安置するようになった。それの早い例は明岩正因が十四世紀半ばに円覚寺境内に営んだ正伝庵の本坊である。

前編　鎌倉五山の伽藍配置と主要堂宇の形式

第一章　建長寺の伽藍

建長寺は鎌倉の北西、小袋坂の北にあって主山勝上巘に向って北東に入り込む谷戸とその周辺の枝谷および山稜を寺地とし、中心伽藍は南西を正面とする。建長寺の開山は宋僧蘭渓道隆、開基は執権北条時頼である。建長寺は山号を巨福山、寺号を建長興国禅寺といい、中世において鎌倉五山第一に位した。現在、建長寺は臨済宗建長寺派の大本山である。

第一節　創建期の建長寺伽藍

Ⅰ　建長寺の創立

『吾妻鏡』建長五年十一月二十五日の条によると、建長三年（一二五一）十一月八日に建長寺事始があり、二年後の同五年十一月二十五日に蘭渓道隆を導師として、仏殿の落慶供養が営まれた。仏殿は中尊に丈六の地蔵菩薩坐像を安置し、また千体地蔵像を安置していた。北条時頼は殊に真心を凝らし給うという。また、一日内に五部大乗経を書写し供養した。この作善の趣旨は、上は皇帝万歳、将軍家および重臣の千秋と天下太平を祈り、下は三代将軍、二位家ならびに北条一門の過去数輩の没後を弔うためという。

一方、建長寺創立について『東福開山聖一国師年譜』は、つぎのように伝える。

建長元年、師（円爾弁円）四十八歳の時、北条時頼は巨福山を開き、建長寺を創める。師は僧十人を遣わし、叢林礼を行う。時頼は隆蘭渓を請じ第一世と為すに及び、道隆は師としばしば書簡をとり交わした。

叢林礼は地鎮祭であろうか。『吾妻鏡』に記す建長三年十一月の建長寺事始は、仏殿などの木作始と考えられ、建長元年建長寺開創説は注意されてよい。

蘭渓道隆は開先の無明慧性より法を得て後、寛元四年（一二四六）に門弟義翁紹仁などを率いて博多に来航、一年ほど博多の円覚寺に寓居した。翌宝治元年（一二四七）秋、蘭渓は上京して、宋で知り会った月翁智鏡のいる泉涌寺来迎院に仮寓した。そして、月翁の勧めにより、翌宝治二年（一二四八）、鎌倉に下向し寿福寺に掛搭した。北条時頼はそれを聞き、蘭渓を迎えて常楽寺に居らしめたと伝えられる。『常楽禅寺蘭渓和尚語録』によると、蘭渓の常楽寺入院は、宝治二年十二月であり、翌建長元年（一二四九）四月には僧の数が百人を超えたので、時頼は僧堂を重建した。時頼は軍務の余暇に蘭渓を訪い、道を問うたという。

『常楽禅寺蘭渓和尚語録』によると、蘭渓は建長元年五月から六月頃、常楽寺を退院した。その後、建長五年十一月二十五日の建長寺落慶供養までの間、蘭渓は何処に居住して、大衆を教導したのであろうか。つぎに、『大覚禅師語録』をもとに、蘭渓道隆が巨福山に入った時期を考察し、その上で、草創期の巨福山における蘭渓の大衆教導と建長寺造営の様子について述べる。

（1）蘭渓道隆の巨福入山時期

『大覚禅師語録』「建長禅寺語録」の記事は、上堂法語から始まり、蘭渓の入山法語を載せない。今枝愛真氏は、この上堂法語の年時を建長五年（一二五三）中秋のすこし前としている。(3) 一方、『建長寺史』（編年史料編第一巻）は、この上堂法語を建長寺前身地蔵堂（小袋坂地蔵堂）における説法として、建長元年（一二四九）に編年している。また、館隆志氏は、『蘭渓道隆禅師全集』第一巻、『蘭渓和尚語録』の解題で、「建長寺語録」は上堂年時順であり、建長六年（一二五四）から弘長二年（一二六二）までの記録である、とする。(4) このうち館氏の説が認められているようである。しかし、これについては、なお検討の余地があると思われる。

「建長禅寺語録」始めの年の十二月八日「仏成道日上堂」法語に「是れ汝諸人、此に来たりて同じく住す。（○中略）。三冬に一番の寒きを得されば、いかでか得ん梅花の香鼻をうつことを。」とある。これは、蘭渓が巨福山に入って三年目の法語である。さらに、その次の年の「仏涅槃上堂」と「浴仏上堂」の間の上堂法語に「上堂。太平の時節、姦攙虚りて伝う。将軍すでに定まりて、天下安然たり。」とあるのは、『吾妻鏡』建長四年四月五日条にみえる、四月一日の宣旨で、宗尊親王が征夷大将軍になったことをいう。また、同年六月の上堂法語に「上堂。六月の炎烝。何の処にか弾避せん。」とあるのは、『吾妻鏡』にみえる建長四年六月の旱魃と考えられる。

以上により、『大覚禅師語録』「建長禅寺語録」は建長三年の上堂法語から始まること、建長三年は蘭渓が巨福山に入って三年目であり、蘭渓は、建長元年五月から六月に常楽寺を退院し、その年の中秋以前に巨福山に入ったことが判明する。建長三年の「仏成道日上堂」法語に、大衆は同住して夏安居を行ったとあるので、禅堂があったと推察できる。

なお、建長三年の「仏成道日上堂」の前の法語に、

復云。冬至すでに半月の日を過たり。（○中略）。忽ち地に清音籌室をうごかす。拄丈を拈して云、拄丈子出来して、左顧右観、東にたずね西にもとむ。元より是れ地蔵堂の後、東北の角頭。一陣風来りて、宝鐸を吹

動す。

と記す。建長寺の地蔵堂（仏殿）は未だ出来ていないので、これは小袋坂の地蔵堂である。籌室は蘭渓の住房であり、これによると住房は地蔵堂の東北に在ったらしい。これに関して注意されるのは、『扶桑五山記』建長寺諸塔・西来庵項に、大覚（蘭渓道隆）は始め西蜀庵と号す。蓋し生地西蜀の故丘を慕うなり。仏光（無学祖元）は、後に改めて西来庵となす、と伝えることである。現西来菴は伽藍東方の丘にあり、その位置は小袋坂地蔵堂の東北に当たる。西蜀庵は西来庵の前身と考えてよいかもしれない。後述のように、蘭渓は建長二年から夏安居を始めていた。それは西蜀庵で行われたと思われる。

「建長禅寺語録」のその後の法語を検討すると、建長四年の次の年の法語のうち「結夏上堂」と「解夏上堂」の間に「上堂。徧界は炎炎として、火相逼る如し。生鉄の烏亀も、額頭より汗出づ。」の記事がみえる。『吾妻鏡』によると、これは建長五年（一二五三）五月二十一日から二十三日の炎旱と考えられる。また、その次の年の中秋上堂と開炉上堂の間に「因地震上堂。」の法語がある。これは『吾妻鏡』正嘉元年（一二五七）八月二十三日条に記す鎌倉大地震である。すると、「建長禅寺語録」は建長六年から康元元年（一二五四〜五六）まで三年間の法語を欠くことになる。先述のように、館隆志氏は、「建長寺語録」は建長六年（一二五四）から始まるとするが、それは正嘉元年（一二五七）八月の鎌倉大地震の年の『語録』より以前に三か年の『語録』が有るからである。しかし、「建長禅寺語録」は建長六年から康元元年まで三年間の『語録』を欠くと考えられるので、その三ケ年は建長三年から建長五年にあてられる。すなわち、「建長禅寺語録」は建長三年から始まるとするのが妥当である。

一方、正嘉元年から三年後の記事に「兀菴和尚至上堂」の法語を載せる。これは、兀菴が来朝し、建長寺を訪れた文応元年（一二六〇）の記事である（『兀菴和尚語録』）。「建長禅寺語録」によると、それより二年後の弘長二年（一二六二）春に蘭渓は建長寺を退院した。退院法語に「辞衆上堂。（〇中略）。要津把断す十三年春。また、軽帆を掛けて海浜を出づ。」とあり、蘭渓は十三年間建長寺にいたという。弘長二年から十三年前は建長元年であり、蘭渓が巨福山に入った年と一致する。

（2）建長四年選仏場の開堂

つぎに、『大覚禅師語録』「建長禅寺小参」の記事を検討する。

「建長禅寺小参」のはじめの年の「解夏」説示に「師云く。（〇中略）。建長、一夏已に満つ。また諸人と商量して、心肝を露出し腸を剖出せん。」とある。蘭渓は巨福山に入って最初の夏安居を終えたのである。これは建長二年の小参と推定される。また、翌年の「除夜」説示に「大衆を召して云く。既に高下なし、いかでか長短あらん。佗の百卉に超えて、先に開発するも、なお三冬に向い雪霜に傲る。」とある。これは、蘭渓が巨福山に入って三年目の冬を向えることとで、建長三年の小参である。

その次の年の「結夏」説示に「結夏。漫天の網を布くも、山禽・籬雀は羅籠するに在らず。選仏場を開くも、鉄額・銅頭はまさに入作するに難かるべし。今夏の禁足安居、一条の大道を闢き、諸人をして行じ去らしむ。」と記す。この年四月に選仏場（僧堂）が開堂され、一条の大道が開かれた。同年の「解夏」後の「因事小参」に、「予、極西の地より、極東の州に至る。縁既に偶合して大叢林を成す。大檀那の立法の意を観るに、須弥山も未だ必ずしも高大と為さず、滄溟の水も未だ必ずしも至深と為さず。」とあり、また「予、大檀那の力により、この叢林を成す。正に順風に帆を使うが如し。」とある。この年、建長寺伽藍の造営が進行していたことが窺える。これらは建長四年の小参記事であると推定される。

その次の年の「歳夜」説示に、

復挙。白雲、衆に示して云。若し端的に一回汗出来たる得ば、すなわち一茎草上に向かって、瓊楼玉殿を現ぜん。もし未だ端的に一回汗出来を得ずば、たとい瓊楼玉殿有りといえども、かえって一茎草に蓋われん。(〇中略)。師云く。白雲は是己を以て人にくらべる、傍笑を顧みず。蘭渓即ち然らず。瓊楼玉殿は自ら是瓊楼玉殿なり。一茎草を拈せば只是一茎草なり。暁来たりて雲散じ、また重ねて明らかなり。匝地普天、俱に一照。

とある。一茎草上の玉殿ではなく、本物の瓊楼玉殿が建長寺伽藍に出現したことを表明しているのではないだろうか。これは、仏殿供養のあった建長五年の除夜小参と推定される。

その次の年の「解夏」説示に「師云く。資福、恁麼に道うは、すでにこの僧の眼を瞎し了われり。我この刹に住して、已に五年を過ぐ。有る時は人の眼を点開し、有る時は人の眼を点瞎す。」と記す。蘭渓がこの刹に住み五年が過ぎたと云うので、これは建長六年（一二五四）の小参である。

なお、「建長禅寺小参」の記事は、建長二年（一二五〇）から「最明寺開堂小参」説示のある康元元年（一二五六）まで、七年間の小参を収めている。そのうち、康元元年の小参に「結夏」が二個所にみえる。後の「結夏」説示に、

建長、今夏二百余衆、驢迎え馬向え。同じく長期を度る。甚の非形不物をかきわめん。只管に飯を食し時を過ごすのみ。果して恁麼もまた希奇たり。藤原漢子の知ることを許さず。

とある。この夏の結夏に二百余人の衆が集まった。これは、内容からみて「解夏」小参の説示である。康元元年の「結夏」小参は、それより前にみえる「結夏」と考えられる。

以上、蘭渓は、建長元年の五月から六月頃、巨福山に入ったと考えられる。『建長寺史』（編年史料編第一巻）建長元年六月十日条に収める「蘭渓道隆尺牘」によると、建長元年六月十日、蘭渓道隆は、郷人千十郎を東福寺の円爾弁円に遣わして、建長寺建立後の衆僧指導の助縁を請うている。その書簡に「道隆、今夏内外庇を蒙り一時の安楽をむさぼる、但創立の功（初カ）、規模未だ定まらず、」と記し、「建長禅寺住持比丘道隆頓首」の署名がある。(5) 建長元年六月頃、蘭渓は建長禅寺住持として巨福山の庵居に住んでいたこと、建長寺創立の初めで、規模は未だ定まっていなかったことが窺える。『東福開山聖一国師年譜』によると、この年、東福寺の円爾弁円は僧十人を建長寺に遣わし、建長寺地鎮のため叢林の礼を行わせた。

その後、建長三年（一二五一）十一月に建長寺事始があり、翌四年四月に選仏場を開堂した。選仏場は建長寺主要伽藍の僧堂である。康元元年（一二五六）の「解夏」（結夏は誤りと思われる）の記事によると、この年に夏安居した大衆は二百余人を数えたので、選仏場はそれを収容できる規模であったであろう。また、それだけの大衆の食事を賄うにはそれ相当の庫院が存在し、禅寺の組織も整えられていたと考えられる。

（3）両班制度

『建長寺史』建長二年正月廿日条に収める「蘭渓道隆尺牘」によると、蘭渓は肥前の若訥宏弁に書を呈し、鎌倉に下るよう請うた。若訥宏弁は、蘭渓が博多の円覚寺にいた時に参禅した僧であり、蘭渓の請に応じて草創期の建長寺に到り七・八年間副寺を務めたという。副寺は庫頭、知庫ともいい、本寺の金銭米穀の出納に当たる役である。

「建長禅寺語録」で建長寺の役職が窺えるのは、建長四年の「至節上堂」のあとに「謝書記、蔵主、浴主上堂。」、翌五年の「冬至上堂」のあとに「謝首座、書記、蔵主、浴主、直歳上堂。」とある記事である。首座は禅寺で衆僧中の首位に坐す者、書記は書疏の作成を掌り、蔵主は蔵殿の主管、大衆の経典閲覧を掌り、浴主は知浴ともいい入浴のことを掌る。直歳は禅寺における殿舎の修理など作務を掌る役である。また、正嘉元年（一二五七）の「解夏上堂」のあとに「謝両班上堂。」の法語があり、両班制度が成立していた。両班は東班と西班よりなり、東班は都寺、監寺、副寺、維那、典座、直歳の知事六職を置き、本寺の庶務と経営を担当する。西班は首座、書記、蔵主、知客、知殿、知浴の頭首六職を置き、本寺の人事と修行・儀式を担当する。一般的に、東班知事は仏殿の東にある庫院の内に寮を持つことが多い。また、西班頭首は仏殿の西にある僧堂の周辺に寮舎が建てられた。

Ⅱ　創建期の建長寺伽藍

（1）開山の時の主要堂宇

貞和三年（一三四七）ころに作られた「建長興国禅寺碑文」に、建長寺は南宋五山第一の径山万寿禅寺を模したと伝えられる。万寿禅寺を模したとすると、北条時頼は、工匠を南宋に遣わして諸堂の規模を学ばせたことが推定される。また、同碑文に仏殿の本尊について、つぎの伝承をのせる。初め、蘭渓は本尊に三尊仏を欲したが、北条時頼は、この地は昔幽谷であったが、かつて刑場となり、誤って国憲を犯した者はここで殞首されることが多かった。先に地蔵菩薩の祠ここに有り。よろしく地蔵菩薩を本尊と為すように、と説いた。そこで、地蔵菩薩像（丈六像）を本尊とし、仏壇に丹崖翠巘の状を作って伽羅陀山に擬し、本尊をその中に安置した。また、地蔵の小像千体を作り、本尊の両傍を擁衛したという。

さて、建長五年十一月の建長寺供養の時に三門、仏殿、選仏場、庫院および住持の住房である方丈は出来ていたと推察される。その後、建長七年（一二五五）二月、北条時頼は建長寺の巨鐘を鋳造して、鐘楼に懸けた。その鐘銘（住持道隆題）に「雲斂まり霏開く、楼観百尺、嵐敷き翠掃く、勢諸方を圧す。」とあるのは、二階楼閣門である三門の高大を表現したものである。また、「洪鐘を囲范するに、千人の縁会を結び、宏いに高架に撞き、四海の安康を鎮める。」とあり、鐘は鋳造するに千人の結縁により、二階の鐘楼に架けられたと推察される。鐘楼は三門の東脇にあったのではないだろうか。

「建長禅寺小参」の建長七年「解夏」法語に「東廊下にて鐘を打ち鼓を打ち、西廊前にて是を説き非を説く、」とある。東廊下と西廊は三門と仏殿の両側を結ぶ東・西両廊下である。東廊下に粥飯の時を報ずる鐘と太鼓があり、その東側に庫院があったと推察できる。選仏場は西廊下の西側に建っていたであろう。また、「建長禅寺語録」正嘉元年（一二五七）春頃の上堂法語に僧堂、衆寮、東廊下、西屋がみえる。弘長元年（一二六一）春頃、摩霄殿宇と接日楼台が建立された。これが何処に建てられたか未詳である。

文永八年（一二七一）春、住持蘭渓道隆は、朗然居士のために観瀾閣にて頂相画に讃を書いた。観瀾閣は勝上巘の坐禅窟前にあったと伝えられる。

なお、『兀庵普寧語録』に、第二世兀庵普寧が建長寺に入院した時（弘長元年）、方丈（據室）で行われた問答をおさめる。その中に「進んで云く、玆の辰国公殿、親しく臨拱して法要を聴く、畢竟如何が指示せん。師云く、水に近うして楼台先づ月を得、向陽の花木早く春に逢う。」の語がある。これは得月楼と逢春閣の存在を示唆する。「無学祖元尺牘」に、北条時宗が逢春閣に留めていた東福寺の是暁首座を無学祖元が尋ねて、法兄円爾弁円の病を問うたことがみえる。円爾は弘安三年十月十七日に示寂したので、これは同年夏頃のことと考えられる。次項に述べるように、逢春閣は方丈客殿の二階と考えられる。また、弘安七年六月十六日、無学祖元は得月楼において白楽天の画像に讃を書き、また、同年九月三日、求めに応じて得月楼にて頂相に自讃した。得月楼は住持の丈室であった。『仏光国師語録』偈頌に、

信レ筆為二宝光一書

得月楼前春未レ饒。青山影裏雪初消。
隔レ池両樹梅花白。髣髴孤山第四橋。

の詩を収める。得月楼は方丈池に臨んで建っていた。池を隔てて白梅が二本植えられ、西湖中にある孤山の梅花と第四橋を髣髴するとあり、見事な梅樹があり、池に橋が架かっていたらしい。方丈北の池については、『元亨釈書』宋国道隆の項に建長寺寝室の後に池があり、池の側に有った「霊松」の伝承をのせる。平成十二年に実施された紫雲閣の改築に伴う発掘調査によると（後述）、方丈の敷地は創建以来、伽藍北方の現在地にあって、法堂の土地より四尺ほど高い地形を形成していた。また、方丈北側の池（蘸碧池）は創建当初に遡ることが判明した。

（2）法堂創建と総門の造営

文永十一年（一二七四）秋、大休正念（第三世）は禅興寺より建長寺に入院した。『念大休禅師語録』「住建長禅寺語録」の入院法語に三門、千身地蔵殿、方丈がみえる。

大休が住持の時、建治二年（一二七六）正月元旦に法堂が創建され、大休は拈花堂に陞座して説法を行った。創建以来二十四年にして建長寺主要堂宇が整ったのである。念大休「住建長禅寺語録」に、最明寺殿（北条時頼）十三年大忌のため、北条時宗は毗盧大楼閣を建立、忉利善法堂を開闢、中尊釈迦丈六像を造立、賢劫千如来を荘厳する。一大蔵教を印造し、五部大乗経を書写し供養。大休正念をして陞座慶讃せしめたことを載せる。毘

盧大楼閣は法堂二階で、そこに中尊丈六釈迦如来像と千体釈迦小像が安置されていた。北条時頼の十三年忌は建治元年十一月廿二日である。最明寺殿十三年大忌の記事は建治二年の「臈八上堂」の前に収められているが、法堂は建治元年十一月にほぼ完成し、そこで十三年忌法要が行われたのであろう。

『念大休禅師語録』（住建長小参）によると、建治元年冬至に新しく「巨福山」額と毘盧閣下の法堂に「拈花堂」額が掛けられた。「巨福山」は総門の額であり、この年に総門が造営され、新しく「巨福山」の額を掛けたと推察される。『念大休禅師語録』大小仏事にのせる巨福山額を掛ける偈に、

掛二巨福山額一

名山巨福は関東を鎮める。壁立門庭気象雄。紺殿の華堂は明るく日に麗しい。危楼の傑閣は勢空を凌ぐ。（〇中略）手を以て額を指し仰視して云く。覿面の全提文彩露われる。直教千古玄風を扇ぐ。

とある。気象雄健な総門と秀麗な殿堂、空を凌ぐ勢いの楼閣など広大・壮麗な伽藍の様子が窺える。

弘安元年（一二七八）春、大休正念は建長寺を退院し、寿福寺住持に遷任された。蘭渓道隆は弘安元年五月、寿福寺より建長寺に帰ったが、七月二十四日、建長寺正寝（方丈）にて示寂した。

（3）華厳塔の創建

第五世無学祖元は、北条時宗の招請に応じて、元の至元十六年（一二七九、弘安二年）五月二十六日に天童山を出発した。六月博多に着岸、無学は八月廿日、建長寺住持に任命され、翌二十一日建長寺に入院した。

弘安四年（一二八一）秋、北条時宗は建長寺三門に「興国山」の額を掛け、住持無学祖元に掛額仏事を修行させた。『仏光国師語録』に載せるその時の法語よると、弘安四年七月の暴風雨により元軍が壊滅したことにより精神的重圧感から解放された時宗は、建長寺三門に「興国山」の額を掲げ、太平の業を示すとともに、新たに国

を興すことを誓ったことが窺える。『仏光国師語録』によると、弘安五年（一二八二）春頃、住持祖元は允賢二上人が巨福山前に松と栝（びゃくしん）を栽えたことを謝し上堂した。その法語に、総門前の庭に植えられた松栝は年とともに生い茂り翠の蔭を落し、参天和風し、四方を巡る禽鳥の声は喧しいであろう、という。

弘安九年（一二八六）春、無学祖元は禅衲を伴い境内北方の山中に創建された華厳塔所に登り、積翠の間の花を観賞した。同年四月四日、北条時宗の三周忌に際し、時宗夫人覚山志道尼は華厳大経（華厳妙典八十一巻）を書写してその供養に充て、無学祖元はこれを陞座慶讃した。この華厳大経は、後述のように建長寺華厳塔に奉安されたと考えられる。

正応四年（一二九一）八月二日、建長寺に入院した鏡堂覚円の入院法語に山門、仏殿、土地堂、祖師堂、據室、法座がみえる。仏殿に土地堂と祖師堂が付属していたことが知られる。

（4）発掘調査による創建期の遺構

建長寺では、法堂北方にある大庫裏の改築に伴い昭和六十一年に発掘調査が行われ、平成三年に調査報告書が刊行された[6]。その後、平成十二年に大庫裏北側にある紫雲閣の改築に伴う発掘調査が実施され、平成十五年にその報告書が刊行された[7]。図1は建長寺主要伽藍の現況と発掘調査区を示す。

平成三年の発掘調査報告書によると、鎌倉時代末（ⅡA期）の法堂跡で東北隅部の柱礎石抜取穴が検出された。堂内床は四半石敷であった。柱間寸法は桁行東第一間・二間及び梁行北第一間各十四尺であり、元弘の「建長寺伽藍指図」に描く法堂の主屋柱間寸法と一致する。「指図」を参照して、桁行中央間を二十尺、主屋梁行四間各柱間十四尺とすると、主屋規模は桁行五間、七十六尺（約二三メートル）、梁行四間、五十六尺（約一七メートル）である。平成十五年の発掘調査報告書によると、創建期（中世Ⅰ期）の法堂はⅡA期法堂と同位置に在り、主屋規模も同じであったと考えられている（図2）。

方丈の敷地は法堂北方にあり、法堂の土地より一・二メートル程高い上段を形成していた。上段の南端位置は法堂北側柱より約十一丈四尺（三四・五メートル）である。創建期の方丈建物遺構は後世の削平により失われていたが、方丈北方にある池の南辺護岸遺構が検出された。創建期の池は南岸を鎌倉石積で直線に護岸していた。

法堂北方の下段位置で、東西に通る四半敷廊の遺構が検出された。平成十五年の調査報告書によると、この四半敷廊は創建期の遺構で、永仁元年（一二九三）の火災で焼失したと考えられている。四半敷廊は幅二十尺（六メートル）、法堂北側柱から石敷南辺までの距離は三十八尺（一一・五メートル）である。この四半敷廊は伽藍北

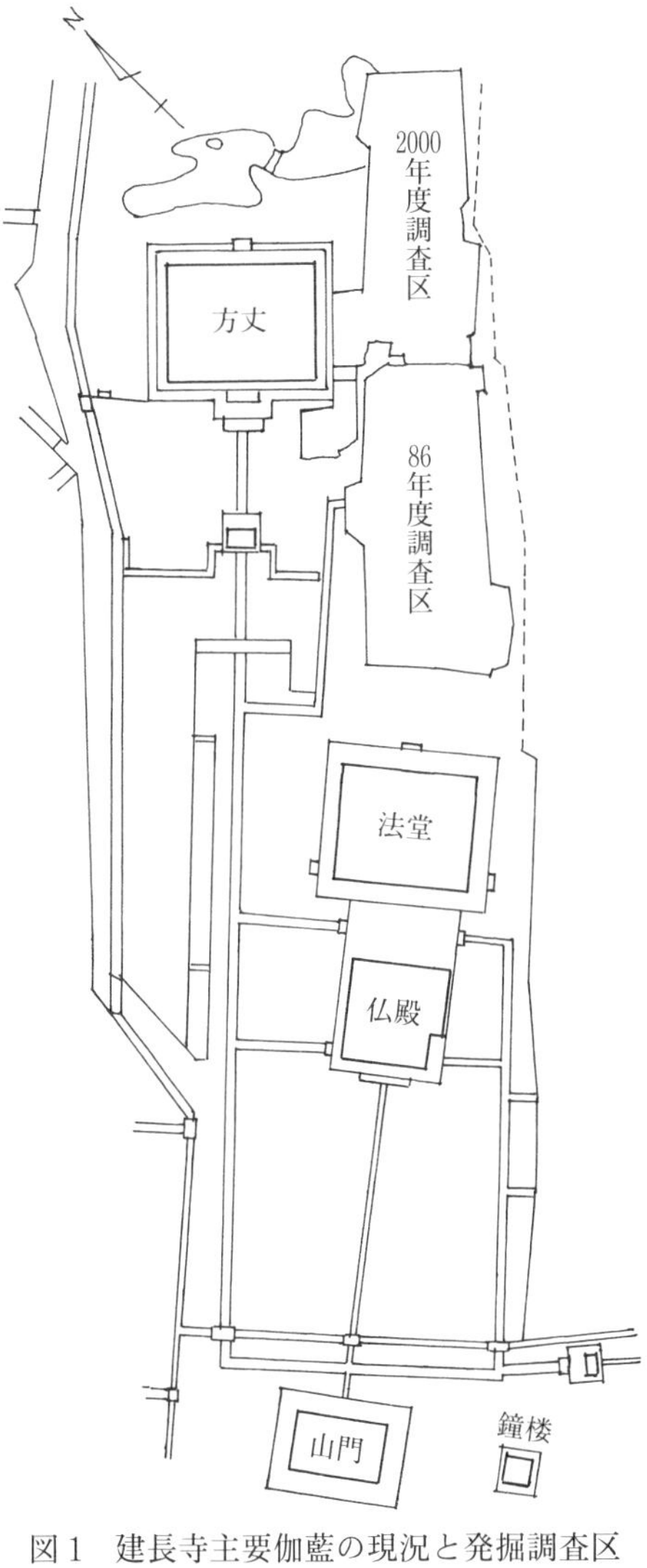

図1　建長寺主要伽藍の現況と発掘調査区

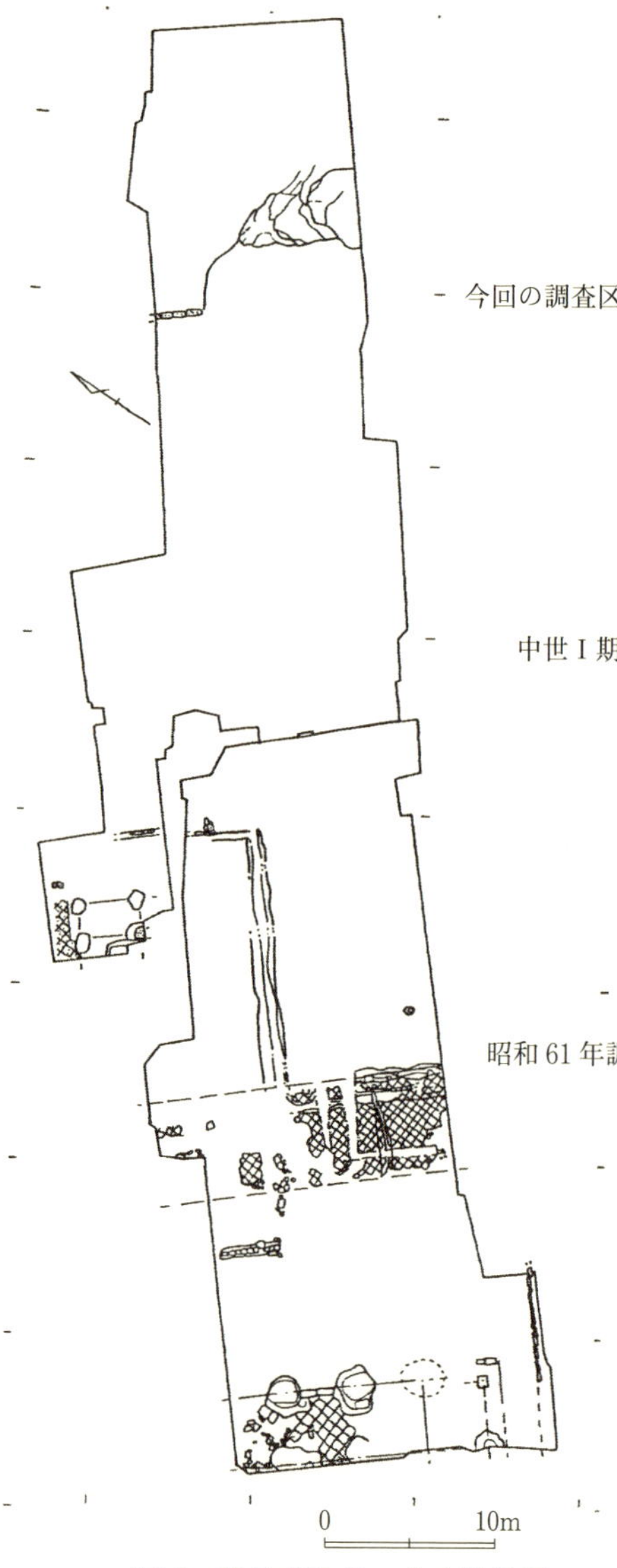

図 2　建長寺法堂・方丈遺構図
（中世Ⅰ期　創建期～永仁元年）

面を画する北廊の遺構であると推定されるが、確かなことは未詳である。

以上の発掘調査結果によると、創建期の伽藍規模はⅡ期にほぼ踏襲されたと推定される。

正応六年（一二九三・永仁元年）四月十三日の大地震により、建長寺は最初の火災に遭い中心伽藍を焼失した。『親玄僧正日記』同日条に「卯時大地震、先代未曾有之大珍事、自治承以降無其例云々、堂舎人宅悉顚倒、上下死去之輩不知幾千人、同時建長寺炎上、道隆禅師影堂之外不残一宇云々、」とある。

第二節　盛期の建長寺伽藍配置と主要堂宇

Ⅰ　鎌倉時代末の伽藍再興

正応六年四月の建長寺回禄後、幕府は永仁五年（一二九七）十月、小早川景宗の所領安芸国都宇・竹原庄の地頭職を収公し、建長寺造営料所として寄進した。また翌六年正月、幕府は但馬国蒲田庄を建長寺造営料所とした。建長寺の造営はこの頃から本格化したと推察できる。これより先、永仁三年四月十五日の結夏に、約翁徳倹が建長寺首座寮に在って秉払を行っているので、首座寮などの寮舎はいち早く再建されたと思われる。

正安元年（一二九九）十二月七日、一山一寧（第十世）が建長寺に入院した。入院法語によると、三門、仏殿は未だ復興されず、據室の式を行った。據室は方丈における儀式である。翌二年春、建長寺に掛搭（一時、止住すること）を求める雲衲が多くなったので、一山は偈を提出させて試験し、それの優れた者に掛搭を許すことにした。一山はこれを明窓下にて安排したという。後述のように、明窓は方丈書院に設けた書院窓である。

『一山国師語録』によると、正安二年閏七月一日、北条貞時は建長寺に荘田を増給した。同年十一月二十九日、建長寺地蔵宝殿（仏殿）が落成し、一山は北条貞時の請に応じて慶讃し五部大蔵経を供養した。その提綱の語によると、建長寺は火災後、宏規の旧に未だ復していなかった。仏殿について「大檀那太守、仏嘱を忘れず、益願輪を巡らし、紺殿崇成、像設厳備、金碧焜燿、棟宇翬のごとく飛び、高脊空に横たう。璇題月を納る、延いて地蔵千身の妙相を奉じ、五部の大乗真詮を供養、」とあり、仏殿は崇高で、高い棟を空に横たえていた。金碧の本尊地蔵菩薩坐像と千体地蔵を奉安したことは創建時と同じである。

正安四年（一三〇二）秋頃、方丈得月楼が成り、一山は慶讃上堂した。その法語に、方丈得月楼成る上堂。毗耶詞を杜ず、風光軽く漏泄す。弥勒弾指、門戸関防を欠く。福山我諸人を労して、この丈室を成す。六窓玲瓏、一室虚白、簷楹水に近し、良宵偏に得たり月の先ず臨むことを、欄檻雲に連り、青漢自ら疑う星の摘むべきことを。（○後略）

とある。得月楼は池に臨んだ二階楼造の建築で、「方丈」「丈室」といわれた。二階は一室で玲瓏な窓を備える。同じ法語によると、得月楼の前に玄関があり、「霊踪」の扁額を掛けていた。徳治二年（一三〇七）結制の前に選仏場（僧堂）が開堂され、建長寺に再住した一山は上堂した。

徳治二年十二月二十九日に建長寺に入院した南浦紹明（第十三世）の入院法語に山門、仏殿、土地堂、祖師堂、方丈、法座がみえる。当時、法堂は再建されていなかったので、この法座は法堂の須弥壇ではない。

以上によると、徳治二年十二月には中心伽藍のうち、法堂を除く三門、仏殿、僧堂、庫院、方丈、得月楼は再建されていた。翌延慶元年（一三〇八）十二月二十二日、伏見上皇は、建長・円覚両寺を定額寺とした。上皇は「建長興国禅寺」と「円覚興聖禅寺」の額草を宸筆され、その額が両寺の三門に掲げられた。

約翁徳倹の「建長興国禅寺語録」応長元年（一三一一）解夏上堂の後に「観音大士点眼。拼安座。」の法語をのせる。この観音大士は円通閣の本尊で、この頃、観音殿が完成したと思われる。

ところが、正和四年（一三一五）三月九日、鎌倉大火の飛火により建長寺の華厳塔が焼失し、同年七月九日にも建長寺に火災があった（『鎌倉年代記裏書』）。当時、住持であった約翁徳倹（第十五世）の「仏燈国師塔銘」に「乙卯（正和四年）秋七月。弗戒于火。寺為に蕩燬。師恬かにこれを処す。衆を卒いて燈余に行道平時の如し。」と記す。この時の火災により仏殿と僧堂および庫院が焼失したらしい。正和五年（一三一六）四月二十六日、北条高時は建長寺仏殿を立柱した（『鎌倉市史』三―二〇四）。時の住持は東里徳慧（第十六世）であった。

文保二年（一三一八）秋頃、東明慧日は寿福寺を退院し、建長寺（第十八世）に遷住した（『東明和尚語録』亀谷山金剛寿福禅寺語録）。その入院法語に山門、據室、法座がみえるので、山門と方丈は類焼を免れたらしい。当時、法堂は未だ再建されていないので、この法座は法堂内の法座ではない。東明の入院法語に、

山門　戸底門頭、葛藤路布、尽情掀翻、正好進歩、何故、鳳棲不在梧桐樹、

據室　地蔵道場、開地獄門、據款結案、業鏡分明、

法座　平不留、険非取、瞥転玄関、向上有路、

とある。據室は方丈における式である。法座は、平でも険くもない。玄関を一瞥して向上路有り、というので、法座は玄関近くの建物内に在り、玄関南方にある礼間（寝堂）に設けられたのではないだろうか。東明は陞座、祝聖拈香して、静慧禅師直翁徳挙の法をついだことを表明した。

その後、仏殿は元応二年（一三二〇）十二月には出来ていたらしく、同月二十六日、建長寺に入寺した南山士雲（第廿世）の入寺法語に山門、仏殿、土地堂、祖師堂、據室、法座における法語がみえる。

華厳塔は、北条貞時夫人（覚海円成、安達氏）により元亨二年（一三二二）春から再建、翌三年十月二十一日、北条貞時十三回忌に際して慶讃供養された。『建長寺華厳塔供養疏』及び『東明和尚語録』によると、華厳塔は三層の宝塔であり、塔内に大方広仏と華厳大教（華厳経六十巻）および北条貞時夫人手ずから書写した宝篋印陀羅尼経を奉安していた。

仏殿の慶讃供養は、華厳塔の慶讃と同じ年の元亨三年（一三二三）に行われた。『白雲東明語録』「再住巨福山建長興国禅寺語録」にのせる慶讃地蔵殿法語によると、仏殿は瓊楼玉殿といわれる二重屋根の大建築で、本尊地蔵菩薩と両脇に千体地蔵を祀っていた。その説偈に「紺殿は巍巍として梵宮を超え、像設は金碧にして厳飾をた

だす、」とあり、本尊は金碧に厳飾されていた。また、仏殿東に香積世界（庫院）、西に選仏妙場（僧堂）を開くとあり、この時期に庫院と僧堂が再建された。この日、僧堂と庫院の完成をまって、仏殿の慶讃仏事を修したのであろう。『乾峰和尚語録』秉払によると、嘉暦元年（一三二六）四月十五日、乾峰士曇は建長寺書記寮にて秉払を遂げた。その時の提要に「良久云、巨福新開大徹堂、」とあり、大徹堂（僧堂）を新造したことが知られる。

その後、嘉暦二年（一三二七）二月十日に建長寺に入寺した清拙正澄（第二十二世）の時、同年十月十五日、北条高時は建長寺法堂の立柱上棟式を行った。正応六年（一二九三）の回禄以来、法堂は未だ再建されていなかったのである。同日の「建長寺拈華堂鼎建立柱疏」（『鎌倉市史』三―二〇四）によると、法堂は創建期と同じく二階毗盧宝閣に千仏釈迦如来を安置したことが知られる。また、嘉暦二年十二月十六日、法堂西方の崖を開鑿して新たに梅檀林（衆寮）を建立、翌三年（一三二八）十一月六日、梅檀林が完成して宝座に観音大士を安置した。同三年十二月二日、梅檀林の落慶供養を行い、「梅檀林」の額を掛けた。梅檀林は大衆が経典および祖録を研鑽する図書室であり、本邦禅刹に欠けていた。『清拙大鑑禅師塔銘』に、新造衆寮の規制は霊隠寺の如くであり、国中始めてである、と記す。また、同じ塔銘によると、同時期に十僧閣を新造、部屋ごとに扁を立て、大耆旧（老僧）の寮とした。なお、新法堂は元徳二年（一三三〇）に完成し、同年四月十五日（結制日）、明極楚俊は開堂、陞座普説した。『明極和尚語録』「住建長禅寺語録」新法堂開堂普説に、つぎの法語をのせる。

此の高堂傑閣を観るに、宛も覩史夜摩天宮の如し、たちまち下閻浮州中に移し未だ有らざる所也。又上妙功徳成就、獅子の座を観るに、宛も須弥相国須弥灯王の如し、厳飾第一高八万四千由旬浄名居士神通力による故に、東方恒河沙世界より移し此に至る。山僧此堂に登り此座に陞、人天交接し、凡聖儼かに臨む。（〇前後略）

法堂は二階建で、高堂傑閣といわれる特異な形式であったらしい。また、法堂は須弥壇（獅子座）を備えていた。同じ日に竺仙梵僊は明極楚俊の許で首座寮にて秉払を遂げた。「来来禅子東渡語」建長禅寺結制秉払に、つぎの問答をのせる。

僧問う、毗盧宝閣、虚空に現成、獅子法座、地より湧出る、正與麼の時、新底仏法便ち挙揚することを請う、答えて云く、薫風殿閣を生み、紅日扶桑に上る、

また、その説示に建長寺本尊三千仏について、つぎのように記す。

ただ今三千大千仏、菩薩と尽く払子頭上に在り、或は満目形を現じ、上楼閣に居す、手に宝印を結び宝蓮花に坐す、或は大悲容を現じ円通境に処る、花冠を頂戴し手に蓮花を把り、妙甘露を洒ぐ、或は比丘相を現じ正法殿に坐す、手に宝珠を擎げまた宝杖を持つ、名を普聞、威徳自在と称し、或は釈迦文と名ず、或は観自在と号し、或は地蔵王と称す、各各無量百宝光明を放ち、偏く三千大千世界を照らす、（○前後略）

毘盧宝閣は殿閣といわれた。また、千体地蔵菩薩像は仏殿に、千体釈迦如来像は法堂上閣（毗盧宝閣）に、千体観世音菩薩像は円通閣にそれぞれ安置されていたことが知られる。

元弘三年（一三三三）五月の兵乱によって鎌倉幕府が倒れ、北条氏一門は東勝寺において自滅した。山ノ内にある建長寺、円覚寺、浄智寺などの禅寺はこの兵乱に安泰であったが、大檀那を失ったことは大打撃であった。その後、建武中興を経て、建武三年（一三三六）十一月、足利尊氏は京都に室町幕府を創設した。また鎌倉府を置き、貞和五年（一三四九）、足利義詮の弟基氏を鎌倉御所とした。足利氏は、北条貞時の代に定められた禅寺五山制度を継承し、中国禅寺の制度を模倣して五山・十刹・諸山の三階級からなる寺格を制定し、それを官寺と

みなした。暦応五年（一三四二）に決定された五山位次によると、建長寺は南禅寺と並び五山第一であった。

建長寺は貞治初年（一三六二）頃、方丈一郭を焼失したらしい。貞治三年（一三六四）に建長寺住持（第三十九世）となった青山慈永は、幕府の援助を得て、それを再興した。『仏観禅師行状』に「今造功すでに終る。得月楼、逢春閣、翼然として空に聳える。」と記す。貞治六年（一三六七）十月三日、建長寺に入院した中巌円月の入院法語（『中巌和尚語録』）に山門、仏殿、土地堂、祖師堂、據室がみえる。據室について「據室〈新開方丈〉、丈室新開、玄関不鎖、」とあり、方丈と玄関が再建されていた。

建長寺は応永二十一年（一四一四）十二月二十八日の火災で主要伽藍を悉く焼失したが、鎌倉時代末から南北朝期の建長寺は五山第一の寺格を有し、中国禅僧の指導により最も盛大な宋朝風の伽藍と儀軌を備え、多くの人材を誇っていた。

Ⅱ　建長寺の境致

『仏光国師語録』小仏事に収める「為行者法輪下火」に、建長寺行者法輪は松を栽えること三十年春を経て、山門の境致を作ったという。無学祖元が法輪を用いて三年というので、これは弘安五年頃の記事であり、それより三十年前は建長五年にあたる。行者法輪は、建長寺の草創にあたり開発された山稜の緑を回復するため毎年植樹を続けてきたのであろう。また、同語録の建長普説に収める「禅照寺請慶懺。普説。」に、境致について大要つぎのように説いている。古人は公案を借りて普説したが、諸公は皆細事を明らかにすることを得ない。公案は土を運び山と成すようなものである。要は山と成すに松を植え、柏を種える。千年万年を経て、天下を蔭涼する。その実攻の巧は塊石担土上に無い。尺寸の内に在って千里万里の境致を求めることを要す。どうして、塊頑石瓦片をもって境致を荘ることができるであろうか。

千里万里の境致を求めるとは、松を植え、柏を種えて山と成し、千年万年後に天下を蔭涼する、そうした自然の情趣を求めることであろう。

嘉元四年（一三〇六）頃に成った『拾菓集』上「巨山景」に山の内建長寺は唐国を遷来て、見る心地するといい、嵩山の旧跡、西来庵と庭前の柏樹、得月楼の秋の夕、尽書橋、大徹堂、宝塔（華厳塔）、玲瓏岩、正続庵、円通閣上の観音懺法の儀式を詠う。また、正和三年（一三一四）に重注の『拾菓抄』「得月宝池砌」に得月楼と逢春閣、円通閣の観世音菩薩が詠まれ、同抄・巨山龍峰讃に建長寺の三千聖容、龍峰庵の景と精舎、二階閣、龍峰庵前の輪蔵が詠まれている。『拾菓集』と『拾菓抄』に詠まれた伽藍・建造物と塔頭の景及び三千聖容、方丈池、西来庵庭前の柏樹、巨福の山容などは建長寺の境致を形成していた。

玉村竹二博士は『円覚寺史』に、境致について「禅寺には、その境内の主要な塔庵楼閣や、木石池塘について、雅称を与えて、これを「境致」と称する慣例がある。」と述べ、『扶桑五山記』に収める円覚寺の境致をあげている。建長寺については、明極楚俊が建長寺十境を選び、その偈頌を賦している。また『扶桑五山記』に建長寺境致をのせる。

（1）明極楚俊の建長寺十境

明極楚俊は、元徳二年（一三三〇）二月六日、建長寺に入院（第二十三世）したので、その頃、十境を選定したと思われる。建長寺十境は玄関、大徹堂、得月楼、逢春閣、拈花堂、蘸碧池、華厳塔、嵩山、玲瓏岩、円通閣である。十境のうち七境は建造物、ほかは池と周辺の自然である。蘸碧池の西辺にある円通閣を含めると方丈関係が五境あり、方丈一郭は建長寺境致を形成する重要な地区であった。つぎに、十境の偈頌をみてみよう。

玄関
その偈に「古今凡と聖、来往更に妨無し、」とある。玄関は、住持に参禅するため、玄奥なる方丈に至る関門の意である。方丈の玄関は凡と聖の別なく、広く開放されていた。
大徹堂
大徹堂は選仏場（僧堂）の雅称である。その偈に「灯籠超果位、露柱証円音、一点霊光在、暉暉輝古今、」とある。選仏場は衆僧が坐禅弁道し、大悟する堂である。
得月楼
得月楼は前方丈の雅称である。その偈に「百尺聳危台、軒窓面水開、銀魚腥不到、玉兎影先来、初印波心静、旋移松頂回、夜深観未足、更復小徘徊、」とある。高く聳える得月楼は池に臨み、軒窓を水面に開く。月は先ず来り、波に心静を初印、旋移して松頂を回る。得月楼の景趣はこの偈に詠まれている。
逢春閣
その偈に「東皇指令早、暖律已潜回、淑気排簷入、詔光透戸来、草芽穿土出、花蘂向陽開、台榭多生意、切帰造化魁、」とある。台榭は、中国の春秋戦国時代から前漢時代に多く造営された建造物である。方形に築いた土壇を「台」と言い、その上に建つ木造建物を「榭」といった。土壇を段形に築き、その周囲に木造の廊を廻らすと、外観は楼閣建築のように見える。逢春閣は台榭といわれ、大客殿二階閣の雅称である。陽向の花蘂は早く春に逢うという。
拈花堂
その偈に「金色一頭陀、観機眼力殊、旨明拈起処、妙顕破顔切、」とある。法堂の雅称である拈花堂は、霊鷲山の説法座において仏陀と迦葉との間にあった拈花微笑の説話によっている。法堂は四節、毎月の五参、仏誕会などに住持が上堂する道場であり、普説、堂慶讃なども法堂にておこなわれた。

蘸碧池

蘸碧池は「双沼」といわれる方丈池の雅称である。その偈に「誰鑿地為沼、寒泉涵泳深、青林浮水面、翠巘浸波心、竪看山形側、横観樹影沈、晩游成勝賞、聊作五言吟、」とある。池は青林を水面に浮かべ、翠峯を波心に浸し、碧天を水に映す。

華厳塔

境内北方山中にある華厳塔は三層宝塔で、内部に大方広仏、華厳経六十巻（華厳大経）及び宝篋印荼羅尼経を安置していた。華厳塔偈に、

仏現舎那身、頓機人罕聞、深窮華蔵海、広演竺乾文、
密護加欄楯、秘函標相輪、都盧高七級、千舌鎮乾坤、

とある。都盧は総是の意である。華厳塔は軸部に欄楯を加え、屋上に相輪をあらわし、総高七級、千古乾坤を鎮めるとある。総高七級というのは、屋根と軸部の段数が七級と解釈される。すると、宝塔は三層に「もこし」を加えた、「もこし」付三層塔であった可能性がある。乾峰士曇の「巨福山十題次明極和尚韻」の華厳塔の詩に、「稜層無二縫罅一、円影似二車輪一」の句がある。稜層すきま無く、円影車輪に似る、というのは、宝塔が八角層塔であることを表現しているのではないだろうか。

嵩山

嵩山は開山塔西来庵後山の雅称である。嵩山は五岳の中岳、河南省登封県の北にある嵩高な山である。その偈

に、嵩山は「五岳の中岳を標わし、天地心に屹居する。衡山と常山は侍衛する如く、岱山と華山は恭欽に似る、」とある。

玲瓏岩

境内北方山中にある玲瓏岩は、『拾菓集』巨山景に「ほのかに見る宝塔の、向は玲瓏岩とかや、」と詠まれている。境内北方山中に見える巌の雅称であろう。

円通閣

円通閣は蘸碧池の西辺にある観音殿二階閣の雅称であり、本尊千体観音を安置していた。その偈に、王侯貴族の朱門は厳像を設け、庶民の白屋は真容を奉る。この閣は何神の験か、魯の霊光殿のように雄である、という。

（2）『扶桑五山記』に収める建長寺境致

『扶桑五山記』は建長寺境致として、つぎの二十六境をのせる。

拈華堂〈在毗盧閣下法堂〉、毗盧宝閣、大徹堂〈僧堂〉、嵩山〈祖塔之門〉、得月楼、逢春閣、龍王殿〈方丈之後〉、玄関、蘸碧池〈双沼〉、聴松〈方丈書院〉、天津橋、栴檀林〈衆寮〉、円通閣〈観音殿〉、対神閣、海眼〈観音殿側有小池、名曰海眼〉、截流橋〈天津橋之下流〉、応真閣〈羅漢〉、法輪宝蔵〈輪蔵〉、松上軒〈后山有洞、大覚禅師居〉、華厳塔、摩霄閣、照心〈寮元寮〉、海東法窟〈巨福坂〉、天下禅林〈外門〉、玲瓏岩〈十境頌、明極和尚〉、三千仏〈千如来・千観音・千地蔵〉

この境致は、明極楚俊が選定した建長寺十境を含む。ただ、嵩山は、明極の偈にある西来庵後山と異なり、祖塔の門としている。元弘の「指図」に西来庵廊の東端に「嵩山」と書き入れる外門がそれである。この建長寺境致は、つぎの点からみて南北朝期に選定されたと考えられる。

①　拈華堂の割注に「在毗盧閣下、法堂」とある。拈華堂は法堂の雅称、毗盧閣は法堂上閣の雅称である。応永二十一年（一四一四）十二月の建長寺大火後に再建された仏殿は法堂を兼ねていたので、『扶桑五山記』境致に収める拈華堂と毗盧宝閣は応永大火以前の建物と考えられる。「指図」にある「二階千仏閣」が毗盧宝閣である。

②　得月楼と逢春閣は龍王殿の前に書かれている。これは、両楼閣が龍王殿（内方丈）と独立した形態をもっていたことを示唆する。

龍王殿は方丈客殿の雅称である。龍王殿の割注に「方丈之後」とある。これを方丈の後にある内方丈と解釈すると、得月楼は前方丈と見ることができる。

聴松（聴松軒）は方丈書院の雅称であり、対神閣は書院二階閣の雅称と考えられる。

③　蘸碧池は方丈池の雅称である。蘸碧池の割注に「双沼」とある。約翁徳倹の『建長禅寺語録』の延慶三年（一三一〇）の法語に「蘸碧双沼」とあり、鎌倉時代末の蘸碧池は双沼と呼ばれたことが知られる。

④　応真閣は羅漢を祀った庫院二階閣の雅称である。室町時代前期の応真閣は大庫裏といわれ方丈一郭に建てられた。法輪宝蔵は輪蔵の雅称である。室町時代前期の法宝輪蔵は蔵殿（経蔵）といわれ、いわゆる輪蔵ではなかった。

以上、明極楚俊が元徳二年（一三三〇）頃に選定した建長寺十境は、主要伽藍のうち衆僧が悟りを啓く所である大徹堂（僧堂）と拈華堂（法堂）及び華厳塔をあげ、また方丈関係の玄関、得月楼、逢春閣それに蘸碧池とその西辺にある円通閣をあげている。ここで注意されるのは、伽藍の中心にある三門及び仏殿が十境に選ばれていないことである。建長寺仏殿は後の五山禅院仏殿の基本形になったといわれる建物である。

一方、円覚寺の三門上閣と仏殿は境致に選ばれていた。『扶桑五山記』円覚寺境致条に「法雲閣〈山門閣〉、大光明宝殿〈仏殿、宝冠釈迦、十二大士〉」と載せる。円覚寺山門（三門）及び仏殿は建長寺三門及び仏殿とほぼ同規模で、ともに宋様式の建物であったと考えられる。法雲閣は本尊千手観音像と十六羅漢像を祀っていた。千手観音像は胎内に蘭渓道隆遺愛の宝鏡を納めていたと伝えられる。また、大光明宝殿（仏殿）は本尊宝冠釈迦（華厳の教主盧遮那仏像）と十二大士（十二菩薩）を祀っていた。

建長・円覚両寺の三門及び仏殿を比べると、円覚寺の法雲閣と仏殿が境致に選ばれたのは三門上閣に千手観音像を祀ること、仏殿（大光明宝殿）の本尊が宝冠釈迦像であることが主な要因であったと推察される。明極楚俊にとって、建長寺三門及び仏殿の建築様式は境致の要因と考えられなかったようである。

『扶桑五山記』に載せる建長寺境致は明極楚俊の建長寺十境より十六多い。新たに加えられた境致は主要伽藍では法堂二階の毗盧宝閣と庫院二階の応真閣および方丈の客殿（龍王殿）、書院（聴松）、小書院（対神閣）があり、ほかに嵩山門、栴檀林・照心、法輪宝蔵、摩霄閣、外門（海東法窟、天下禅林）など建造物が主体である。

Ⅲ　元弘元年の「建長寺伽藍指図」

鎌倉時代末の建長寺主要伽藍の様子は、建長寺に伝わる元弘元年（一三三一）の「建長寺伽藍指図」（図3）により窺える（以下、「建長寺指図」また「指図」と記す）。この「指図」は、元弘元年に京都東福寺造立のために東福寺大工越後が作図した指図の写しである。東福寺は元応元年（一三一九）二月七日に大火にあった。その復興にあたり、建長寺伽藍を参考にするため実測図を作成したと思われる。「指図」は、建長寺主要伽藍の配置と各建物の平面・柱間寸法および内部の施設を一部描いている。「指図」の右上に「華厳塔並諸塔頭除之写」とあり、原図は華厳塔と塔頭を図示していたのかもしれない。「建長寺指図」は最盛期の建長寺伽藍の様子を伝える貴重な史料である。

この「指図」については、太田博太郎博士の研究がある。(8) 太田博士は本指図によって知られる重要な事項とし

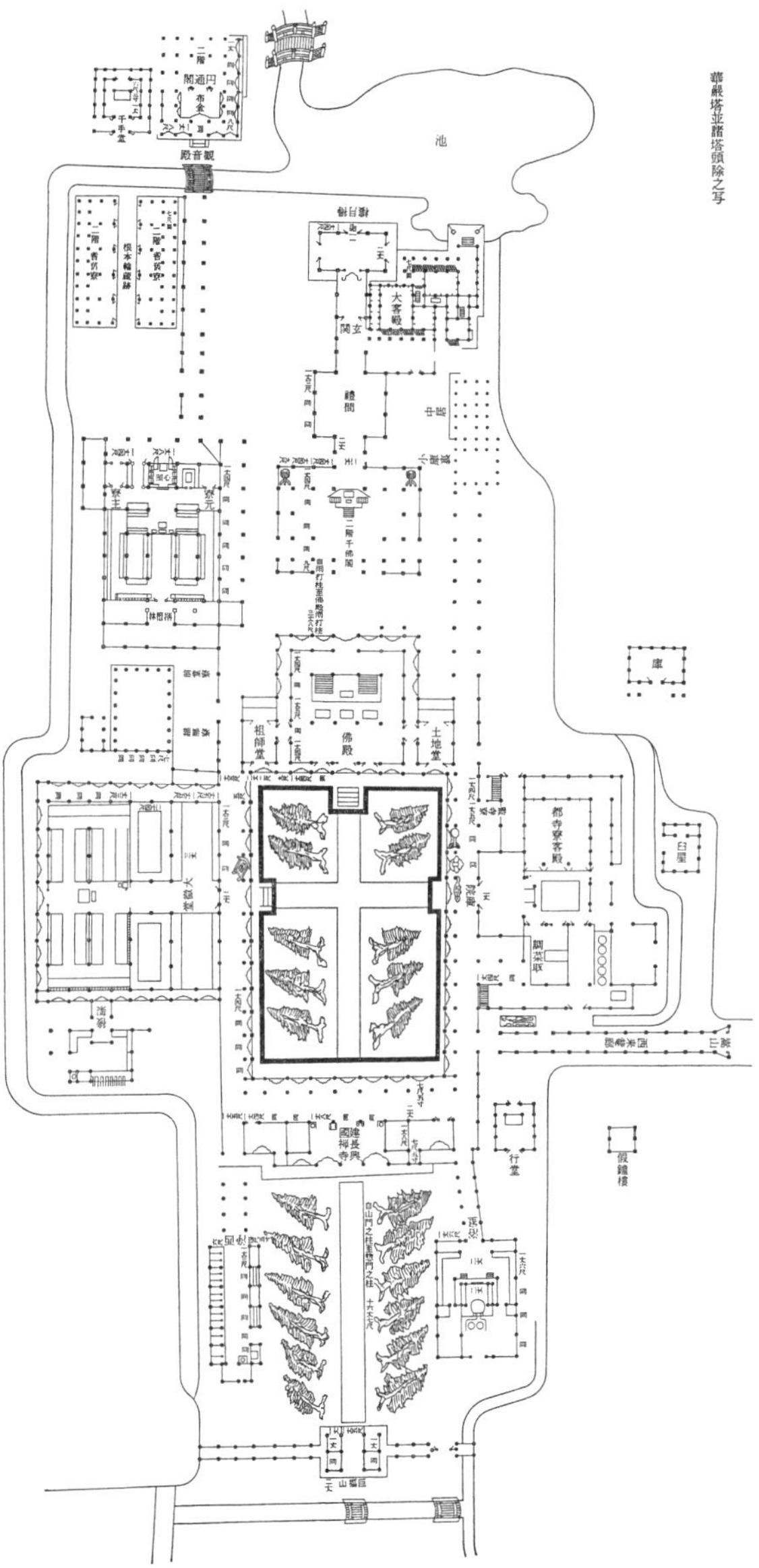

図3　建長寺伽藍指図（元弘元年写）『神奈川県文化財図欄』建造物篇より

て十二項目をあげたうえで、つぎのように要約された。

建長寺伽藍配置は、妙心寺や大徳寺などから知られる以上に、はるかに大陸的な左右対称の配置である。特に、建物の前一間通りに回廊をとり込む手法は現在でも大陸に多く見られる手法である。これを建仁寺・天竜寺・円覚寺などの伽藍配置と比較すると、鎌倉時代の禅宗式伽藍配置はいままで考えられていたものより、はるかに大陸的な左右厳正なものであった。そして、「建長寺指図」は伽藍内のすべての建物が描かれていること、指図に描かれた堂宇の平面は禅宗様堂宇のもっとも基本的なものである、とされている。また個々の殿堂については、関口欣也博士の論考がある(9)。

近年、建長寺では、大庫裏および紫雲閣の改築工事に伴い旧法堂の東北隅およびその北方にある方丈と池の一部が発掘調査された。また、境内の下水道敷設に伴うトレンチ調査により仏殿前東回廊および中庭の一部が検出され、これらの調査報告書が刊行された。つぎに、それらを参照して、「建長寺指図」に描かれた伽藍配置と主要堂宇の特徴を述べる。

（1）外門と総門前庭

建長寺は巨福坂に面した築地塀の東西に外門を開き、東外門に「海東法窟」、西外門に「天下禅林」の額を掲げていた。「指図」は外門をのせない。外門のうちにある総門は正面三間（三丈五尺）、側面二間（二丈）の大形八脚門である。総門両側に築地塀を築き、その東端に棟門を開く。伽藍東側を南流する側溝の水は、一部総門前の溝を西に流れて伽藍西側の側溝に合流する。総門と棟門前の溝に反り橋を架けていた。

総門の額銘は「巨福山」である。弘安五年に総門前庭に植えられた松と柏槇は大きく生育し、翠の蔭を落としていたであろう。

（2）三門と三門前庭

総門を入ると正面前方に三門が建ち、その前庭左右に並木が植えられている。絵図の書入れに「自山門之柱至惣門之柱　十六丈七尺」とあり、山門（三門）は惣門の北、約五〇メートルの位置に建ち、縦深的な構成である。正和三年（一三一四）春、建長寺に入院した高峰顕日の入院法語に「指山門云、広大楼閣、峭峻門庭、」とあり、山門は広大な楼閣門で、門庭に面して聳え立っていた。

三門は五間三戸の二階楼門の周囲に「もこし」を付けた形式の二重屋根の大門である。主屋は正面五間（八丈二尺）、側面二間（三丈八尺）の規模で、その周囲に幅七尺五寸の「もこし」が付く。三門は正面中央三間（各十八尺等間）に板扉を立て、両端南間（一丈四尺）に金剛力士を安置していた。永仁三年（一二九五）四月結夏に建長寺首座寮で行った約翁徳倹の秉払の説示に「山門頭金剛力努眼睛、仏殿上鵄　大開張口、」とある。これは火災前の山門と仏殿について述べたものである。主屋北間は二丈の大間で、両脇殿北間とともに回廊を形成し、東・西両回廊に通じる。三門は正・背両面「もこし」中央五間柱間に禅宗様の花灯枠を付けていた。

中巌円月（第四十四世）は住持の時、永く山門を鎮めるために助縁を募り、画工をして五百羅漢像を写させ、山門（三門）上層に祀った。上層の正面軒下には、伏見上皇宸筆の「建長興国禅寺」の大扁額を掲げていた。

三門の両脇殿は正面二間半（三丈五尺五寸）、側面二間（三丈八尺）北庇（幅七尺五寸）付である。両脇殿は端間を回廊に充てていた。

なお、「建長寺指図」によると、鐘楼は三門東方の丘上にあり、「仮鐘楼」と記される。三門両脇殿は奥行二間北庇付であり、二階建てであったと考えられる。参考までに建長寺三門の推定立面図をのせる（図4）。

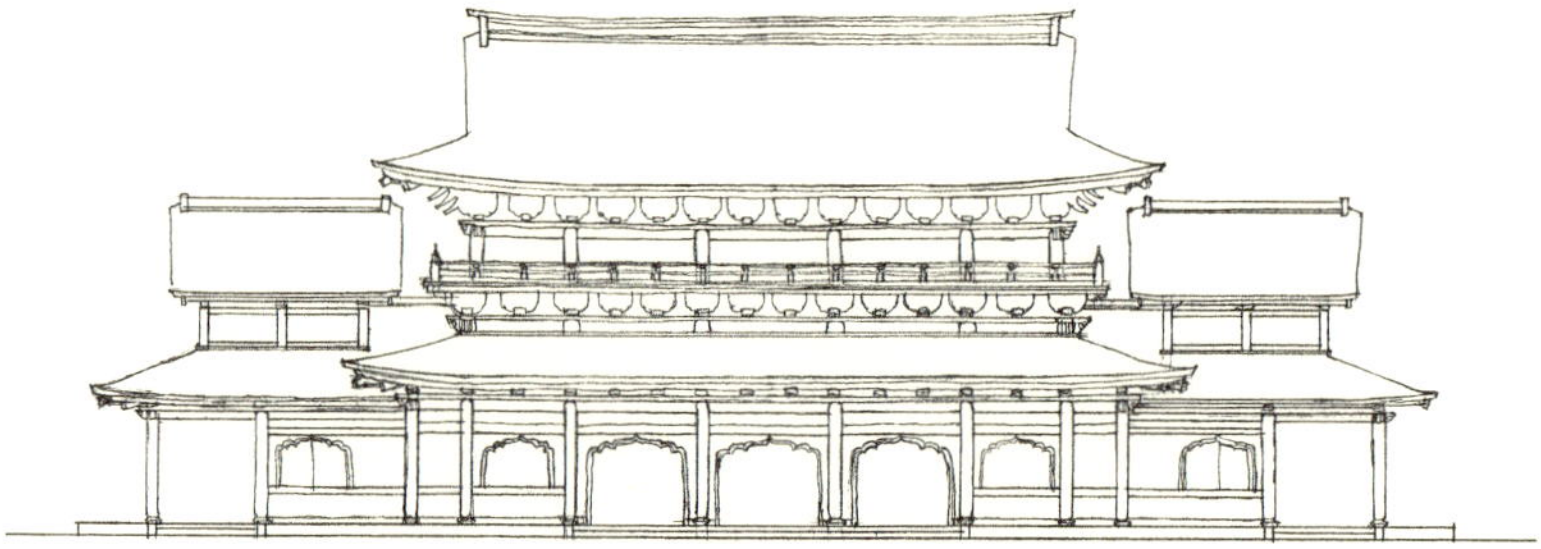

図４　建長寺三門推定立面図（鎌倉時代末）

（３）浴室及び西浄

三門前に植えた左右並木の東辺に浴室、西辺に西浄（東司）が配置された。浴室と西浄は禅寺にあって僧堂などと同じく清浄な道場であり、厳格な作法を規定していた。建長寺及び円覚寺ではそれを三門の前方、左辺と右辺に設けていた。

建長寺の浴室は北正面三間、側面四間半、切妻造りの建物である。平面は南北に二分して、北面半間を入口土間とし、その南二間の南辺中央に風呂屋形を設ける。屋形の正面左右に階段があるので、屋形の廻りは土間で、その外壁にそって腰掛を設けていた。南側二間は土間で、その中央北寄りに竈二口を据える。風呂屋形と竈の間に竈側に張出して円形の釜または湯船が描かれている。これは蒸風呂の釜であろう。浴室北面入口と三門東脇殿（東廊下）との間に廊下を渡していた。

西浄は北正面三間、側面六間、切妻造りの建物で、北面入口と三門西脇殿（西廊下）との間に廊下を渡す。平面は中廊下の西側に浄厠（大便所）をならべ、東側に小遣処（小便所）と浄架（手洗所）を設けていた。

（４）仏殿と土地堂・祖師堂

仏殿は正面五間、側面五間の主屋周囲に一間「もこし」をめぐらした形式で、平面規模は方七間である。「建長寺指図」によると、主屋の柱間寸法は側面中央間一丈五尺、両脇間及び端間各一丈四尺、正面脇間及び端間各一丈四尺であるが、中央柱間寸法の記入がない。「もこし」梁間は正面七尺五寸、両側及び背面各九尺である。東・西両回廊の中庭側柱の間の長さをもとにすると、仏殿正面柱間寸法は二丈である。[10] これは法堂正面中央柱間寸法と同じであり、妥当な寸法と思われる。

以上、仏殿は主屋が正面五間（七丈六尺）、側面五間（七丈一尺）の規模で、周囲に梁間九尺（正面七尺五寸）の「もこし」をめぐらした二重屋根入母屋造の大殿である。正安二年（一三〇〇）に落成した仏殿は嵩成で、棟宇翬のごとく飛び、高脊を空に横たえる、といわれた。仏殿は棟高さ床面より約二二メートルに推定され、棟の両端に宋風の大口をひろげた吻を上げていたと思われる。内部は母屋後方三間に二間を内陣とし、その後面に間口三間（四丈八尺）の仏壇を造り、金碧に耀く中尊丈六地蔵菩薩坐像と両脇雛段状仏壇に千体地蔵小像を安置していた。主屋前面五間に二間は礼拝空間であり、内陣との境を列柱で隔てていた。主屋の側廻り建具は正面中央三間と両側面南第二間及び背面中央間にそれぞれ板扉を立てる。他の柱間は壁であろう。「もこし」は四周歩廊で、外面柱間に禅宗様の花灯枠を付けていた。この仏殿平面は、後の五山仏殿の基本形になったといわれる。

仏殿の左脇は土地堂、右脇は祖師堂である。両脇堂は間口一間（二丈二尺）、奥行三間（四丈三尺）の規模で、正面に幅七尺五寸の吹放し庇が付く。両脇堂は北間（仏間）後面に仏壇を造り、土地堂に伽藍神、祖師堂に祖師と開山像を祀っていた。

（5）大徹堂（僧堂）と庫院

仏殿前方の東・西両回廊に接して庫院と僧堂が東西に相対して建てられた。西側の僧堂は衆僧が坐禅辨道する道場である。僧堂は七間僧堂の形式で、西側の内堂と東側の外堂よりなる。両堂は中央間を二間の渡り廊下で繋ぎ、その南・北・西三面に「もこし」を付けて歩廊とし、また、渡り廊下の両脇を中坪として堂内の採光と通風を図っていた。

内堂は正面七間（十一丈）、側面四間（五丈二尺）の規模で、屋根は切妻造りであったと推定される。内部は棟通り一間毎に柱を建て、中央の宝座に聖僧を安置して、それを囲んで四周と棟通り東西両側に長連牀を配置していた。長連牀は奥に函櫃（机）を設けていた。また、正面入口の右側に住持の椅子と卓が置かれた。内堂は住持と首座のもとに、聖僧を囲んで掛搭の雲衲が日々坐禅、食事、就寝する道場であった。

外堂は正面七間（十一丈）、側面二間（三丈）を主屋とし、その東面庇を西回廊にとり入れる。外堂は内堂と同じ切妻造りの屋根をあげていたと推定される。西回廊に接する東面中央間に内開扉を立て、堂内の西・東両面に狭牀を設ける。外堂は役僧及び客僧が坐禅と食事をする場で、就寝には別の寮舎が用いられた。

南・北・西三面の「もこし」は堂内安静のために設けられた歩廊である。「もこし」外廻り柱間に禅宗様の花灯枠を付けていた。なお、内堂の南側にある後架は洗面所である。

僧堂に相対して東側に建つ庫院は寺院の経営を掌り、寺内の時食を調理する所で、事務を掌る知事など東班の役寮が置かれた。平面はやや複雑で、西側に正面七間（十一丈）、側面二間（二丈八尺）の主屋があり、その西庇を東回廊にとり入れる。主屋は中央三間に二間を広間とし、その北脇に監寺寮、南脇も役寮であったと思われる。主屋の東側は中庭を挟んで北棟と南棟を張り出す。

中央広間は土間床と推定され、西面中央に内開き板扉を立て、東面中央に中庭へ張出す仏壇を設ける。仏壇は韋駄天を祀っていたと思われる。北棟の都寺寮客殿は板敷で、南面三間に板扉、北面三間に遣戸を立てる。南棟は東西を二間毎に三室に分け、西室を調菜所、中央を釜屋とする。

庫院の二階は応真閣といい、羅漢を祀っていた。「指図」は庫院北西と南西隅の庇間に階段様の図を描く。これは広間の二階応真閣へ登る階段を示すと考えられる。二階は正面五間、側面二間の規模で、中央三間に二間を応真閣とし、その南・北両側を階段室に充てていたと考えられる。庫院の東辺から南辺に曲がる側溝に水が流れ、その西端に洗い場を設けていたらしい。庫院の東方に臼屋、北東に庫を描く。

（6）東・西両回廊と仏殿前庭

東・西両回廊は、三門東脇殿の東端間と西脇殿の西端間及び僧堂と庫院の主屋中庭側の庇を回廊に取り込み、仏殿東脇土地堂と西脇祖師堂の横を通って、更に北に延びる。東回廊は北に延びて方丈の小庫裏に至り、西回廊は北方に延びて観音殿の正面に至る。

回廊は桁行柱間一丈四尺、梁間一丈五尺、仏殿前庭に面して幅五尺の庇を付ける。中庭に面する庇各柱間は、仏殿正面および三門背面の「もこし」柱間と同様に禅宗様の花灯枠を表していた。「指図」は、東回廊の庫院中央間北に木魚、雲版、太鼓を描く。これらは粥飯などの時を報ずる道具である。また、西回廊の僧堂中央間北に喚鐘を描く。

発掘調査報告書によると、(11) 仏殿前庭は三門および回廊の床より約一・二メートル低く造られ、その周囲に鎌倉石（凝灰岩）による石垣を築いていた。南面石垣は東・西両面石垣に対して西を北に振り、東石垣との内角は七二度三〇分であることが判明した。三門はそれと同じ向きに建っていたと考えられる。これは地形上、総門が中軸線より西方に位置するためである。また、中庭西南部のトレンチEでは、石垣内側に沿って幅一・六メートルの四半石敷が検出された。中庭の東西幅は約三六メートルになる。これは「指図」より算定される中庭の東西幅とほぼ同じである。東回廊トレンチ調査を含めて、以上のトレンチ調査により検出された遺構は火災にあっていた。火災の時期は、出土遺物から応永二十一年の火災と考えられている。

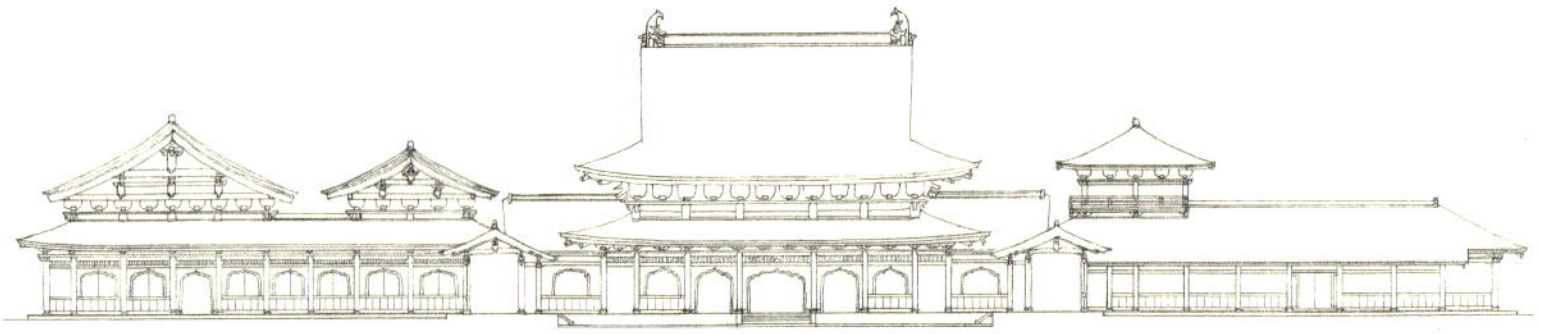

図５　建長寺仏殿・大徹堂・庫院推定立面図（鎌倉時代末）

「指図」は仏殿正面と僧堂・庫院の各中央間位置に前庭へ降りる階段を描いている。仏殿前庭に描かれた十字の歩道は石敷を示すと思われる。その中央歩廊の東西両側に植えられた各五本の樹木は柏槇であろう。『念大休禅師語録』偈頌雑題に「謝三守殿送二柏樹一」と題して、庭前の柏樹を詠んだ頌をのせる。

庭前の柏は祖師の心を示す。葉葉枝枝は翠陰を畳ね。
雪を傲り霜を凌ぎ変異なし。孤標は千古に叢林を振わす。

この頌は趙州が五祖演和尚の問に答えた公案「如何是祖師西来意、庭前栢樹子、」によるが、内容は異なり庭前柏樹が主題になり、庭前の柏樹は祖師の心を示す、という。この柏樹は北条時宗（守殿）が大休正念に送った樹であり、その時期は大休が建長寺住持であった文永十一年（一二七四）秋から弘安元年（一二七八）春頃と考えられる。建長寺仏殿前庭に植えられた柏樹は祖師の心を示す樹木と考えられていたことが推察される。

以上、仏殿前庭は仏殿及び回廊より一段低く造成され、そこに左右相称の柏槇の並木が植えられていた。この柏槇は祖師の心を示す樹木として大切にされたであろう。また、前庭は庭に面する建物の列柱に花灯枠が付けられ、異国情趣豊な空間が形成されていたと推察される。参考までに建長寺仏殿及び大徹堂、庫院の推定立面図をのせる（図５）。

（７）法堂（二階千仏閣）

仏殿の北側にある法堂は正面七間、側面五間の平面規模である。そのうち母屋は正面五間（七丈六尺）、側面三間（四丈二尺）、その東・西・南三面に幅九尺の「もこし」をまわし、北面に幅一丈四尺の庇を付ける。北庇は繋虹梁上に北側柱から九尺入った位置に太瓶束を立てて「もこし」形式にしていたと考えられる。「指図」の法堂正面位置に「自雨打柱至仏殿雨打柱　三丈八尺」の書入れがあり、法堂は仏殿の北三丈八尺（約一一・五メートル）離れた位置に建てられた。

一階法堂は「拈花堂」の額を懸け、堂内母屋後面中央間に須弥壇を設ける。北庇西北と東北隅に太鼓を置いていた。上部は周囲一間「もこし」を除き母屋鏡天井であったと推定されている。

二階千仏閣は正面五間、側面三間の規模と考えられ、内部仏壇に中尊釈迦如来像と千体釈迦小像を安置していた。元徳二年（一三三〇）四月に開堂された新法堂は「高堂傑閣」と称された。法堂は二階に千仏閣をあげた楼閣建築で、一階に「もこし」を付けた特異な形式であったと考えられる。法堂は上閣正面軒下に「毗盧宝閣」の額を掲げていた。

（8）梅檀林（衆寮）

梅檀林は、清拙正澄が住持の時、中国霊隠寺の制に倣い創設された建物である。大徹堂（僧堂）の北方に在り、大衆が経典や祖録を閲覧する図書室であった。「指図」によると、梅檀林と大徹堂の間に前堂寮と維那寮があった。前堂寮は前堂首座の寮舎である。

梅檀林は東西五間、南北八間の規模で、東・北二面に庇を付け、それを西回廊の延長とする。柱間寸法は正面中央間一丈八尺、両脇・端間および南北各間一丈四尺である。

内部は南北に三分割され、南側五間に二間を外堂、中央五間に四間のうち中央左右に二間に一間の中坪を設け、その周囲を読書室とする。北側五間に二間は北面中央間を照心、両端間を寮元と寮主の各寮とする。読書室は中央北間の宝座に観音大士を安置し、それを囲む様に中坪四面の明窓と東西両側の窓に面して狭床を設ける。狭床

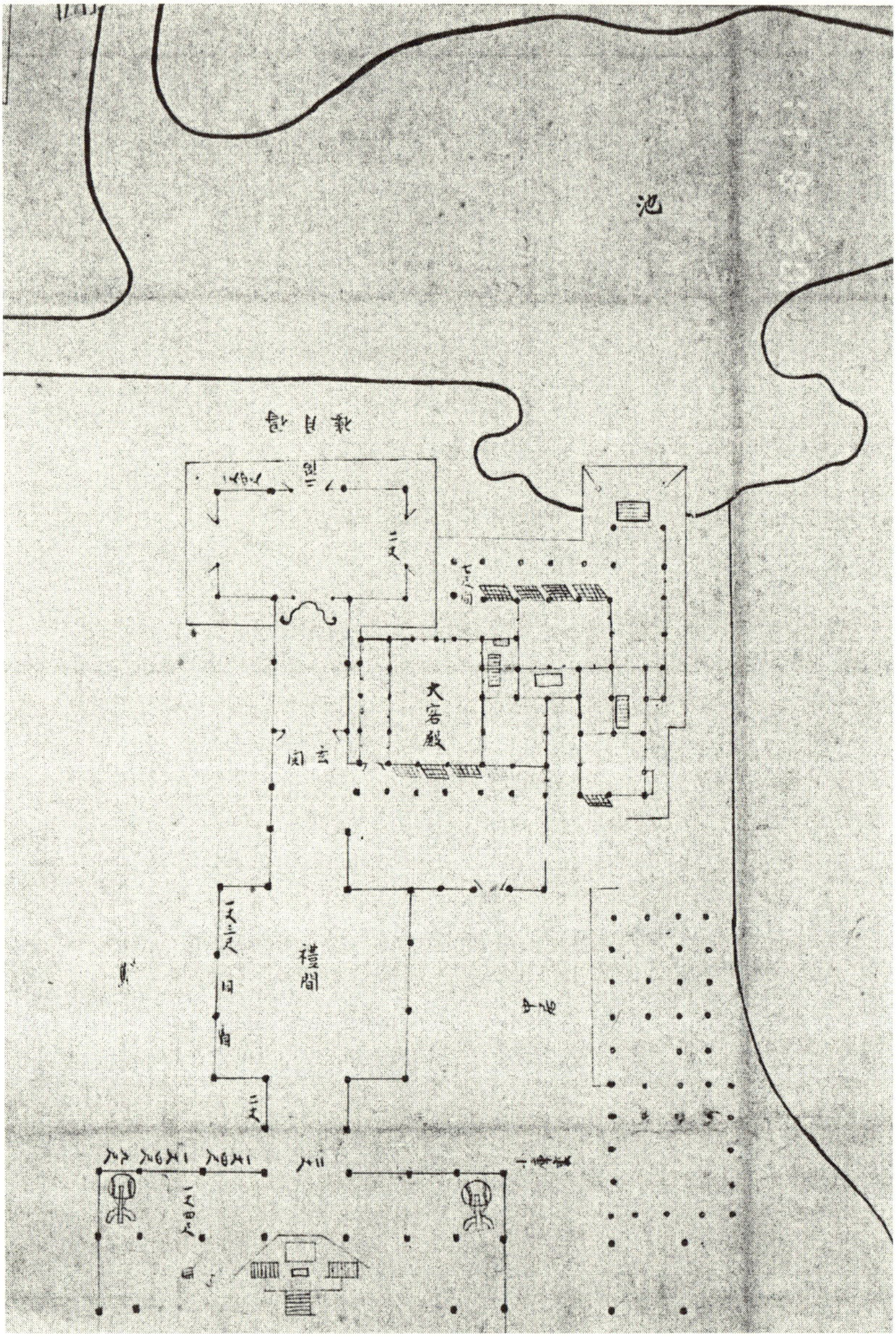

図6　建長寺伽藍指図（法堂・方丈部分）

の奥に机（経櫃）を備えていた。清拙正澄の「建長新起衆寮、賀軸序」に、これを「明窓浄几。豁達四向。穿堂天井。中外虚通。」と記す。栴檀林（衆寮）は明窓下で、祖師の語録や経典を看て、古教照心する処であった。

（9）方丈と方丈池（蘸碧池）

方丈は伽藍中軸上に礼間と玄関・得月楼を建て、玄関と得月楼の東側に「大客殿」（内方丈）を配していた。得月楼と「大客殿」の北方に描く大きな池は蘸碧池である。なお、「指図」に書入れる大客殿は室名と思われる。以下、大客殿のある建物を「大客殿」と記す。

図6は「建長寺伽藍指図」のうち法堂と方丈の部分である。また、図7は平成三年及び平成十五年の発掘調査報告書により明らかにされた鎌倉時代末における法堂および方丈一郭の遺構図である。つぎに、鎌倉時代末における法堂および方丈一郭の建築遺構を述べ、それと「建長寺指図」に描かれた法堂と礼間および方丈の配置図と

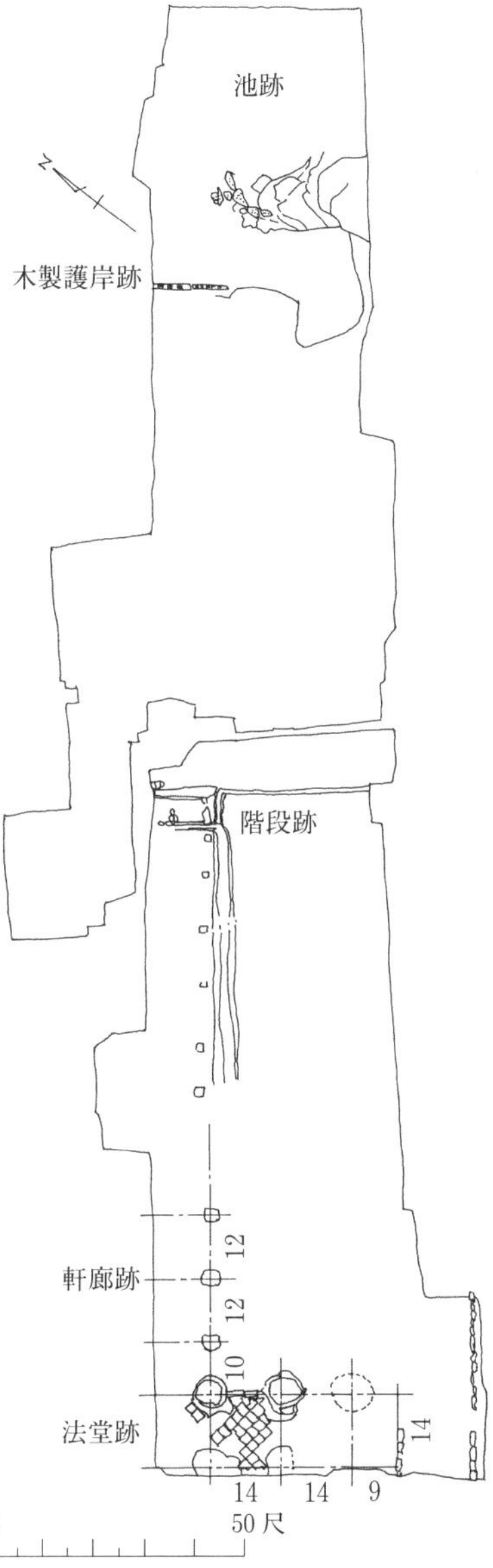

図7　建長寺法堂・方丈遺構図
（中世Ⅲ期　鎌倉時代末）

を対比し、問題点を要約する。

①　鎌倉時代末における法堂跡東北隅部で、北面東第一間から第二間の柱礎石抜取り穴が検出された。北面東第一間・二間の柱間寸法は「指図」と同じ各一丈四尺である。これにより、法堂東西中央間の寸法を「指図」と同じ二丈とした場合の伽藍中軸線の位置と、法堂北側柱列の中心位置が判明した。この法堂は創建法堂と同位置に再建されたと考えられている。

なお、発掘調査によると、ⅡB期法堂東北隅で、東側柱より東十二尺の位置に方形礎石一ケ（約六四センチ角）と礎石抜取り穴一ケ所が検出された。東北隅礎石は法堂北側柱より南に寄った位置にあり、礎石と礎石抜取り穴の間隔は十二尺である。これは「指図」にある「もこし」梁間九尺と相違する。ⅡA期法堂の「もこし」はⅡB期に改修されたのであろうか。

また、ⅡB期法堂の東北隅北面で、北側柱より十尺北の位置に二個の方形礎石（六〇センチ角、鎌倉石切石）が検出された。礎石は法堂の柱間と一致する位置に据えられていた。これは、ⅡB期に法堂北面の北軒廊東脇に張出しを設けた脇壇と推定されている。

②　法堂北面中央間から北に延びる軒廊の東側礎石三個が残存していた。軒廊の柱間寸法は法堂北側柱より北に十尺と十二尺が二間である。「指図」は法堂北軒廊を二間（二十尺）に描くので、軒廊を短縮して描いた可能性がある。

③　方丈一郭の敷地は前方の礼間及び法堂が建つ土地より一・二メートル程高い上段を形成していた。下段は岩盤を削って土地を低くしたもので創建時に遡る。法堂北側柱心から上・下段境までの距離は約十一丈二尺である。「指図」は上段と下段の境界線を描いていない。

④　法堂中央間の北方に上段へ登る階段と考えられる遺構が検出された。これはその北方に玄関と得月楼の存在を推測させる。

⑤　池南岸を形成する中世Ⅰ期（創建期～永仁元年）から中世Ⅴ期（応永二十一年火災以後）の遺構が検出された。中世Ⅰ期の池南岸は鎌倉石で護岸されていた。中世Ⅱ・Ⅲ期（永仁火災～元弘元年頃）の池南岸は創建期の石積み護岸より約三〇センチ北へ寄った位置に築かれた木製護岸である。木製護岸位置は、「指図」の池南岸に比べると、かなり北方にある。中軸上において法堂北側柱位置を基準として、「指図」の池南岸までの距離と発掘調査報告書に記載する遺構図より求めた木製護岸（池南岸）までの距離とを比べると、後者は二十丈八尺であり、その差は約三丈六尺（約一〇・九メートル）になる。「指図」の法堂と「大客殿」間の距離をもとにすると、「大客殿」は上段と下段に跨ることになるが、「指図」に描く礼間から池南岸までの間にある建造物を北へ三丈六尺平行移動すると、「大客殿」はすべて上段におさまる。

⑥　この時期の方丈の建物遺構は検出されなかった。それらの遺構は後世に削平されたと考えられる。なお、池南木製護岸東辺の池底で瓦溜1が検出された。瓦溜1は幅一メートル程で、護岸東側より池南入込部南岸に沿って分布し、伽藍中軸線より東四メートル～一〇メートルの範囲にある。瓦溜1には平瓦、丸瓦のほかに、軒丸瓦（三巴文と連珠、径一五センチ、一三・五センチ）、軒平瓦（唐草文、幅二七センチ）が含まれる。瓦は破損している物がほとんどで、建替えの際に廃棄されたものか、という。これは、この近くに瓦を用いた建物があったことを窺わせる。それは得月楼と考えられないであろうか。

⑦　調査区北寄りに検出された池の南岸は、東寄りで南にやや入込み、それより西北に岩盤を張り出して岬を造成していた。調査報告書はこれを「指図」に描く池東方にある岬に同定している。仮に「大客殿」と得月楼が

岬状遺構の西方にあったとすると、得月楼は池に臨まないことになる。法堂中央間北方に上段へ登る階段状遺構が検出されたことを考え合せると、得月楼と玄関は伽藍中軸上にあった可能性が大きいと思われる。しかし、池東岸は未調査であり、得月楼と「大客殿」の位置については今後の調査を待ちたい。

つぎに「指図」に描く礼間及び玄関・得月楼と「大客殿」にわけて記述する。なお、礼間及び得月楼と「大客殿」は発掘調査により判明した方丈池南岸の位置をもとに、それぞれ北へ三丈六尺平行移動した位置にあったと考える。

1　礼間及び玄関・得月楼

発掘調査により判明した方丈池南木製護岸の位置をもとにすると、礼間は方丈南方の下段にある。礼間と法堂との間は五丈六尺、柱間にして五間であり、三間軒廊で繋いでいたと思われる。礼間は、建仁寺および天竜寺の法堂北にある寝堂（共に南北朝期）に相当する建物である。寝堂は住持が茶礼を行う堂である。先述のように、文保元年（一三一七）秋に建長寺住持となった東明慧日の入院法語にみえる法座は、当時、法堂が未だ再建されていなかったので、礼間に設けられたと推定される。「指図」によると、礼間の規模は方三間、東西四丈六尺、南北三丈九尺である。これによると、礼間は法座（須弥壇）を設けるに充分な広さであった。

得月楼の正面にある玄関は間口一間（二丈）、奥行二間（各一丈四尺）の土間廊である。間口を得月楼中央間に合わせて二丈とし、正面に外開き板扉を立てる。

得月楼は「方丈」「丈室」といわれ、「大客殿」に対して前方丈に相当する。「指図」によると、得月楼は正面三間（四丈八尺）、側面一間（二丈）の規模をもつ二階楼造の建築である。一階は基壇積の土間床であったらしく、玄関に続く正面中央間に基壇の線を描かない。建具は正面中央間に禅宗様の花灯桁を備え、両側面と背面中央間に外開き桟唐戸を立てていた。正面と背面の両脇間は窓であったかもしれない。一階丈室は、柱間一間七尺に換算すると、ほぼ七間に三間の客殿に相当する。二階は一室で、桟唐戸と玲瓏な窓を設け、周囲に高欄付の縁をまわしていたと推察される。

なお、建長寺方丈は貞治元年（一三六二）頃焼失したが、貞治三年に建長寺住持となった青山慈永により再興された。平成十五年の発掘調査報告書によると、中世Ⅳ期（十四世紀後半～十五世紀初頭）の方丈遺構として上段Ⅰ区の南西に建物3の礎石が一部検出された。礎石は東側柱の礎石三個所と縁束石二個が検出されたにとどまり、西方と北方は調査区外になる。柱間寸法は十三尺と十尺である。建物3は青山が再興した得月楼の可能性があるが、その規模・形式は未詳である。『空華集』巻第二に、貞治七年二月八日、義堂周信が建長寺方丈にて住持中巌円月に贈った詩（五詩）を載せる。そのうちの得月楼の詩に、

特地に方沼を開くことを労せず、春水窓に臨みて碧天を蘸す、
況や楼台の好月を留める有をや、雨を聴きて将って閑眠を愛すること莫れ、

とある。これによると、得月楼の二階は住持の居間兼書院であった。蘸碧池が「方沼」と詠まれていることは注意される。

2「大客殿」と書院窓（付書院）

「大客殿」は、玄関と得月楼の東側に近接して描かれている。「大客殿」の平面は、南面する西棟と池に臨み北面する東棟に大別できる。西棟は大客殿を中心とする公的空間、東棟は住持の私的空間を構成する。なお、「指図」の書入れによると、柱間寸法は一間七尺（約二・一メートル）である。柱は丸柱と考えられ、西棟南広庇と

東棟北広庇に角柱を用いたらしい。つぎに、「指図」をもとに両棟の平面について述べる。(12)建長寺「大客殿」の平面（図8）を参照。

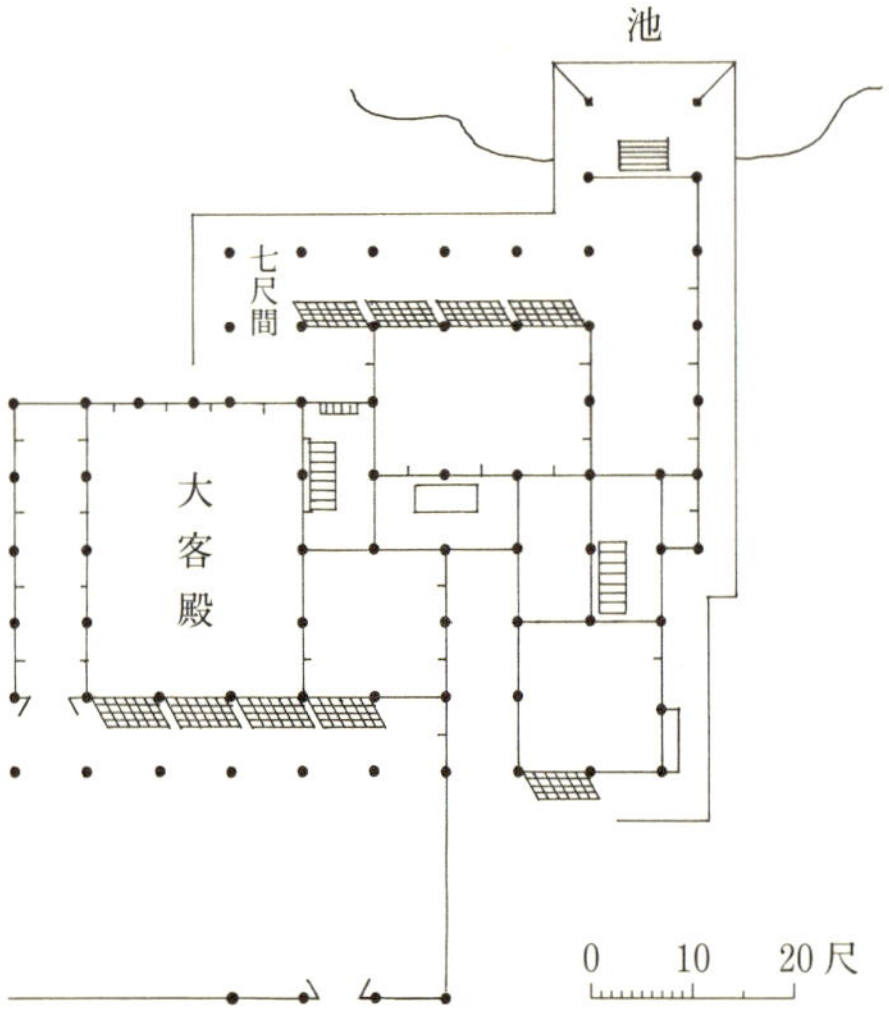

図8　建長寺「大客殿」平面図

西棟は敷地上段の南端に位置する。西棟は南広庇に面して中央に間口三間、奥行四間の大客殿、その東脇南端に「四間」の部屋と西脇に庇間を配する。柱間装置は大客殿南面と東脇間南面西一間が蔀戸、西庇南面が妻戸で、ほかは引違戸もしくは壁と思われる。西庇は南面に妻戸を立てるので、同時代の寝殿における公卿座に類似し、賓客の控室に用いられたかもしれない。東脇「四間」は、その北面西間より北へ長さ二間の廊が延びて東棟に通じており、住持が大客殿に出座する時の休息室あるいは応接室の様な部屋であろう。大客殿以下各室の床は板敷であったと考えられるが、「指図」は東棟に濡縁を描くが、西棟にそれがみえない。「指図」は、発掘調査で判明した上段と下段の境界線を図示しないので、西棟の床は詳らかでない。西棟に濡縁がないとすると、南広庇の床は低い基壇積であるか、もしくは基壇上に低い板敷を造っていたと考えられ、大客殿の床も低かった可能性がある。なお、西棟と東棟を結ぶ二間廊の北端に踏段様の図を描く。それが踏段とすると、西棟の床は東棟より低いことになり注意される。また、同じ二間廊の中央西寄りに階段様の図がある。これは二階逢春閣へ登る階段と考えられる。

一方、東棟は北面広庇に面して北向「六間」を設け、その西脇の母屋北に方一間の部屋を配し、両室北面に蔀戸を立てる。「六間」は寝殿における常御所に相当し、その建具構えは大客殿に類似するので、奥向の接客室（小客殿）と考えられる。南庇にある「二間」は寝殿の常御所に隣接する寝所に類似する。その内部にある半帖大の装置を牀（寝台）とみると、「二間」は住持の眠蔵と解することができる。東庇より北へ延びて池に臨む二間廊は、北端の柱が角柱らしく、北一間は床を一段低くして妻庇形式の屋根であったと推察される。

東棟で注目されるのは、南東部より南に張出した棟の南端にある南向「四間」である。この部屋は東面南間に書院窓（付書院）と思われる図がある。「四間」の東面北間は遣戸、南面西間は蔀戸であるが、南面東間と西面の柱間装置は不明である。北面は西間より北へ二間廊が延びて北向「六間」に至り、同じく東間より北へ二間廊が延びて東庇に至る。

「関東諸老遺藁」に収める建長寺貞書記の纏めた頌軸に寄せた実翁聡秀の跋文によると、延文六年（一三六一）春、当時住持であった実翁は建長寺「聴松軒」にてそれを書いたことが知られる。「聴松軒」は方丈書院の雅称である。「指図」の「大客殿」に書院を求めると東棟の南向「四間」がそれに相応しく、東面の濡縁に張出した処は書院窓（付書院）とみてよいであろう。この書院窓は、『一山国師語録』に「明窓」と記される。同語録・正安二年（一三〇〇）春の「因江湖兄弟呈レ頌求二掛搭一上堂。」の法語によると、正安元年十二月七日、一山一寧が建長寺に入院したことにより、同寺に掛搭を求める雲衲が多くなった。そこで一山は頌を提出させて、それの優れた者に掛搭を許すことにした。その法語に、

古徳の一期、要津を把定す、若し後語なくんば、自ら出身の路無けん。福山、線道を放開し、儞に容す身を転じ気を吐くことを。汝若し一句を道ひ得て、倜儻分明ならば、便ち明窓下に安排せん。然りと雖も、還って宗乗の中の事に当得すや。

とある。「明窓下に安排せん」というのは書院窓に就いて安排することである。この試験について、『夢窓国師年譜』正安元年（二年カ）条に、

師二十五歳又洛陽を出て、東関に入る、一山を慕うを以て也。山既に巨福席を領す、海内衲子風望競参す。山試すに偈頌を以てし、能作者を選び掛搭を許す。且上中下科を分く。是日衲子数十人を召して、方丈に就きこれを試す。上科に登る者二人、師その一なり。

とあり、一山は方丈に衲子を召して、明窓下に頌を試したことが知られる。『指図』に描く「大客殿」書院の図を合わせ考えると、「明窓」は浄几を備えた書院窓と解せられる。

南向「四間」の北東二間廊の西南寄りにある階段様の図は書院の二階へ登る階段である。書院は二階に「対神閣」をあげていたと考えられる。『鎌倉五山記』（明月院本）建長寺諸伽藍の項によると、対神閣は小書院の雅称であった。これは室町時代前期の資料であるが、その名称は南北朝期に遡ると考えられる。対神閣は、『扶桑五山記』に建長寺境致の一つにあげられる。

以上、「大客殿」は、大客殿など主室正面に蔀戸を用いた建具構え、および池に臨み廊を突出した北向「六間」を中心とする平面に同時代の寝殿に類似する特徴が認められる。一方、公的空間である大客殿は奥行四間の大室であり、これは中世五山禅寺における方丈客殿の特徴である。ただし、正面中央間の建具を唐戸としないのは異例である。また、東棟書院にみられる書院窓（付書院）は禅寺方丈における初期の例である。さらに、「大客殿」は西棟大客殿と東棟書院の二階に、それぞれ「逢春閣」と「対神閣」をあげていたと考えられる。このように東西に二階閣をあげた「大客殿」は、その西方に建つ得月楼および玄関とともに、建長寺方丈の顕著な特徴として注目される。図9は「大客殿」二階の想定平面図である。

禅院の書院窓（付書院）について

禅宗寺院以外の寺院などでは学問所（書斎）の縁に張出した造り付けの文机を出文机（だしふつくえ）と呼び、また、それがある窓をさすこともある。出文机を描いた初期例は永仁四年（一二九六）の『天狗草紙』といわれ、鎌倉時代末に成立した『法然上人絵伝』には、窓に様々な意匠を凝らした出文机が描かれている。従来、禅院方丈の書院窓（付書院）について、鎌倉時代後期に遡る例が知られていなかったので、禅院方丈の書院にみられる書院窓（付書院）は禅宗以外の宗派の高僧住房にみられる「出文机」の影響を受けて禅院に取り入れられたと考えられている。これに反する事実として、永仁火災後まもなく再建された建長寺「大客殿」の書院にみられる書院窓（付書院）はすこぶる重要である。この書院窓は『一山国師語録』に「明窓」と記されるように、宋代における「明窓」との関係が注意される。つぎに、この点について少し補足する。

清拙正澄『禅居集』序に収める「建長新起衆寮。賀軸序」に、栴檀林の設けは唐の寺には咸あるが、日本の列刹を視るに檀林の規定を闕く。建長衆寮を草創するに、崖を鑿ち址を闢き、材を取り工に命じ、一年で緒に就いた、という。その形について「明窓浄几。豁達四向。穿堂天井。中外虚通。比霊浄体製。整而稍隘。」とあり、南宋霊隠・浄慈両寺の体製に比べ、やや隘いという。建長寺衆寮は嘉暦三年（一三二八）に完成した。元弘元年の「建長寺伽藍指図」によると、衆寮（栴檀林）は桁行八間、梁行五間の

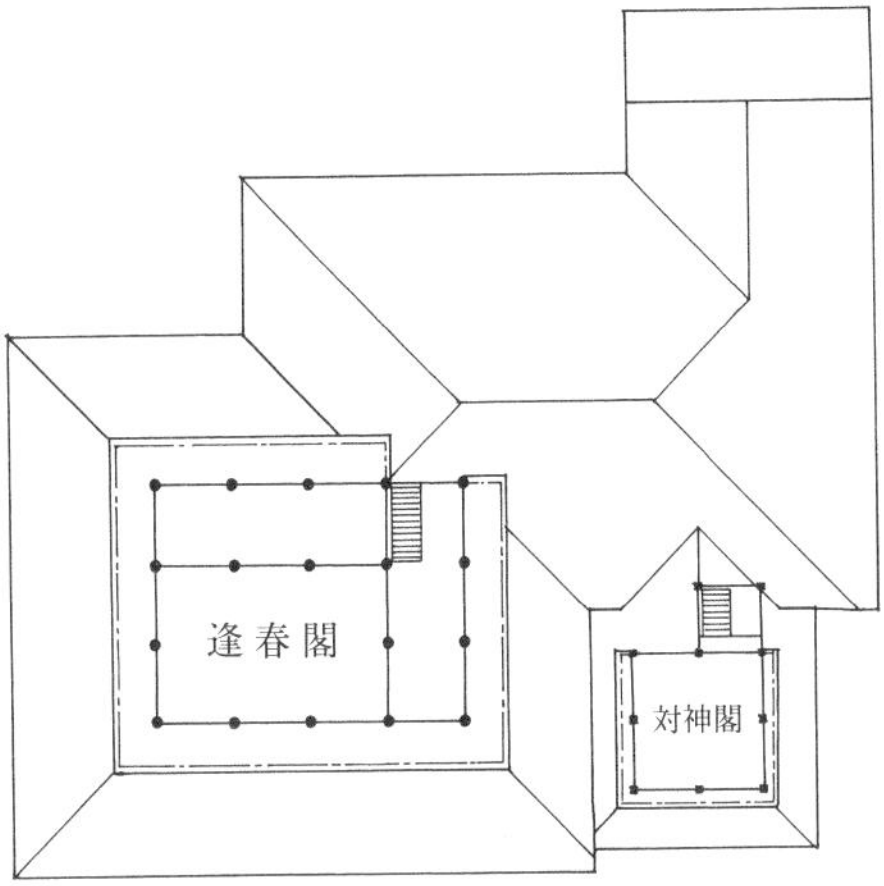

図９　建長寺「大客殿」二階想定平面図

規模で、中央桁行四間、梁行五間の左右に二間に一間の天井（坪庭）があり、そのまわりに読書室が設けられた。読書室は、「明窓浄几」といわれるように天井（坪庭）に面して狭牀を造り、明窓の間に淨几（清らかな机・経櫃）を備えていた。狭牀には薄べりもしくは畳が敷かれたであろう。東福寺僧堂は上げ下げ窓に面した畳敷長牀の奥に函櫃を造り付けている。これらは「出文机」と形態を異にするが、窓間に机を置くこと、および坐式であることは共通する。建長寺「大客殿」の書院は住持の書斎であり、縁に張出して明り窓と机を設けた例である。

『鏡堂和尚住山城州建仁禅寺語録』によると、嘉元三年（一三〇五）九月に建仁寺方丈が落慶し、住持鏡堂覚円は上堂した。その法語に、

慶方丈上堂、兼謝都勧縁、毘耶丈室已円成、了事還他力量人、画棟朱甍衝碧落、明窓浄几隔紅塵、規模壮観可千古、気象軒昂無等倫、八万四千猊座集、深談不二又重新。

と記す。方丈は棟の朱甍が晴天を衝き、規模壮観千古によし、気象軒昂にして等倫なし、という。これは方丈が二階に慈視閣を上げていたことをいう。明窓浄几紅塵を隔つとあり、方丈の書院は明窓に清浄な机を備えていたことが推察される。多くの高僧が座に集い深談するとあるのは、方丈の客殿が広いことを云うのであろう。鏡堂覚円は南宋西蜀の人で、環渓惟一の法嗣である。弘安二年に来朝した無学祖元の侍者として同行した。鏡堂は正応四年（一二九一）八月二日、建長寺に入院（第七世）、永仁二年（一二九四）七月十五日頃まで住持であった。この間、永仁元年四月の大地震により建長寺伽藍は焼失した。鏡堂が住持であった時に再興された建仁寺方丈の明窓浄几を備えた書院は、建長寺「大客殿」書院の書院窓の形式に同じであったのではないだろうか(13)。

明窓浄几について、『廣漢和辞典』に「［明窓（窗）浄（淨）几］〈メイソウ・ジョウキ〉あかるいまどと、清らかな机。清潔な書斎をいう。［宋、欧陽脩、試筆（学レ書為レ楽）］蘇子美常に言う、明窗淨几、筆硯紙墨、皆精良を

極むるは、亦自ら是れ人生の一楽。」とある。[14] 欧陽脩（一〇〇七～一〇七二）は宋の政治家・学者で、文を以て聞こえ、唐宋八大家の一人である。「試筆」にみえる「明窓浄几」は、明るい窓と清らかな机をいい、机は椅子式であったと推察される。禅宗寺院に伝えられた僧堂や衆寮の明窓浄几は明窓の下に設けた畳敷の牀と坐式の机であった。その早い例は『常楽禅寺蘭渓和尚語録』建長元年（一二四九）四月八日条にみえる。この日、常楽寺の重僧堂（静覚堂）が完成したので、蘭渓は檀越に謝し上堂した。その法語に、

今日両重の功徳、利益無辺、施者受者、彼此益を獲る。苟くも或は明窓浄几の内にて、放逸にして、とどまること無く、虚しく光陰を度り、仏行を行わず、但水草を念ずるのみにして、余は知る所無くんば、他日異時の報応は後に在らん。（○前後略）

とある。「明窓浄几の内にて」とあるのは、明窓浄几の備えがある内単（広牀）の内にて、という意味である。鎌倉時代後期から南北朝期の禅僧の詩に「窓間の几」に盆石や蘭を活けた盤を置くことがみえ、虎関師錬は信州の文竹で作った筆管を「明窓滑几の揮灑」に供えたことが『済北集』にみえる。[15] 窓間の几は窓に作り付けた机で、書院窓（付書院）と考えられる。

以上、「明窓」あるいは「明窓浄几」は中国宋代の文人や禅僧の書斎などに見られる明るい窓と清らかな机、および清潔な書斎を意味した。日本の書院窓（付書院）は、禅宗寺院の僧堂及び衆寮にみられる「明窓浄几」とともに禅院の書院において発達したとするのが穏当と思われる。

3　方丈池（蘸碧池）

方丈の北方にある蘸碧池は「双沼」と呼ばれた。『仏光国師語録』偈頌に早春の得月楼前の池を詠んでいる。池を隔てて白梅が二本植えられ、西湖にある孤山の梅花と第四橋を髣髴するとあり、見事な梅が植えられ、池に

橋が架かっていた。創建期の方丈池の対岸に「霊松」があったことはよく知られている。「建長寺指図」によると、方丈池の西辺に円通閣と千手堂が建ち、中心伽藍と異なる瀟洒な景観が形成されていた。明極楚俊は建長寺十境に方丈とその周辺にある玄関、得月楼、逢春閣、蘸碧池、円通閣の五境をあげる。方丈一郭は建長寺境致を形成する重要な地区であった。

（10）観音殿（円通閣）と千手堂

観音殿は西回廊より北方に延びる西長廊の北端に建ち、その前を蘸碧池より西に流れる疎水に反橋を架けていた。観音殿は一階を布金、二階を円通閣と云った。

『乾峰和尚語録』祭文にのせる太平妙準を祭る文によると、太平は、元応元年（一三一九）浄智寺住持を任ぜられる以前に、建長寺の蘸碧軒に寓居し、布金閣のことを掌っていた。蘸碧軒は観音殿一階にある知客の寮と考えられる。布金は観音殿一階にある賓客（大檀那など）の休息所である。中巌円月も暦応元年（一三三八）冬、蘸碧に寓居していた。『東海一漚集』に、中巌は別源円旨と不聞契聞をそこに招き、自作の詩を贈ったことを載せる。

『殿中以下年中行事』「一　公方様御発向事」によると、凶徒等を悉く退治して天下静謐になった時、公方は建長寺を始めとして五山に出御した。これを薬師如来と云った。薬師如来を唱える時、寺家より焼香侍者行者が総門まで参り、公方様を迎えた。山門より始めて仏殿、土地堂、祖師堂、法堂、観音殿を御焼香し、その後方丈において御点心あり、その時より住持以下が御相伴に参る、とある。公方は西長廊を通って法堂で焼香の後、観音殿二階（円通閣）に登り焼香したのである。この記事は建長寺の仏殿、法堂、観音殿を記すので、応永廿一年（一四一四）十二月の建長寺火災以前の例を基にしている。

「指図」によると、観音殿一階は東西五間、南北六間の規模で、三間に四間の母屋の四周に庇をめぐらした形式である。柱間寸法は母屋一丈等間、庇梁間北面一丈、他三面各八尺である。平面は母屋を南北二室に分け、北側の母屋正面三間に扉を立てる。南側の母屋は南面中央間と東・西両面各二間柱間に花灯形を描くので、その内側に腰高明障子を立てていたと思われる。中巌円月が寓居した寮は扉と蔀戸を立てていたので、北側の母屋にあったと推定される。庇は外側柱間に花灯形を描くので、吹放であったと考えられる。観音殿は四周に濡縁を回らした板敷建物で、一階に賓客室と役寮を設けたのであろう。

二階円通閣は観音菩薩を祀り、毎月十八日に観音懺法が修された。嘉元四年（一三〇六）頃の作である『拾菓集』巨山景に円通閣上の観音懺法が詠われている。円通閣の本尊は千観音菩薩であったと推定される。観音殿は板敷であるが禅宗様の花灯形を多用し、園池に臨む中規模の二階建建築であった。

千手堂は観音堂の西側に並んで描かれている。現在、仏殿の脇壇に安置する木造千手観音坐像（像高さ九六・七センチ）は鎌倉時代後期の秀作で、もと千手堂の本尊であった。千手堂では毎月十八日に諷経がおこなわれた。「指図」によると、千手堂は方三間の母屋四周に「もこし」をめぐらした形式で、観音殿に比べて柱間寸法が小さく瀟洒な建築である。母屋は来迎壁前の仏壇に千手観音坐像を安置し、正面と後面の中央間に扉を立てる。南面「もこし」は正面を三間に割り、その中央間に扉を立てていたらしい。

小結

鎌倉時代末から南北朝期の建長寺は五山第一の寺格を有し、中国禅僧の指導のもとに盛期の宋朝風伽藍を誇り、優れた禅僧を多く育成した。

主要伽藍は、南北中軸上に総門、三門、仏殿、法堂、礼間、得月楼を配し、仏殿前方左右の回廊に接して大徹堂（僧堂）と庫院を相対して建て、三門前方の左右両辺に浴室と西浄を置いた左右対称の大陸的配置であった。中心堂宇は禅宗様式を基調とする「もこし」付二階楼閣建築の三門と法堂、「もこし」付二重屋根の建築である仏殿と僧堂、および二階建二重屋根の庫院よりなり、それらは伽藍中軸にそって奥行と左右に連続してめぐり、重厚で変化に富んだ構成を創り出していた。

仏殿前の中庭は回廊より一・二メートル程低く作られ、その東西両側に柏槇を植えていた。中庭は、それを取囲む仏殿と三門及び東・西回廊の列柱に禅宗様の花灯枠を付けた異国情趣豊かな空間であった。

方丈は法堂北方にあって一段高い台地を占める。前方丈に相当する得月楼は中軸上にある二階楼造の建築で前に玄関を構え、背後の蘸碧池に臨んで立っていた。それらの東側にある「大客殿」は西棟大客殿の二階に逢春閣をあげ、東棟東南に張出した書院の二階に対神閣をあげていた。禅宗様の得月楼と玄関及びその東方に楼閣の「大客殿」を配した方丈の形式およびそれらの背後に池を作った構成は建長寺方丈の大きな特徴である。

義堂周信の『日用工夫略集』貞治六年（一三六七）二月廿七日条に「作㆓福山聯句詩叙㆒曰。」として、大要つぎのように記す。

わが徒の東遊するものは必ず福山を以て美談となす。然れどもその美は屋宇の大と衆徒の多きにとどまる。しかし、その山の美と為す所はそうではなく、その居者が賢であることである。福山聯句詩を観るに、凡て五十八韻、地理の縈帯たる、経始の権輿、仏屋の輪奐、国命の変革、実にこれを録し、つぎてこれを歌う。「檀芬樹々　皆僧宝人々爾」と云う有り、すなわちその居者皆賢なるを知る、美と為す所以なるのみ。

同じ『日用工夫略集』によると、永徳二年（一三八二）正月晦日、建長寺の主席が欠員となった。将軍足利義満と鹿苑院僧録などは等持寺方丈に会して建長寺住持を公選し、前寿福寺中山法穎を住持に補した。その席にお

ける議者の意見を義堂周信が詩序にまとめている。同年閏正月十一日条に、

議者謂。日本禅林関東より盛なるはなし。関東禅林、福鹿両山より盛なるはなし。これ天下叢林の師法なり。而して邇来世紛撓、師法陵夷。頗る師師ならざるの嘆有り、惜しむべきなり。方今辺事稍平、中山適々この挙に当り、国の為に開堂。師法復振、また法門の幸となさんや。

と記す。福鹿両山は伽藍の盛大、衆徒の多数を誇るのみでなく、天下叢林の師法であった。

（注）

（1）『新編鎌倉志』にのせる貞和三年（一三四七）頃の「建長興国禅寺碑文」。建長寺百七十八世龍派禅珠の詩「福鹿懐古」『寒松稿』拾遺、所収。『鹿山略記』に引く古記。

（2）玉村竹二「五山叢林の塔頭に就いて」『日本禅宗史論集』上。

（3）今枝愛真「円爾と蘭渓の交渉―往復書簡を通して見たる一考察―」『禅宗の諸問題』雄山閣出版　一九七九年。

（4）『蘭渓道隆禅師全集』第一巻『蘭渓和尚語録』、思文閣出版二〇一四年一〇月。

（5）今枝愛真「円爾と蘭渓の交渉」に引く「蘭渓道隆尺牘案」（『異国日記』四）に「但創立之初、規模未定、」とある。なお、『建長寺史』は同じ日付で、無本覚心に宛てて建長寺建立後の僧衆修行の助縁を請うた「蘭渓道隆尺牘」を載せる。それには「道隆　今夏内外蒙庇苟安　但造立の始宏規未定」とある。

（6）『巨福山建長寺境内遺跡―庫裏改築に係る昭和61年発掘調査報告書―』建長寺境内遺跡発掘調査団、一九九一年。

（7）『史蹟建長寺―得月楼（客殿）建設に伴う発掘調査報告書―』鶴見大学史跡建長寺境内発掘調査団、有限会社博通、二〇〇三年。

（8）太田博太郎『中世の建築』二の四、建長寺条。

（9）関口欣也「建長寺指図」『神奈川県文化財図鑑』建造物篇、神奈川県教育委員会、一九七一年。

（10）「建長寺指図」に記入する三門と両脇殿の棟通り柱間寸法をもとに東回廊西側柱から西回廊東側柱までの長さを求めると十三丈八尺である（18×3＋14×6＝138）。同様に仏殿と両脇の土地堂・祖師堂の正面柱間寸法をもとに

東回廊と西回廊の中庭側柱の間の長さを求めると、仏殿中央柱間を除き十一丈八尺（14×4＋9×2＋22×2＝118）になる。これに仏殿正面中央間を加えたものが十三丈八尺であるので、正面中央柱間寸法は二丈である。

　なお、関口欣也『中世禅宗様建築の研究』（関口欣也著作集一、中央公論美術出版、二〇一〇年）第二章二では、建長寺仏殿の桁行中央柱間寸法を梁行中央柱間と同じ一丈五尺と考えられている。

(11)『史蹟建長寺―下水道敷設に伴うトレンチ調査報告書』二〇〇三年七月。

(12)「大客殿」の平面については、拙稿「中世における建長寺方丈について」『建築史学』第五十二号、二〇〇九年三月、を参照されたい。

(13)康暦二年（一三八〇）五月十三日、足利義政は建仁寺に御成りになった。『日用工夫略集』同日条によると、住持（義堂）は両班大衆を率いて府君を三門に迎え、正門より仏殿に入った。仏殿にて炷香、畢って住持は府君を引いて方丈に入り、そこで点心があった。相伴は管領一人と僧伴五人である。点心罷り、住持は府君を引いて歇處に帰り道話に及んだ。点心は客殿にて行い、府君が休息した所は客殿の脇間（御所間）であろう。その後、法堂にて鈞語問答があり、府君は特榻にて諸山列の座下にあって聴聞した。提綱の後、斎会あり、斎罷り方丈へ還った。座位は僧衆が佛右、府君と管領が佛左、義堂は主位を普明国師に譲り、その次に義堂、本寺東堂蘭洲、天龍大清、等持物先、焼香祖侍者の順に座が設けられた。客殿の佛は背面壁の前に置かれたのであろう。府君と管領の座は佛の左に置かれたので客殿東脇間が御所間であり、客殿西脇間の北側に書院があったと推察される。これによると、建仁寺方丈の一階平面は六間取形式であり、それの初期例である。

(14)諸橋轍次・鎌田正・米山寅太郎『廣漢和辞典』。

(15)拙稿「中世禅僧の詩に表現された書院窓」『建築史学』第四十三号、二〇〇四年九月。

第二章　円覚寺の伽藍

円覚寺は山号を瑞鹿山、寺号を円覚興聖禅寺という。開山は宋僧無学祖元、開基は執権北条時宗である。円覚寺は鎌倉の北西にあって、山ノ内往還より東方の六国見山に向けて入る谷戸と周囲の山陵を寺地とし、西面して伽藍を開く。臨済宗円覚寺派の本山である円覚寺は、中世において鎌倉五山第二に位した。

第一節　創建期の円覚寺伽藍

Ⅰ　円覚寺の創立

円覚寺は、北条時宗により弘安五年（一二八二）十二月八日に開堂された。同日、開山無学祖元は大光明殿（仏殿）に慶讃陞座した。『仏光国師語録』「円覚興聖禅寺開山語録」同日の法語によると、仏殿の本尊は華厳世界の教主毗盧遮那仏であり、その左右に観世音菩薩と十二菩薩、天龍八部が祀られていた。また三門、僧堂、厨庫がすでに備わり、一日五大部経及び円覚修多羅経を書写した。この日、開堂にあたり諸仏菩薩、天龍八部を延請し、この道場に入れ、広く禅席を開き、広く禅侶を納れた。無学祖元は請により陞座し、正法眼蔵涅槃妙心を挙揚した。同日、仏殿の額を掛けた時の法語に「仏殿額を掛る。解脱門開く正覚場。十虚無際露堂堂。毗盧蔵海乾坤に闊。楼閣門の前白昼長。（〇後略）」と記す。仏殿額は「大光明宝殿」である。「解脱門」は三門であり、

「楼閣門」といわれ開堂時に存在したことが分かる。また当日、方丈が出来ていたことは『仏光国師語録』巻四に「入二方丈一普説。」を載せることにより知られる。

円覚寺創立の趣旨と事始の時期について、太田博太郎博士は、わが国の安泰隆昌を祈り、かつは文永・弘安両役における両軍の戦死者の霊を弔おうとしたことは明らかである。また、時宗の国難に対する苦心からすれば、弘安の役以前より逼り来る国難に対して戦勝を祈願して一寺を建立しようとしたことも考えられる。そのいずれにせよ、円覚寺創立の実質的な工事は弘安四年夏の戦勝以後である、とされた(1)。

一方、玉村竹二博士は、円覚寺創立について太田説とともに、別の一説をあげている。それは、北条氏累代一寺ずつ新寺開立の慣例に随い、時宗は以前から新寺開創を計画していた、とする説である。すなわち、時宗は、弘安元年（一二七九）に蘭渓道隆を開山とする新寺を設けようとして、現在の円覚寺の地を寺地に定めたとする説で、江戸時代の『鹿山略記』や『建長寺年代記』及び『本朝高僧伝』祖元伝に見える。

玉村博士は『円覚寺史』に、この説の論拠として弘安元年十二月の北条時宗書状をあげている。弘安元年七月廿四日の蘭渓道隆示寂後、北条時宗はその後継者を宋国より招請するようにと、蘭渓道隆の遺弟である無及徳詮および傑翁宗英の二人に宛て特使を依頼した。その招請状の文言は、新寺を建立して、大衆を安単せしめ、その住持たるべき人を宋国に求めんとしたとも解釈できると、される。それによると、弘安元年に、時宗は建長寺とは別の禅刹造立を構想していたことになる。

円覚寺は、弘安五年十二月開堂の時には仏殿、三門、僧堂、厨庫、方丈は出来ていたので、その工事は遅くとも弘安四年夏には始められていたと考えられる。一方、円覚寺の主要伽藍は谷戸の低地を占め、その造営には周辺の丘稜を掘鑿し、谷戸を埋める土木工事が先行したことは間違いない。昭和三十七年十二月に上棟式が行われた現在の仏殿（鉄骨・鉄筋コンクリート造）の建設に先立ち実施された地下調査の結果、仏殿の立地は急斜面の谷間埋立地であることが判明した（『円覚寺史』）。県道北側の馬道に設けた基準値（BM）を二〇・〇メートルとした測量図をもとに仏殿、山門、総門の敷地レベルをみると、仏殿は三六・〇メートル、山門は三四・二メートルで仏殿と約一・八メートルの段差がある。山門石段下のレベルは二九・二メートルで、山門の敷地より約五メートル低いので、山門は谷戸を埋め立てた造成地に建つと考えられる。また、総門前の敷地レベルは二八・五メートル、総門石段下のレベルは二二・七メートルで、その差は約五・八メートルである。総門の敷地も埋め立てにより造成されたことが推察される。

土地の造成とともに、主要伽藍の設計に日時を要したと推察される。それらを勘案すると、弘安元年十二月の時宗書状の文言から、時宗は新寺を建立して、その開山に宋朝の名僧を求めんとしたとも採ることもできるとする解釈は注意されてよいであろう。特使派遣により、日本の招聘に応じたのは天童山の環渓惟一会下にあって第一座を勤めていた無学祖元（士学祖元）であった。祖元は、元の至元十六年（一二七九、弘安二年）五月二十六日に天童山を出発して、六月二日上船した。環渓門下の鏡堂覚円が随侍し、梵光・一鏡などが同行した。一行は六月中に日本に着き、八月に鎌倉に到着した。そして、八月廿日、無学祖元は建長寺住持に任命され、翌二十一日、建長寺に入院した。円覚寺の造成はこの頃から始められたのではないだろうか。なお、円覚寺の伝承には行者及び大工も祖元に随行し、行者の荒井家及び大工の高階家はその子孫である、という。

いた。

Ⅱ　創建期の円覚寺伽藍

（1）開山の時期の伽藍

先述のように、弘安五年（一二八二）十二月の円覚寺開堂の時、仏殿のほか三門、僧堂、厨庫、方丈はできていた。

弘安六年（一二八三）三月、北条時宗は尾張国富田荘を円覚寺に寄進した。同年七月、時宗は円覚寺を将軍家の御祈禱所となし、尾張国富田荘並びに富吉加納・上総国畔蒜南庄内の亀山郷を円覚寺に寄付して、寺用に供給することを幕府に請うた（『鎌倉市史』二―七）。その中文に、

茲寺は鎮護国家、紹隆仏法のため、華麗を究め草創する所なり。地はこれ神仙の勝域にして、水石の饒奇たり。隣また建長の仁祠にして、鐘梵和韻する。飛閣は透迤にして、山岩を擘き以て碁布する。層軒は延袤し、雲霓を出て以て綺錯たり。丈六毗盧舎那仏は金容中央に赫奕し、十二菩薩衆は白毫左右に照輝く。（〇後略）

とある。円覚寺の地は神仙の勝域、水石の饒奇である、という。当時、妙香池は未だ形態を整えていなかったので、水石が豊かで珍しいというと総門前方にある白鷺池とその前面を流れる水路ではないだろうか。飛閣は、曲折してゆるやかに巡り、山岩を擘き以て碁子の如く分布する。層なる軒は連綿と伸展し、雲霓を出て以て縦横に交錯する、とある。主要伽藍は大陸風左右対称の配置であった様子が窺える。仏殿の本尊は金色丈六毗盧舎那仏であった。七月十六日、幕府は、時宗の請により円覚寺を将軍家の祈禱所となし、尾張国富田荘などの地を円覚寺に寄進した。

弘安六年九月二十七日の円覚寺年中寺用米注進状（『鎌倉市史』二―一三）によると、当時、仏殿と土地堂、衆寮、祖堂、行堂、客殿（方丈）、延寿堂、庫院（厨庫）、の存在が知られ、また、円覚寺に僧百人、行者・人工百

人、所々承仕・役人等二十人、洗衣四人、方丈行者六人、所々職下部三十八人など二百六十八人が居住していた。これだけの人を統率し、寺院を経営するために両序の職制が整っていた。『仏光録』弘安六年の「仏成道上堂」の前に「謝両序上堂。」の法語がある。また、『仏光録』小仏事条に東序の都寺、監寺、知庫（副寺）、維那、西序の首座、書記、蔵主の名がみえる。寺院の作務を掌る直歳や浴室及び東司を掌る知浴、知殿も置かれていたであろう。

『仏光録』弘安六年冬至小参前の「新二開正法眼堂一上堂」法語によると、北条時宗は工匠に命じて正法眼堂を造らせ、弘安六年秋に開堂した。同法語に、

檀那深く法忍をさとり、諸如幻三昧にして事を作る、工に命じて未だ百日に及ばず、この堂を幻出す。飛動を欲し、今朝綵画すでに備え畢んぬ。如幻種々諸荘厳し、衆宝妙妙戸牖を開き、刹刹塵塵罣礙なし。老僧深くこの堂中に坐す。金圏を抛擲栗棘を与え、三千世界の龍象奔る、須彌の舞を作り日月走る。只此句をもって群生を利せん。大地衆生普く成仏。

とある。北条時宗は、仏法の真理を得て、迷うことのない安らぎを得ていたという。工に命じ百日に及ばず、この堂を幻出。生生を欲し、堂に綵畫、幻の如く種々諸荘厳した。あらゆる妙理は戸牖を開き、刹刹塵塵罣礙なし、という。無学祖元は深くこの堂中に坐した。金圏をなげうち栗棘を与えるといい、堂内に幻想的な龍象や日月の綵畫が描かれていたのであろうか。正法眼堂は短期間に完成した第二僧堂である。

先述のように、弘安六年から七年頃、千体地蔵菩薩を安置する地蔵堂が新造された。地蔵堂は弘安四年及び文永の役において戦没した彼我万衆の霊の救済を願って創立されたのである。地蔵堂は「崇閣」といわれ、二階建であったと思われる。

弘安七年四月四日、北条時宗は急病を得て、にわかに無学祖元を請じて、落髪出家した。法名を道杲と称し、法光寺殿と号した。そして即日、三十四歳の若さで没した。『仏光録』「住建長興国禅寺語録」によると、翌八年四月四日、北条時宗の一周忌に円覚寺の宝蔵が慶讃供養された。また同日、三門に「円覚興聖禅寺」の額が掛けられた。その時の法語に、

円覚興聖禅寺の額を掛る。大解脱門は在不在なし、十虚無際闔闢自由。故に我大檀那円覚道場を建立し、広大仏事を成就。梵宇は霄漢を挿し、覩史夜摩を横呑す。鐘鼓は坤維を振るい、浮幢は刹海を攪動す。（○後略）

とある。額は三門の上閣に掛けられたのである。鐘鼓は三門左脇の鐘楼に懸けられていたと思われる。『大休録』「住円覚寺語録」弘安八年十月五日の達磨忌上堂法語に「暁天撞動かす玉楼の鐘、」とあり、鐘楼は二階建であったらしい。四月四日に供養された宝蔵は三門右脇にある経楼ではないだろうか。

創建期の円覚寺に総門があったと推定されるが、創建期の総門と外門及びその内にある池については資料を欠く。建武頃の「円覚寺境内絵図」（図10）によると、外門内にある池は、総門の前方にあって左右に並んだ方形の双池であり、その前面を南北水路がながれ、水路の中央に総門へ至る橋が架かる。この池は蓮池であり、放生池として創建期に築造された可能性が大きい。五山禅院のうち東福寺、南禅寺、天龍寺は三門の前に双池（蓮池）が造られていた。太田博太郎博士は、池が総門外にあるのは地勢の関係であろうとされている。先述のように、総門は谷戸の出口を埋め立てた造成地に立地すると推察されるので、総門及び総門石段下の白鷺池を含む前庭と山之内往還に面して開かれた外門は円覚寺の創建当初に遡ると考えてよいであろう。

なお、至徳四年（一三八七）の義堂周信筆「黄梅院華厳塔勧縁疏幷奉加帳」（『鎌倉市史』三一―三二）によると、

円覚寺華厳塔は弘安某年に創建された。華厳塔は北条時宗の塔所仏日庵東方の境内最奥の高台にあった。勧縁疏によると、華厳塔は方三間の三層塔で、下層に中尊釈迦・多宝二尊如来像を安置し、四隅に四天王を列置、左右両翼に日本国内大小神祇名牌を置いていた。華厳塔は四壁に幻善財南詢五十三知識の相が画かれたので華厳塔と号されたという。また旧記云として、開山仏光祖師は親しく仏舎利参粒と袈裟一頂を以て、塔心に蔵めた、という伝承を記す。華厳塔は開山無学祖元が示寂する弘安九年九月以前に出来ていたであろう。無学祖元は、弘安七年十二月末に円覚寺の兼管住持を辞し、建長寺に帰った。

（2）舎利殿の創建

第二世大休正念は、弘安八年（一二八五）の夏頃円覚寺に入院した。『大休録』「住円覚寺語録」の弘安八年十月五日達磨忌上堂と十一月十八日至節上堂の間に、「安㆓奉仏牙舎利㆒上堂。」の法語がある。太田博太郎博士は、これは仏牙舎利を円覚寺に奉請した時の上堂法語である。大休は、先住の寿福寺において「大慈寺舎利会上堂」を行っていたので、これは大慈寺より奉請した仏牙舎利と考えてよく、弘安八年に円覚寺において舎利殿が創建されたことを指摘された（『中世の建築』円覚寺）。『新編鎌倉志』にのせる『萬年山正続院仏牙舎利略記』によると、最勝園寺殿（北条貞時）は、北条の累祖安穏と鎌倉繁昌を願い、鎌倉戌亥方にある円覚寺に舎利殿を創建し、以て大慈寺仏牙舎利を移した、という。舎利殿は方丈北方の枝谷にあり、南向きに立っていた。大休が円覚寺住持の時、選仏場（僧堂）及び正法眼堂の両額が掛けられた。

円覚寺は弘安十年（一二八七）十二月廿四日に炎上した。中原師栄の『外記日記』同日条に「子刻、関東円覚寺払地炎上云々、後日聞之、」と記す。この火災は『鎌倉年代記裏書』にもみえる。また、当時円覚寺住持であった大休正念の『語録』弘安十年「歳夜小参」の法語に「払子を放し云く、東君妙運天力を回らす、又見る青青焼痕に入を。」とあり、円覚寺が火災にあったことを伝える。後述のように、この火災で三門、仏殿、僧堂、庫院などの中心堂宇を焼失した。同『語録』正応元年（一二八八）「結制小参」の法語に「横に拄杖を按えて云く、我この住処。重ねて梵刹を興さん。」とある。これは、火災後の円覚寺再興を述べたものである。しかし、大休は正応元年「中夏上堂」の後、間もなく円覚寺を退院し、寿福寺内に営んだ蔵六庵に退居した。

第二節　盛期の円覚寺伽藍配置と主要堂宇

Ⅰ　弘安火災後の伽藍再興

『鎌倉年代記裏書』正応二年（一二八九）十二月十二日条に「円覚寺焼失、」と記す。この火災はほかに見えず未詳である。この時期、円覚寺は住持を欠いていた。

第三世鏡堂覚円は正応三年（一二九〇）六月十九日に円覚寺に入院した。『円覚興聖禅寺鏡堂和尚語録』の円覚寺入院法語に據室の式を行ったことをのせるが、三門及び仏殿における法語を載せない。これは弘安十年十二月の円覚寺火災で三門及び仏殿が焼失したことを示唆する。仏殿の後方にあった方丈は無事であったが、仏殿の近くにあった僧堂及び庫院は類焼したと思われる。

正応六年（一二九三）六月、執権北条貞時は円覚寺造営料所として、尾張国篠木庄の地頭職を円覚寺に寄進した（『鎌倉市史』二―一三）。火災後の復興はこの頃から本格化したと思われる。第四世桃渓徳悟の時、永仁四年（一二九六）三月廿二日に円覚寺供養があった（『鎌倉年代記裏書』）。この年は、北条時宗の十三年忌に当たるので、仏殿など必要な建物が先ず完成したのであろう。永仁六年（一二九八）十月十七日、北条貞時は円覚寺造営料として越前国山本庄（有栖河清浄寿院領）を円覚寺に与え、造営終了後、本主に返付するよう下知した（『鎌倉市史』二―三二）。この頃、円覚寺の造営は未だ終っていなかった。

正安三年（一三〇一）八月、北条貞時により円覚寺大鐘が鋳造された。現在の大鐘（国宝）がそれで、鐘身一九〇センチ、口径一四二センチの大きさである。住持西澗子曇（六世）が撰した銘文に「此月十七日巳時、大鐘昇楼、洪音発虡、謹具名目于后、喜捨助縁善信共壱千五百人、本寺僧衆弐百五十員、」とあり、大鐘は鐘楼に掛けられた。また、本寺僧衆二百五十人とあり、それを収容する僧堂、衆寮および庫院は出来ていたと推察される。

正安四年（一三〇二）十月十一日、一山一寧（第七世）が円覚寺に入院した時の法語によると、当時三門は無く、仏殿にて本尊を礼拝した後、方丈にて據室式を行った。また、祝聖拈香した法座について「法座を指して、従上若しくは仏若しくは祖、者裏に到って歩を進める處なく、口を啓く分なし。山僧また作麼生。遂に驟歩して座に登る。」と記す。当時、円覚寺に法堂はなかったので、法座は法堂の須弥壇ではない。延慶三年（一三一〇）頃、円覚寺に入院した東明慧日の入院法語によると、法座は仏殿内に設けられたと思われる。

一山は、嘉元二年（一三〇四）十二月に円覚寺を退院したが、この間の法語に三門再建のことは窺えない。円覚寺三門が再興されたのは延慶元年（一三〇八）頃である。同年十一月、伏見上皇は「円覚興聖禅寺」の額草を宸筆された（『鎌倉市史』二―四七、四八）。「円覚興聖禅寺」は三門の額である。同年十二月廿二日、建長・円覚両寺は定額寺となった。これにより、弘安十年火災後の円覚寺は、二十余年にして復旧されたと考えられる。

東明慧日（第十世）は、延慶四年（一三一一）に円覚寺に入院した（『東明和尚塔銘』）。正和二年（一三一三）頃、蔵殿（宝蔵）が完成し、住持東明慧日は慶讃陞座した。

ところが、東明和尚「住円覚寺語録」によると、正和三年（一三一四）六月から七月頃の大地震により円覚寺の仏殿は損壊し、方丈は焼損したようである。(2) 仏殿は正和五年（一三一六）結制までに修理され、本尊薄伽至尊（宝冠釈迦如来）と十二大士、天龍八部衆が安坐された。

方丈の火災については、東明恵日が正和四年十二月に作成した「円覚寺文書目録」（『鎌倉市史』二―六〇）に、越前国山本庄について「一通　山本庄御寄進〈弘安九年二月四日奉書（異筆）「方丈炎上之時紛失了」、〉」と記すのが注意される。文末の異筆によると、この寄進状は方丈炎上の時紛失したらしい。また、正和四年の目録にのせる最後の文書に「一通　英都聞打渡文書之時副状〈目録焼失畢〉、」とあり、円覚寺は正和四年十二月以前に火災にあったことが知られる。方丈は、東明が退院した文保元年（一三一七）までには再建されたと推察される。

その後、元亨三年（一三二三）、北条高時は北条貞時十三年忌に際して円覚寺の法堂を創建し、各種の仏事を執行した。『北条貞時十三年忌供養記』（『鎌倉市史』二―六九）によると、法堂は、前年の元亨二年十一月廿二日に木作始あり、翌三年二月十一日立柱、十月廿一日に上棟式をおこない、あわせて掛額の仏事があった。法堂の額銘は先に「直指堂」と決まり、額字は近衛家平の筆であった。そして、元亨三年十月廿六日に法堂供養がおこなわれた。十三年忌供養記にのせる法堂供養時の室礼によると、つぎのことが分かる。

法堂は、「雨打」すなわち「もこし」付の土間堂である。大方殿（北条貞時後室、安達氏）の御坐は法堂右雨打間の簾中であり、その次間に修理権大夫殿（金沢貞顕）以下一族宿老の御坐が設けられた。この間は北面「もこし」の内側、主屋北第一間と考えられる。その次堂外より仏殿後脇に至り桟敷九間を構え、布施取殿上人と諸大夫座とした。また、太守（北条高時）の御坐は堂左雨打間にあり、その次間に別駕（安達時顕）、洒掃、長禅（長崎高綱）以下御内宿老の坐が設けられた。この間は南面「もこし」の内側、主屋南第一間である。その次堂外の桟敷七間は評定衆と諸大名以下の席である。

公卿五人は、法堂前正面右脇に小文高麗縁畳三帖を敷き、そこに着座した。堂前左脇石段上に幄屋棚を立て、奥布百端を積んだ。法堂は正面中央三間が戸口であったと考えてよく、その右脇二間に高麗縁畳三帖を敷いたことになる。これによると、法堂は主屋正面五間（側面不明）で、少なくともその正面と両側面に「もこし」を付けた形式が想定される。

法堂法座上に五層棚二脚を立て、両方に百味博を供した。供僧廿人が四智讃を誦えた。法座法被上に、弥勒画像を掛け、その脇に貞時の御影を掛け、前に花瓶、香炉を飾った。請僧十人は二行に椅子に坐し、前にある卓の打上に円覚経一部と散花籠を置く。請僧座は主屋母屋脇間に相対して置かれたと思われる。

なお、法堂上棟式の記事に大工安能と引頭四人がみえ、道々禄として絵師二人、檜皮師二人、鍛冶一人、塗師一人、畳指一人、壁塗一人、丹塗一人、石切一人などに各馬一疋を支給したことがみえる。大工安能は円覚寺大工である。屋根は檜皮葺、木部丹塗・漆塗、壁は塗壁があったようである。

以上、元亨三年（一三二三）の法堂供養により、円覚寺は創建以来四十余年にして専門禅刹として主要伽藍が整ったのである。建長寺法堂は建治元年（一二七五）に創建されたので、それに遅れること約五十年であった。

円覚寺伽藍は元弘三年の戦乱にも巻き込まれず、応安七年（一三七四）十一月廿三日の円覚寺大火まで健在であった。この大火により主要堂宇を焼失したが、この間の円覚寺伽藍は中世を通じて最も充実していた。

Ⅱ　円覚寺の境致

文保三年（一三一九）に月江が作詞した宴曲『玉林苑』に収める「鹿山景」に、円覚寺仏殿の聖容、仏日庵、大仙庵、白雲庵、遺身駄都（仏舎利）を安置する舎利殿、三重宝塔、宝雲閣、石屛、妙香池の法水、上皇の額字（三門勅額）が詠まれている。これらは円覚寺の境致であった。仏日庵は北条時宗の廟所であり、当時、時宗室覚山尼と子息北条貞時を合葬していた。建武頃の「円覚寺境内絵図」に描かれた仏日庵の二重屋根建物は「もこし」付の昭堂（饗堂）で、御霊屋はその奥にあったと推定される。大仙庵は円覚寺第四世桃渓徳悟の塔頭、白雲庵は円覚寺第十世東明恵日の塔頭である。同じ絵図によると、大仙庵と白雲庵の本坊は二階建であった。三重宝塔は華厳塔、石屛は公界寮舎の一つである。「宝雲閣」は三門上閣の雅称である。上皇の勅額「円覚興聖禅寺」の額は三門上層の正面軒下に掛けられた。

『扶桑五山記』は円覚寺境致として、つぎの十三境をのせる。

白鷺池〈前面蓮池〉、華厳塔〈在黄梅院〉、虎頭岩、六国見〈主山〉、妙香池〈正続院前〉、直指堂〈法堂〉、法雲閣〈山門閣〉、大光明宝殿〈仏殿、宝冠釈迦、十二大士〉、平等軒〈方丈〉、偃松橋、妙荘厳域〈外門、今無〉、選仏場〈僧堂〉、正法眼堂

このうち建造物が九境で、ほかは苑池と主山である。『玉林苑』「鹿山景」とくらべると、伽藍のうち舎利殿がみえない。一方、「鹿山景」にない直指堂、平等軒、妙荘厳域、選仏場と正法眼堂をあげる。

1　建造物の境致

華厳塔の注記に「在黄梅院」とある黄梅院は円覚寺第十五世夢窓疎石の塔頭で、文和三年（一三五四）に華厳塔の敷地内に創設された。これにより、この境致は文和三年以後に選定されたと考えられる。

直指堂は法堂の雅称、法雲閣は宝雲閣のことで、三門上閣の雅称である。

大光明宝殿は仏殿の雅称、仏殿は本尊宝冠釈迦と十二大士を安置していた。円覚寺に後光厳天皇（一三五二～

七一）宸筆の「大光明宝殿」の額草が伝えられる。『扶桑五山記』の割注に勅筆と載せないのは、「三門勅額」と同じくそれを記さなかったのであろう。平等軒は方丈書院の雅称である。

妙荘厳域は外門の雅称で、山ノ内往還に面して南・北両側にあった。「外門、今無」と注記するのは、当時外門が釘貫門であり、「妙荘厳域」の額を掛けていなかったことをいうのであろう。選仏場は僧堂の雅称である。正法眼堂は、弘安六年に創建された第二の僧堂である。正法眼堂は、建武頃の「円覚寺境内絵図」にみえないので、それ以後に再建されたのであろう。

2　苑池と主山の境致

白鷺池は総門前庭にある方形蓮池の雅称であり、放生池であったと推察される。偃松橋は、江戸時代に左右白鷺池を繋ぐ水路に架かる橋の雅称であった。双池は間を繋ぐ水路に橋を架ける形式が一般的である。それは池の給・排水を一系統にするためである。「円覚寺境内絵図」は白鷺池に架かる橋を描かないが、偃松橋の名は南北朝期に遡るので橋を略した可能性がある。

妙香池は舎利殿（正続院）前にある池で、「円覚寺境内絵図」に描かれている。虎頭岩は妙香池北岸に張出した岩壁である。

六国見は境内東方に聳える最高峰・主山の雅称であり、そこに立つと六国が見渡せた。

Ⅲ　建武頃の「円覚寺境内絵図」

円覚寺に「円覚寺境内絵図」（図10）が伝えられる。同絵図は、貞治二年（一三六三）四月の寺領惣文書・追加分の内に「一帖　寺山幷門前新御寄進絵図〈上椙伊豆守封裏〉」（『鎌倉市史』二―一六八）とある絵図に相当する。

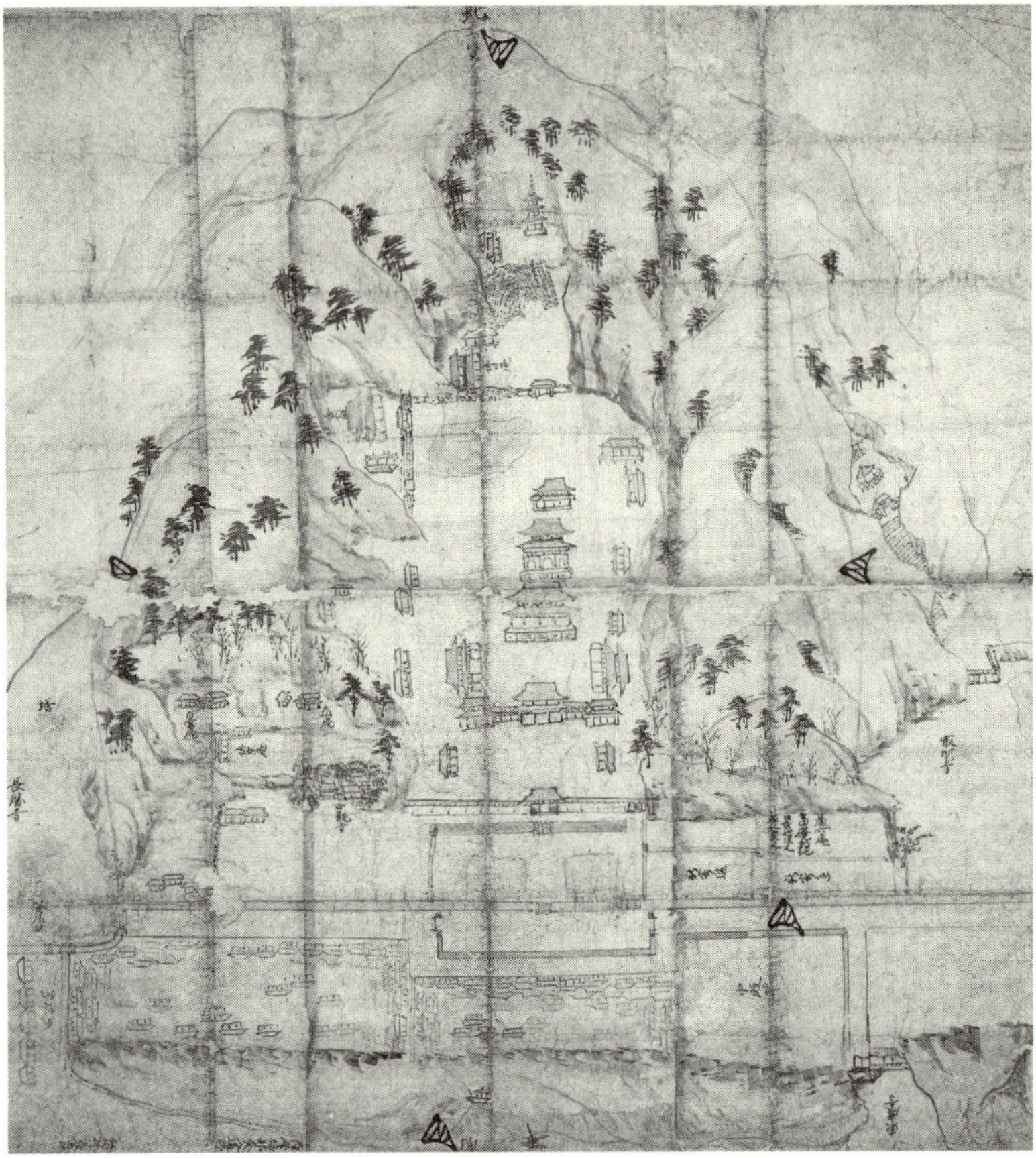

図 10　円覚寺境内絵図（建武頃、円覚寺蔵、鎌倉国宝館寄託）

絵図は三方を山陵に囲まれた円覚寺境内と周辺の土地を鳥瞰図風に描く。絵図は上の六国見山を北とするが、これは誤りで東が正しい。そして円覚寺境内地を朱線で囲い、その内に円覚寺主要伽藍と舎利殿、華厳塔および諸寮舎、それに檀那塔と塔頭及び門前の民家を描き、円覚寺境内外では周辺寺院の敷地と中殿跡を描いている。朱線上五ヵ所に上杉伊豆守重能の花押がある。上杉重能は足利直義の執事であった。絵図は、円覚寺境内西南の山ノ内道に沿った土地に「新寄進」の書入れがあり、足利氏が新寄進を含めて寺領を安堵したものである。本絵図は元亨三年（一三二三）以後、建武二年（一三三五）以前の円覚寺の状態を描いたもので、建武頃の絵図ともいわれる。近年、公開された鎌倉・浄光明寺蔵の「浄光明寺敷地絵図」は浄光明寺境内を画する朱線上七ヵ所に上杉重能の花押がある。境内東南の屋敷地に朱字で「守時跡〈今所望〉」の書入れがあり、この敷地絵図は鎌倉幕府滅亡後、足利氏が新寄進地を含めて寺領を安堵したもので、その制作年代は元弘三年（一三三三）五月以降、建武二年（一三三五）十二月までの間と推定されている。[3]「円覚寺境内絵図」は「浄光明寺敷地絵図」と同じ目的で作成されたもので、建武頃に作成されたと推定される。

円覚寺境内絵図」（図10）に描かれた主要伽藍の配置と各建物の特徴については、太田博太郎博士および関口欣也博士によりまとめられている。[4]つぎに、先学の研究をもとに盛期における円覚寺伽藍配置と主要堂宇の形式についてまとめ、問題点を考察する。

（1）外門と総門前庭

円覚寺の総門は西向伽藍の西端にあって、その西方階段下の前庭に方形の双池（白鷺池）を配している。前庭は、南北に通る山之内往還より西側に張出して西面と南北両面西端に土塁の塀が築かれ、その南北両側の往還に面して外門が開かれた。外門は釘貫門の形式に描かれている。往還は外門の前より、土塁に沿って凹形に屈折する。山内往還の東側を流れる疎水は前庭に引き込まれ、その中央に総門に向う橋と、南端に南脇門に至る橋が架けられていた。中央の橋を渡り総門石段へ向う道の両側に方形の池がある。

総門は石段上に建つ三間一戸の八脚門で、左右に長く築地塀が延び、その南端に脇門が設けられた。『扶桑五山記』は円覚寺境致として白鷺池（前面蓮池）、偃松橋、妙荘厳域（外門）をのせる。偃松橋は白鷺池を繋ぐ水路に架けられた橋の雅称と推定される。絵図は偃松橋を省略したらしい。

（2）三門と三門前庭

三門は総門の東方にある高い石段を登った上壇に建てられた。三門は総門の東約七五メートルの位置にあり、円覚寺伽藍は建長寺と同様縦深的構成である。三門前庭の左右に相対して浴室と東司が建てられた。

絵図に描く三門は正面三間（柱間大きい）の二階建楼閣門で、二重屋根入母屋造である。三門と左右両脇廊で繋がれた二階建の建物は鐘楼と経楼と考えられ、ともに正面五間（柱間小さい）二重屋根入母屋造に描かれている。三門上層は雅称を「宝雲閣」といい、そこに千手観音像と十六羅漢像を祀っていた。「円覚興聖禅寺」の勅額は三門上層の正面軒下に掛けられた。

円覚寺三門の規模は未詳であるが、五山禅寺のうち南禅、建長、天竜、東福の各寺の三門及び京都・泉涌寺山門は五間三戸の二階二重門であったことが知られる。円覚寺三門は左右両脇に廊と二階建ての鐘楼・経楼を配した大陸風の構成であり、この構成は上記五山禅寺の三門に類似する。つぎに述べるように、盛期の円覚寺仏殿は方五間「もこし」付の形式と考えられ、これに相対する三門は五間三戸の二階二重門の可能性が大きい。絵図は三門の柱間を省略して描いたと推定される。

（3）仏殿と僧堂・庫院

三門と相対する仏殿は基壇に建つ正面四間（柱間大きい）、二重屋根入母屋造で、絵図の中で一番大きい建物に描かれている。『北条貞時十三年忌供養記』によると、円覚寺仏殿は「もこし」付建築であった。永禄六年（一五六三）の円覚寺火災後、仏殿再建のために元亀四年（一五七三）に作成された「円覚寺仏殿地割之図」（図11）及び「円覚寺仏殿差図」（図12）によると仏殿は方五間の主屋周囲に「もこし」を付けた方七間、二重屋根入母

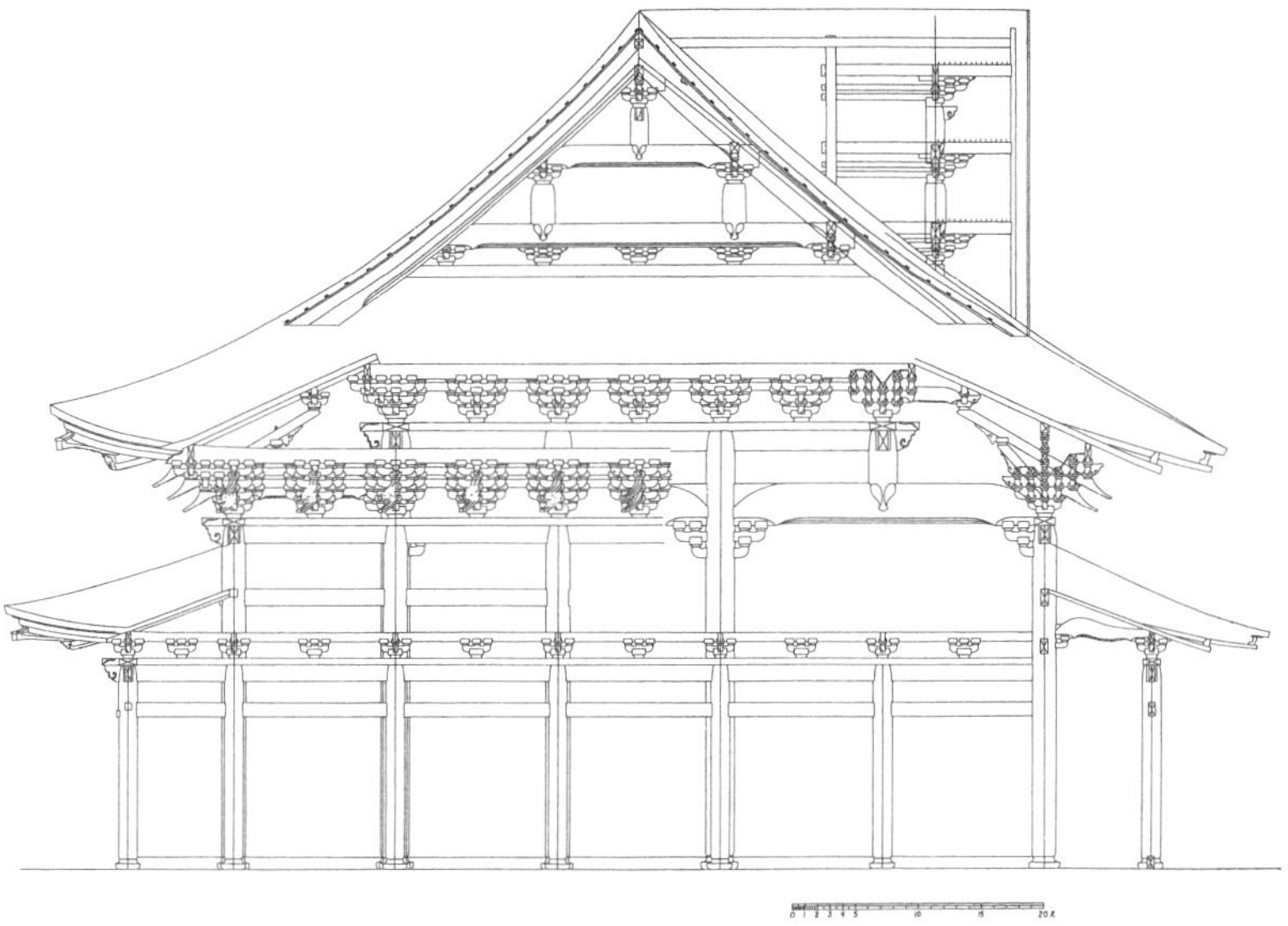

図 11　円覚寺仏殿地割之図
（元亀 4 年、鎌倉国宝館蔵）

屋造の形式である。これは鎌倉時代末の盛期仏殿の形式を伝えると考えられている。平面は建長寺仏殿とほぼ同形式で、「もこし」を堂内に採り込んでいる。堂内は、間口三間、奥行二間の内陣後面三間に大型仏壇を設け、本尊丈六宝冠釈迦坐像と十二菩薩像及び天龍八部衆を安置していたと推察される。「円覚寺仏殿地割之図」により五山の盛期における禅宗様仏殿の断面形式とその寸法および細部様式が判明する。「円覚寺境内絵図」の仏殿は正面柱間を省略して描かれたと推定される。

なお、応安四年（一三七一）四月二十九日に円覚寺に入院した傑翁是英の入院法語（『円覚興聖禅寺語録』）に山門、仏殿、土地堂、祖師堂、據室、法座がみえ、仏殿は内部に土地堂と祖師堂を設けていたことが推察される。

仏殿の前方北側にある僧堂は正面五間、二重屋根入母屋造の建物で、法堂に準ずる規模に描かれている。元亨三年（一三二三）十月廿六日の円覚寺法堂

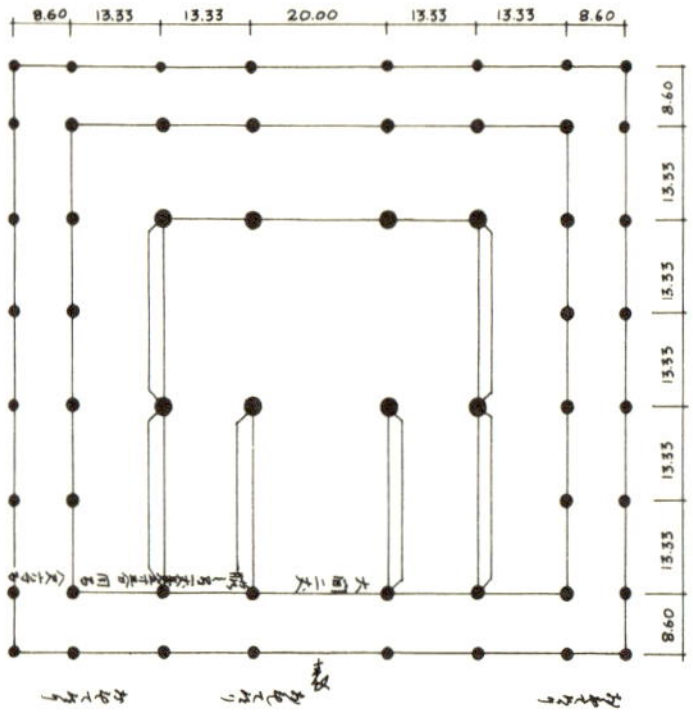

図 12　円覚寺仏殿差図
（元亀 4 年、鎌倉国宝館蔵）

供養の時に参列した諸寺僧衆のうち円覚寺は三百五十人で、建長寺の三百八十八人に次ぐ人数であった。これは、両寺の僧堂と庫院の規模を考える上で一つの目安になる。建長寺僧堂は内堂と外堂よりなる七間僧堂で、周囲に「もこし」をめぐらしていた。また、暦応四年（一三四一）に再建された東福寺僧堂は正面七間、側面四間、切妻造の主屋の四周に「もこし」をめぐらした形式である。円覚寺僧堂は「もこし」付二重屋根と考えられるので、主屋は正面七間、側面四間、総桁行九間、梁行六間程の規模であろうか。絵図は僧堂の正面柱間を省略して描いたと推定される。

僧堂と相対して南側にある庫院は正面五間、二重屋根寄棟造もしくは入母屋造の建物に描かれている。正面柱間は僧堂と同じであるが、庫院は二階建であったらしく、上層正面を下層正面より小さく描く。庫院の正面柱間も省略して描かれたと推定される。仏殿一郭では大光明宝殿（仏殿）及び宝雲閣（山門閣）と選仏場（僧堂）が円覚寺境致に選ばれた。

（4）法堂

仏殿の後方にある法堂は基壇に立つ二重屋根入母屋造の土間堂で、正面三間（柱間大きい）に描かれ、各柱間を花灯枠付の戸口とする。『北条貞時十三年忌供養記』によると、法堂は主屋正面五間「もこし」付建物で、屋根は檜皮葺であった。初重屋根は軒の表現が仏殿の「もこし」とやや異なるが、「もこし」とみてよく、法堂正面中央三間は花灯枠付の戸口であったと考えられる。絵図は法堂正面柱間を省略して描いている。現在、仏殿の後方にある法堂跡は、土地が一段高くなっているが、『北条貞時十三年忌供養記』によると、法堂の敷地は仏殿とほぼ同じレベルにあったことが推察できる。直指堂（法堂）は円覚寺の境致であった。

（5）三門両翼と仏殿両側を繋ぐ回廊について

絵図によると、円覚寺伽藍は大陸風の左右対称配置であるが、建長寺伽藍に比べると三門両翼と仏殿両側を繋ぐ回廊がみえない。これについて、太田博士は、円覚寺伽藍は回廊を有しない点で、他の五山よりやや規模において劣るとみなければならない、とされている。絵図は三門、仏殿、法堂など主要建築の柱間を省略して描き、また後述のように方丈山門と西面を画する塀などを省略したと推定されるので、三門・仏殿の両側を連絡する回廊についてもそれが省略されたのか、あるいは実際になかったのかは検討を要する。

中巌円月の『東海一漚集』に、つぎの詩を載せる。

和韻相城懐古

夕陽惨淡たり古城の秋。松櫪の風高くして暗に愁を送る。
憶昔威雄虎豹厳かに。見るに今鰲黒猿猴に類す。
誰か蔚蔚たる蒿萊の地を将いて。来て紛紛たる絲管の楼に換る。
旧観唯余す山内の寺。長廊無事にして僧の遊あり。

ここに山内の寺の長廊が詠まれている。山内の寺というと建長寺、円覚寺、浄智寺があるが、詩にある「夕陽惨淡たり古城の秋。」の句よりすると、夕陽に染まる円覚寺伽藍が想定される。この詩は何時ごろ作られたのであろうか。

玉村竹二編『五山文学新集』「東海一漚集」は東京大学史料編纂所本を底本とする。全五冊よりなり、第一冊に賦と詩を収める。賦は巻之一に、詩は巻之二から巻之六に分れる。巻之二と三の詩は年代順におさめられている。巻之三に詩十五首をのせる。その中に元弘三年（一三三三）の乱後、明極楚俊が南禅寺に入寺した時の詩をはじめ、建武元年（一三三四）、鎌倉の円覚寺に帰った中巌が石塀寮に居住したときの詩がある。その次に「和別源韻」五首と「和韻相城懐古」の詩が収められている。その少しあとに「和答別源二首」と「戯贈別源・不聞幷序」をのせる。後者は暦応元年（一三三八）冬に中巌が建長寺蘸碧寮に居て、円覚寺の別源円旨と不聞契聞を招いた時の詩である。

以上によると、「和韻相城懐古」の詩は建武元年から暦応元年（一三三四〜三八）頃に作られたと推定される。この時期、中巌は円覚寺白雲庵の東明恵日に随侍していた。

「和韻相城懐古」の詩は、傑僧がいた鎌倉時代末頃の円覚寺伽藍を懐古して、元弘乱後に寂れた円覚寺境内の様子を詠ったものと思われる。長廊は円覚寺長廊と解するのが妥当であろう。「円覚寺境内絵図」に描く三門の両脇廊は長廊に通じる廊下ではないだろうか。また長廊の語からすると、回廊は法堂両側にも延びていた可能性がある。

（6）方丈と方丈寮、方丈山門

現方丈は、法堂跡の南側より石段を登った高台にある。絵図に描く法堂後方にある建物は現方丈の位置にあり、この区画にある建物で最も規模が大きく二重屋根である。この建物は重層（二階建）の方丈と考えられるが、なお疑問もあるとされる。(5)

『北条貞時十三年忌供養記』によると、元亨三年十月廿六日朝、円覚寺法堂の供養に先立ち開堂上堂あり、その後、「方丈寮」にて行われた斎に諸山集会し、諸寺僧衆二千余人が集まったという。方丈寮は方丈の敷地内にある寮舎と考えられる。絵図は方丈の南東隅にやや大きい西向きの板敷建物とその南側にそれより小さい北向き建物を描く。二棟のうち西向き建物は方丈寮と考えられないであろうか。とすると、法堂後方にある二重屋根の建物は方丈の可能が大きい。

『関東諸老遺藁』に収める頌軸序に(6)、貞和四年（一三六五）秋に不聞契聞が円覚寺に入院した時、大本良中の書いた山門疏を載せる。その疏に「相之鹿山、乃士之崑岡也。（○中略）。而大宗工聞翁禅師、来擄師位、宏闢玄関、応機利物。」とあり、方丈の玄関が推定される。また同じ詩軸序（送徹五戒帰甲州省母詩軸序）に添えた不聞契聞の跋文の後書に、「鹿山平等軒」にて書く、と記す。「平等軒」は方丈書院の雅称である。絵図に描く二重屋根の建建物は向って左端の下層屋根に張出し様の描写がみられる。これは玄関を表したのではないだろうか。また、絵図の方丈は濡縁の表現がない。すると、方丈の西面に吹放しの広庇があり、玄関は広庇より張出していたとも考えられる。

なお、『鎌倉五山記』円覚寺諸伽藍の条に、つぎの建物をのせる。

宝雲閣〈方丈山門、同二階〉

円覚興聖禅寺〈山門勅筆〉

円通閣〈山門閣〉

「宝雲閣」は三門上閣の雅称であり、これを方丈山門二階の雅称とするのは誤りである。一方、「円通閣」は方丈山門閣の雅称と考えられる。『鎌倉五山記』円覚寺諸伽藍の記事は、応安七年（一三七四）円覚寺火災後に再建された建物の資料を基にすると考えられる。応安火災後再建の方丈山門が二階建であったが否か未詳であるが、「円通閣」の雅称は応安火災以前の方丈山門が二階建であったことを示唆する。絵図には方丈の山門を描かないけれども、方丈一郭は法堂より高い台地にあり、敷地の西・北両面を画する塀と西面に山門があったと考えるのが穏当であろう。方丈山門が二階建とすると、方丈は二階建であった可能性がある。ただし、方丈上閣については雅称が伝わらず、なお検討の余地がある。

方丈の東北、舎利殿（正続院）前に妙香池という大きな池が作られた。方丈書院（平等軒）と妙香池及び池の北岸にある虎頭岩は円覚寺境致にあげられる。

（7）舎利殿と華厳塔

舎利殿は方丈の東北に位置し、北に入る枝谷を切開いた敷地に山陵を背に南面して建っている。敷地の正面は表門と両脇塀で画され、塀の西端に脇門を開く。表門の外側、西南に大きな池（妙香池）が描かれている。舎利殿は弘安十年十二月の円覚寺火災を免れた。

舎利殿は表門の内、敷地中央にあり、正面柱間三間、二重入母屋造の建物に描かれる。絵図の中では僧堂に次ぐ規模であり、舎利殿は方三間「もこし」付仏堂であったと推定される。舎利殿の前方西側に東面する平屋建板敷建物は舎利殿を看守する院主の寮であろう。絵図は、開山塔頭正続院が移される以前の舎利殿の状態を描く。

華厳塔は境内の東方最奥の六国見山麓の高台にあり、基壇積三重塔に描かれている。敷地は三方に切岸が迫り、華厳塔の創建に先立ち、大がかりな土地造成が行われたことが推察できる。円覚寺華厳塔は弘安年間に創建されたと伝えられる。華厳塔は弘安十年の火災を免れた。

黄梅院に伝わる円覚寺華厳塔図（図13、観応三年六月頃）によると、華厳塔は基壇積み禅宗様三重塔で、軸部は円柱を礎盤に立て、柱を貫と台輪で繋ぎ、台輪上に尾垂木付斗栱を配する。二層・三層に腰組の高欄をまわし、建具は各階中央間板扉、両脇間弓欄間である。屋根の四隅に風鐸を釣り、相輪は九輪の上に宝珠を表していた。

（8）石屏寮と首座寮及び書記寮

石屏寮は、円覚寺公界七寮の一つで、鎌倉時代末には存在した。正和四年（一三一五）に建仁寺住持を退院した鉄庵道生（大休正念の法嗣）は、鎌倉円覚寺の石屏寮に退居した、と伝えられる(7)。

中巌円月の「東海一漚集」につぎの詩をのせる。

　石屏にて不聞の隣に卜するを喜ぶ

雲寒くして友社久く崩淪す。豈意んや窮居徳隣に有らんとは。

層架書を安千百巻。短牀客を容両三人。

頽垣重理め蒼蘚を払う。壊砌新に修し緑筠を疏かす。

漸く覚える吟身の佳境に入ること。定応に詩句の往来頻なるべし。

図13　円覚寺華厳塔図
（黄梅院蔵、鎌倉国宝館寄託）

これは中巌が元弘二年（一三三二）に元から帰国後、建武元年（一三三四）春に始めて鎌倉の円覚寺に帰り、東明恵日会下の不聞契聞に会った時の気持ちを詠んだ詩である。不聞は、正慶二年（一三三三）に元より帰国後、円覚寺の白雲庵に退居していた東明恵日に侍して朝参暮請して東明の印可を受けた。不聞は建武元年当時、円覚寺住持であった清拙正澄より書記に任ぜられた。同年、清拙正澄は円覚寺を退院し、東明が円覚寺に再住した。東明の会下では別源円旨が後堂首座を勤めたので、不聞は書記を勤めたと思われる。中巌が円覚寺に帰った建武元年春には、不聞は円覚寺書記寮に居り、中巌はその近くにあった石屏寮に居住することができたのを喜んだのである。思いがけず友人不聞の隣に住み、詩句の往来が頻繁にできる喜びを詩に述べている。中巌は石屏寮の周囲を修復し、書架に千百巻の書を置き、短牀を備えたという。建武元年に著作された中正子十篇（『東海一漚集』自歴譜）は石屏寮で撰述されたと考えられる。

年代はやや下るが、義堂周信は貞治元年（一三六二）夏に、円覚寺住持大喜法忻より書記に任命され、書記寮に居した。『日用工夫略集』貞治元年夏条によると、義堂は書記寮に新しく「景南」の額を掛けた。室の北軒にかつて「畊穐」の額があった。軒前にもと秋の花を植えていたのであるが、今はないという。「景南」の額は書記寮の南軒に掛けられたのであろう。

『日用工夫略集』によると、その後、義堂は応安二年（一三六九）三月に円覚寺の石屏寮を経営し、五月廿日に完成した。「石屏」と扁、庭に梧桐を植え、軒に「宿鳳」の額を掛けた、という。桐は鳳凰の栖巣といわれるので、南庭に植えたのであろう。応安三年九月廿三日条によると、石屏寮の内には龍山の墨蹟、開山の讃がある観音像、経巻、仏像が飾られていた。石屏の隣房に宝山慈環と東谷圭照が居た。東谷はこの時期、円覚寺首座を勤めていたので、石屏寮は首座寮の近くにあったことが知られる。

以上、石屏寮は書記寮及び首座寮の近くにあった。石屏寮は南面し、南庭に梧桐を植えていた。また書記寮はかつて北軒に秋花が植えられた。建武頃の「円覚寺境内絵図」は選仏場（僧堂）の北方に南面する二宇の建物を描く。これは首座寮と書記寮ではないだろうか。その東方にある南向き建物は石屏寮であろうか。

Ⅳ　応安火災後再建の円覚寺方丈

応安七年（一三七四）十一月二十三日、円覚寺は主要伽藍の山門、仏殿、僧堂、庫院、法堂、方丈などを焼失した。主要伽藍は、その後至徳三年（一三八三）にはほぼ再興されたと推察される。このうち、方丈に関する資料に「円覚寺方丈什物交割帳」（以下、「方丈交割帳」と記す）がある。(8) この資料は、応安七年（一三七四）の円覚寺大火後に再建された新方丈の什物を記すと考えられる。(9)「方丈交割帳」は記載順に客殿、小客殿、書院、小書院、囲炉間、小寮、衣鉢閣、同閣炉間、同小寮、中居の室名と各室の什物を記すが、後部を欠いている。そのうち小客殿と小書院は、方丈の客殿と書院より奥向きにある住持の私室とその客殿であったと考えられる。すなわち、部屋の記載順は必ずしも隣り合う部屋を示すのではないと思われる。また、「方丈交割帳」は建具の記載を明障子何間、襖障子何間というように、建具の立つ柱の間数で記載する。これによると、明障子は柱間一間に一本の場合（遣戸と組合せ）と二本の場合（蔀戸と組合せ）などが予想される。以下、方丈の平面を考察するにあたり、方丈は西を正面として記述する。

（1）方丈の平面形式

「方丈交割帳」に客殿の什物について、

客殿

一　明障子　　三間

一　襖障子　　五間

一　温席〈二重縁〉　　十三帖

一　青磁大香炉　　　　一ケ

と記す。客殿は板敷で、二重縁の温席（畳）十三帖を追廻しに敷いていた。明障子三間は正面の建具と思われる。襖障子五間は客殿と両脇間との間仕切り建具である。青磁大香炉は客殿の東壁前に置かれたのであろう。この客殿の規模・形式を考える上で参考になるのは、応永三十年（一四二三）作成の円覚寺「黄梅院伽藍図」に描かれた本坊である（図18）。本坊は桁行十間、梁行六間（六十坪）の規模で、入母屋造板葺の屋根を上げ、周囲に濡縁を廻す。本坊は北面して立ち、その東北隅にある間口四間で、中央間（二間）に桟唐戸を建てた部屋が客殿である。梁行六間の本坊よりみて、客殿は奥行四間と考えられる。この客殿に正面中央間二間を除いて畳を追廻しに敷くと、畳は十二帖である。円覚寺方丈の客殿は室内後面中央に大香炉を置いていた。それが板敷あるいは畳のいずれに置かれたか判らないが、方丈客殿は奥行四間で、間口が四間より広いと考えられる。中世における五山方丈は客殿の奥行を四間とするのが一類型をなすのが参考になる。襖障子五間は客殿と両脇間を隔てる建具で、襖障子が立つ柱間が五間であることをいうのであろう。客殿の間口は客殿背後の部屋との関係をもとに改めて考察する。

書院の什物は「方丈交割帳」に、

書院

一　明障子　　　　三間〈大小〉

一　温席　　　　　六帖

一　硯〈付箱〉　　一面

と記される。表向に客殿と両脇間をもつ五山方丈内の書院の位置については、同時期の天竜寺方丈および東福寺方丈の例が参照される。室町時代初期の天竜寺方丈は東面し、南側を表向とする。書院は方丈奥向の北西隅にある「四間」の部屋で、西面に窓を開いていた。また、室町時代初期の東福寺方丈は南面し、奥向き東北隅に「四間」の書院を設け、その北面に無価軒の額を掛けた書院窓を備えていた。両例を参照すると、円覚寺方丈の書院は客殿南脇間の奥向き、方丈の東南隅にあったと考えられる。書院は畳六帖を敷くので、「四間」の広さで周囲に畳を追回しに敷き、中央方一間を板敷としていたと推察できる。明障子三間のうち「小」は書院窓（付書院）一間分と考えられ、書院床に硯（付箱）一面を置いていたと推察される。

この書院は、『鎌倉五山記』円覚寺諸伽藍条に「平等軒〈方丈書院〉」と記される。「平等軒」の額は書院窓上の軒に掛けられたのであろう。方丈の位置からすると、書院窓は東面に設けられたのではないだろうか。ほかの明障子二間は「大」で、東面と南面各一間に遣戸と組み合わせて用いられたと考えられる。

囲炉間の什物は「方丈交割帳」に、つぎのように記される。

囲炉間

一　明障子	三間
一　襖障子	二間
一　温席	十一帖半
一　燭台〈銕〉	一ケ
一　懸灯檠〈銕〉	一ケ
一　盆	一ケ〈引物〉
一　炉縁	一ケ

一　炭斗　　　一ケ
一　火鋤〈銕〉　一ケ
一　水桶〈縛〉　一ケ
一　眠床　　　一脚

囲炉間は炉と眠床のある住持の茶の間兼眠蔵（寝所）である。この部屋は畳十一帖半で、炉（半帖）を入れると十二帖間であり、その広さと建具の数よりみて客殿背後の南寄り、書院に隣接して設けられたと考えられる。すなわち、襖障子二間は書院との境二間分、明障子三間は囲炉間東面三間の分である。室内に燭台、盆、炭斗、水桶などが置かれていた。

囲炉間の次に記す小寮は明障子一間半、襖障子二間半の記載（後述）からすると、囲炉間に隣接する部屋ではない。この部屋は後述の小書院に付属すると考えられる。

「方丈交割帳」は、小寮のつぎに衣鉢閣、同閣炉間、同小寮の什物を記す。

衣鉢閣

（○前略。歴代住持の遺品などを載せる。）
一　明障子　　三間
一　涼簾　　　四間
一　襖障子　　一間
一　温席　　　十二帖
一　棚板　　　三枚

一　水桶　一ケ
一　盥　一ケ
同閣炉間
一　温席　五帖
一　懸燈檠〈銕〉　一ケ
一　香刀　一ケ
同小寮
一　温席　四帖
一　襖障子　二間
一　明障子　半
一　棚板　二枚

衣鉢閣は方丈の調度や住持の具足、歴代住持の遺品などを収納する部屋である。その什物に大結桶二ケ、月輪三ケ、鎮都聞寄進分（屛風大小二双、香台一ケ、茶器五ケ并台七ケ、湯盞十ケ、円盆二ケ〈赤染〉、漆卓一脚）、定正庵御代新添（釈迦画像并脇絵〈菊〉三幅、花瓶、香炉、燭台〈銅〉各一ケ、茶鍋并風炉一口、水引三帳、火盆〈銕〉一ケ、長机一脚、大盥一ケ）、法助都管施入（観音画像一福）、太虚和尚新添（年月行事板二枚、普灯録一部十五冊）、正源和尚御代新添（花瓶、香炉、燭台、大提一ケ、饍棚二脚六重、中央高卓一ケ）がある。

衣鉢閣炉間と同小寮は、それらを管理する衣鉢侍者の茶の間とそれに付属する寮であろう。これら三室は方丈背面の部屋を構成すると考えられる。十二帖敷の衣鉢閣は、方丈東北隅にあって間口二間、奥行三間の部屋が想定される。すなわち、外面する柱間は東面二間、北面三間であり、それらの内三間に明障子を立てたのであろう。涼簾四間は建具とすると簾戸であるが、すだれの可能性もある。涼簾は東面と北面各二間の分で、北面一間は壁もしくは書籍や茶の湯道具を置く棚であったかもしれない。棚板三枚はその棚の分であろうか。衣鉢閣の襖障子一間は、書院と囲炉間境の襖障子の例からみて、その南側に隣接する同閣炉間境の建具と考えられる。

衣鉢閣炉間は温席五帖のほかに建具の記載がない。この部屋は炉があるので一間半に二間ほどの広さであろう。住持の囲炉間は東面三間に明障子を立てるので、衣鉢閣炉間も東面一間に引違板戸を立てていたかもしれない。同小寮は四帖敷で、衣鉢閣炉間の南にある一間に二間の部屋と考えられる。小寮の襖障子二間は衣鉢閣炉間と隔てる建具、明障子「半」は東面に半間の片引明障子と板戸を立てていたことを示すのであろう。この部屋は、棚板が二枚あり、衣鉢侍者の寮であったと思われる。

以上、客殿の背後（東側）にあると推定される囲炉間、衣鉢閣炉間、同小寮の桁行柱間を合わせると五間半になる。これは客殿の間口に相当するはずである。客殿の明障子三間は、客殿正面両端間各一間半の建具であろう。中央間二間半は方立に双折桟唐戸とする構成で、明障子を立てなかったと推定される。

客殿の間口を五間半とした場合、入口中央間二間半と背面中央一間半を除くと、追廻し畳は十三帖になる。ところで、客殿両脇に推定される部屋は、「方丈交割帳」に記載する小客殿および小書院とどのような関係にあるのであろうか。小客殿と小書院は、客殿と書院に比べて奥向の部屋と考えられるので、方丈客殿の両脇間と異なるであろう。「方丈交割帳」に客殿両脇間の記載を欠くのは、両脇間は什物がなく、板敷で外廻り柱間の建具（遣戸などが考えられる）に明障子を使用せず、また、書院および衣鉢閣との間仕切に板戸を立てていたからであろうか。両脇間を含めると、方丈主屋は桁行九間半、梁行六間の規模と推定される。すなわち、南脇間は二間に四間、北脇間は二間に三間の広さである。客殿の襖障子五間は、北脇間境三間と南脇間境二間に立てられたと推定される。

（2）小書院棟の平面

つぎに小客殿と小書院及び小寮よりなる小書院棟について考察する。

「方丈交割帳」は、各室の什物をつぎのように記す。

小客殿

一　明障子　五間
一　襖障子　一間
一　温席〈二重縁〉　十帖

小書院

一　明障子　一間
一　温席　十帖〈此内二重縁一帖、下本、〉
一　棚板
一　机子　一脚

小寮

一　机子　一脚
一　明障子　一間半

一　襖障子　　　　二間半
一　火鉢　　　　一ケ

小客殿は住持の私的な客間であるが、二重縁の畳十帖を敷き、客殿と同様格式の高い部屋である。小客殿について注意されるのは、客殿に比べて明障子が多く五間であり、それに対して襖障子が少なく一間であることである。これは小客殿に両脇間がなかったことを示唆する。すると、襖障子一間は小客殿とその奥（東側）にある小書院境に立てられた可能性が大きい。

住持の居間書院である小書院は二間に二間半の十帖座敷と考えられ、明障子が一間であること、および特別の二重縁畳一帖を敷くことが注意される。明障子が一間であるのは十帖座敷が外部に一面のみ面することを示唆する。これは小書院と小客殿が方丈の南側に設けられたことを示すと考えられる。その場合、小客殿に脇間がないことを考慮すると、方丈との間に幅一間ほどの中廊下を想定し、中廊下と小客殿及び小書院境を板戸もしくは壁で隔てたとするのがよいであろう。小書院の明障子一間は東面二間の内の一間と推定される。机子一脚は什物に数えられるので移動可能の机と解され、東面の明障子に面して置かれたと思われる。小書院の棚板は東面のもう一間に設けられた書棚の板であろうか。これによると、二重縁畳一帖は東面の明障子の前に敷かれた可能性が大きい。

囲炉間の次に記載される小寮は、建具の数からみて囲炉間に接する部屋でないことは先述した。「方丈交割帳」の記載では書院の次に囲炉間、小書院の次に小寮がくるので、囲炉間が書院に付属するのに対して、小寮は小書院に付属すると読み取ることができる。すなわち、小寮は小書院の南に接する部屋と考えられる。小寮の襖障子二間半は小書院との境一間半および一間の柱間に立てられたのであろう。小客殿と小寮を隔てる分を含む可能性もなくはないが、小寮は侍者の部屋と推定されるので、その可能性は少ないであろう。「方丈交割帳」の小客殿の項に襖障子一間を載せ、それが小書院境の建具と考えられることも参照される。そうすると、小書院は間口二間、奥行二間半の座敷で、その南に間口一間、奥行二間半の小寮を付属していたと推察できる。小寮の明障子一間半は南面柱間に立てられたのであろう。小寮は温席の記載がないので板敷と考えられ、火鉢を置いていた。板敷の小寮は明障子と机、火鉢を備えるので、侍者の寮と推察される。

小客殿背面にある小書院と小寮を上のように考えると、小客殿は間口三間になる。その奥行については、明障子五間を備えるので、二間と考えられる。小客殿は二重縁温席十帖を周囲に敷き、中央一間四方を板敷としていたと推定される。小客殿・小書院を中心とする三室は一棟にまとめると間口三間、奥行四間半の規模になる。

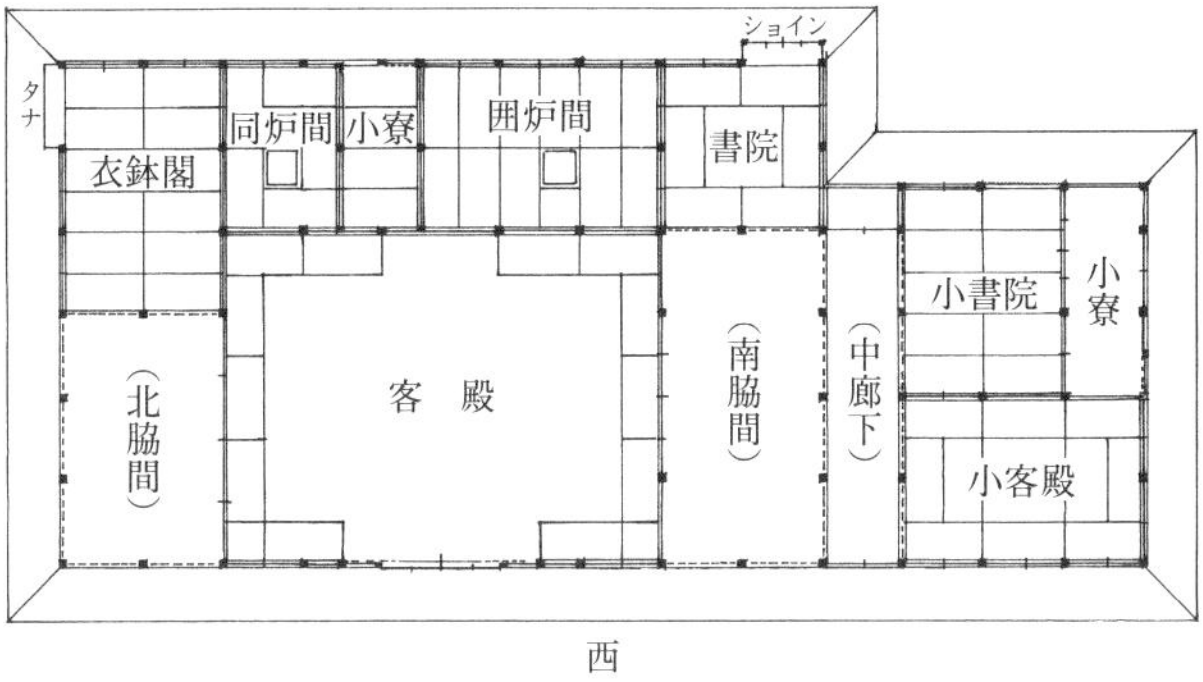

図 14　円覚寺方丈推定復原平面図（南北朝後期）

「方丈交割帳」は、このほか中居を記すが、後文を欠くため建具、温席などの什物は不明である。中居は住持に侍してその身辺の雑事に奉仕するものをいい、また中居衆といわれる平僧の居寮をさすと考えられている。「建長寺伽藍指図」に、「大客殿」の東南位置に描かれた中居、および応永三十年の円覚寺「黄梅院伽藍図」に本坊の西側に描かれた別棟の中居（桁行五間、二十坪、板葺）を参考にすると、南北朝後期における円覚寺方丈の中居は方丈および小書院棟と棟を別にしていたと推察できる。

以上、限られた史料からであるが、応安七年の円覚寺大火後に再建された新方丈は六間取形式の平面をもち、主屋の規模は桁行九間半、梁行六間であったと推定される。これは、現在知られる六間取形方丈の初期例として注目される。

一方、小書院棟は眠蔵がないので、住持の私的接客に用いられたと推察できる。小書院は十帖敷の広さで、そのうち一帖が二重縁であることも方丈の書院に見られない特徴である。「方丈交割帳」の記載からすると、小客殿および小書院の北面の柱間装置は遣戸もしくは壁であったと解される。小書院は方丈の奥向にある書院の早い例である。図14は南北朝後期における円覚寺方丈の推定復原平面図である。

（注）

（1）太田博太郎『中世の建築』二の五・円覚寺。

（2）玉村竹二氏は、この大地震「上堂」（挙大隋龍済劫火洞然話）を正和五年（一三一六）六月下旬から七月頃の地震と考えられている。東明慧日の『円覚寺興聖禅寺語録』によると、この「上堂」（挙大隋龍済劫火洞然話）と「高峰和尚訃放至上堂」との間に前より順に「上堂」（結制）、「中秋上堂」、「達磨忌拈香」、「上堂」（結制、新修仏殿仏像安座）の法語がある。高峰は正和五年十月廿日に示寂したので、「上堂」（結制）と「中秋上堂」及び「達磨忌拈香」は正和四年の法語である。これによると、「上堂」（挙大隋龍済劫火洞然話）は正和三年の法語と推定される。

（3）太田博太郎『中世の建築』二の五・円覚寺。大三輪龍彦編『浄光明寺敷地絵図の研究』新人物往来社、二〇〇五年。

（4）太田博太郎『中世の建築』二の五・円覚寺。関口欣也「円覚寺境内絵図」『神奈川県文化財図鑑』建造物篇。

（5）注1に同じ。
（6）玉村竹二編『五山文学新集』別巻二。
（7）玉村竹二『五山禅僧伝記集成』鉄庵道生。
（8）『鎌倉市史』史料編第二・円覚寺文書二六六。
（9）川上貢「禅院における客殿と書院」『日本中世住宅の研究』〔新訂〕第五章。この文書は永和二年から四年（一三七六〜七八）にいたる間の円覚寺方丈建築の内容を示すと考えられている。

第三章　寿福寺の伽藍

寿福寺は鶴岡八幡宮の西方亀谷にあって、背後に源氏山を負い、武蔵大路に面して東向に伽藍を開く。開山は明庵栄西、開基は源頼朝の夫人北条政子あるいは将軍源実朝とも伝えられる。寿福寺は山号を亀谷山、寺号を金剛寿福禅寺といい、中世において鎌倉五山の第三に位した。現在、寿福寺は臨済宗建長寺派に属している。

第一節　創建期の寿福寺伽藍

I　寿福寺の創立と草創期の御堂

寿福寺の土地は、もと源頼朝の父源義朝の屋形があった所と伝えられる。源頼朝は治承四年（一一八〇）八月に伊豆で挙兵して以来、同年十月六日に初めて鎌倉に入り、翌日、義朝の亀谷旧跡を訪れてそこに第宅を構えようとした。しかし、地形が広くなく、また岡崎義実が義朝の菩提を弔うために一梵宇を建てていたので、その計画を停止したという。

寿福寺の創立について、『吾妻鏡』正治二年（一二〇〇）閏二月十二日条に、

尼御台所御願として伽藍を建立するために、土屋次郎義清の亀谷の地を点出せられる。是は下野国司（源義朝）御旧跡なり。その恩に報いるため岡崎義実は草堂を建てるものなり。今日、民部丞行光と大夫属入道義

信は件の地を巡検した云々。

と記す。そして、翌十三日、その地を葉上房律師栄西に寄付し、清浄結界の地となすべく仰下された。午剋、結衆等はその地を行道した。施主北条政子が臨み、堂舎（寿福寺）営作の事始を行った。土屋義清は岡崎義実の第二子であり、当日、施主のために仮屋を構え、珍膳を儲けたという。

これより先、栄西は、建久二年に宋より帰朝し、筑前誓願寺にとどまったが、建久九年（一一九八）に京都に上り、同年、鎌倉に下向した。『吾妻鏡』によると、正治元年（一一九九）九月二十六日、栄西は幕府において修された不動尊一体供養の導師を勤めた。この不動尊は南都において造立されたのである。

正治二年七月十五日、寿福寺の御堂が出来たらしく、この日、「金剛寿福寺」において、当寺長老律師栄西を導師として新図十六羅漢像の開眼供養があり、尼御台所は聴聞のため参堂した。この十六羅漢図像は尼御台所が京都において画かせたもので、七月六日に京都より到来した。尼御台所はそれを拝見した後、寿福寺に送ったという。十六羅漢図像は新造御堂に奉安されたと思われる。

『吾妻鏡』によると、建仁二年（一二〇二）二月二十九日、沼浜にあった故源義朝の旧宅が壊されて栄西の亀谷寺（寿福寺）に寄付された。

元久元年（一二〇四）五月十六日、尼御台所は「金剛寿福寺」において祖父母御追善のための仏事を修された。翌元久二年三月一日、将軍実朝は寿福寺方丈に渡御し、法文を談じた。また、建暦元年（一二一一）七月十五日、将軍実朝は寿福寺に参り、仏事の後、方丈において法談に及んだことがみえ、御堂と方丈関係の建物が整っていた。建暦二年（一二一二）六月廿日、将軍は寿福寺に渡御した。方丈手自ら仏舎利三粒を相伝した、という。方丈は住持栄西である。同年七月九日、御所の侍を破却して、寿福寺に寄付した。新造するようにとあり、方丈や僧房、寮舎などの用材に使われたと思われる。

建暦三年（一二一三）三月三十日、将軍実朝は寿福寺に渡御し御聴聞、法談などがあった。実朝は吾朝大師伝絵（四大師伝）を随身し、行勇律師に覧せられた。当時、法勝寺九重塔の供養前であり（落慶供養は同年四月二十六日）、住持栄西は在京中であったと思われる。同年四月八日、将軍は寿福寺に参り、灌仏会を拝した。

草創期の寿福寺について、無住道暁の『雑談集』巻之第三・愚老述懐条に、無住は十三歳の時、鎌倉の僧房に居住し、十五歳の時下野の伯母の許へ下った、と記す。無住十三歳というと建仁元年（一二〇一）で、寿福寺創立の翌年である。無住は幼少の時、小童部として寿福寺に居住したので、鎌倉の僧房は寿福寺僧房である。また、『雑談集』巻之第八・有無ノ二見ノ事の条によると、寿福寺に戒堂があり、境内に禅僧、律僧のほか薄墨の唐衣を着た僧などが共住していたことが窺える。

一方、明庵栄西は京都・建仁寺の開山であった。建仁寺は、将軍源頼家が建仁二年（一二〇二）に京都の東（五条以北、鴨河以東）に寺地を施入して創立した禅寺であり、栄西はその開山に請ぜられた。建仁二年六月廿二日宣旨により、建仁寺は真言・止観・禅門三宗を置くことが定められた。造営は建仁二年六月頃から始められ、同寺が官寺となった元久二年（一二〇五）には僧堂、重閣講堂、真言院、止観院等が整った。建仁寺伽藍が整うのは、栄西が法勝寺九重塔造営の幹事になった承元三年（一二〇九）頃と思われる。『帝王編年記』は、建仁寺について「当寺は本朝禅院の最初、千光法師開山也、」と記す。なお、建仁寺に法堂が創建されたのは貞治二年（一三六三）に青山慈永が入寺したときである。

以上によると、寿福寺の開山は明庵栄西、開基は源頼朝の夫人北条政子と考えられる。また、『吾妻鏡』建保元年五月三日条に、和田義盛に加担して戦死した大学助土屋義清（岡崎義実第二子）を寿福寺本願主とする。寿福寺創立以前の亀谷の地は土屋義清の所有であり、義清は寿福寺に葬られた。建仁寺に比べると、草創期の寿福寺は五カ月ほどで完成した御堂を中心に方丈、僧房、戒堂、寮舎などよりなる戒律生活を主体とした小寺院であったと推察される。

Ⅱ　寿福寺仏殿の創建

『元亨釈書』伝智一之二・建仁寺栄西の項に、建保元年（一二一三）、栄西は法勝寺九層塔を完成させた功により僧正に擢任された（同年五月）ことを記した後、鎌倉および京都における栄西の起居について、大要つぎのように記す。

建保三年（一二一五）、栄西は鎌倉亀谷にあって寿福寺を営んでいた。一日栄西は将軍実朝にいとまごいをした。実朝は、師すでに老、寺未だ成らず、何で行く事か、といった。それに対して、栄西は、我王城にて滅を取りたい。都の人は初めて宗門を聞き、疑信相半ばである。我は末後句を唱え、王都に顕らかにしたいといった。即ち駕を命じて京に帰る。栄西は帰京した後、夏に微疾を示した。六月晦日布薩の次に、衆に告げて「孟秋単五、吾之終也。」といった。その期に到り、帝は中使を遣わして見舞った。栄西は宮使に対して「已近」と答えた。晡時、栄西は椅子に坐し、安祥して逝った。中使は未だ宮に還らず、途において路人の譁称を聞き、瑞虹を寺上に見る。実に七月五日なり、年七十五、臘六十三。（○後略）

これによると、栄西は建保三年頃、鎌倉亀谷に居て寿福寺を造営していた。その造営は幕府によって行われたと考えられる。また、栄西は実朝を辞して帰京したので、寿福寺造営のため鎌倉に下向していたことが窺える。

一方、『吾妻鏡』は、建保元年（建暦三年）六月二日条に「今日。寿福寺長老栄西京都より参着。」と記し、そのあとに日ごろ大師号を所望、去月三日議定あり、存生大師号の事は本朝先蹤無しにより五月四日に権僧正に任ぜられる、と記す。これは栄西が造営幹事になった法勝寺九重塔が完成した功による。また、栄西の臨終について建保三年六月五日条に、

寿福寺長老葉上僧正栄西入滅、痢病に依るなり。結縁を称し、鎌倉中諸人群集。遠江守（中原親広）は将軍家御使として、終焉の砌にのぞむ云々、

と記す。栄西臨終の地と臨終の月について、『元亨釈書』と『吾妻鏡』は異なる伝承をのせる。上に引いた『元亨釈書』の記事で注目されるのは、栄西は、建保三年（一二一五）に鎌倉で寿福寺を造営していたとすることである。これは『吾妻鏡』に記載されない。これに関連して、つぎの資料が注意される。

1　光宗著『渓嵐拾葉集』弁財天縁起に収める「関東寿福寺埋沙金事」に、葉上僧正（栄西）は寿福寺仏殿を建立した時、仏殿の後山に地鎮のため沙金を埋めたことがみえる。この説話については後述する。

2　『扶桑五山記』寿福寺条に「相陽亀谷山金剛寿福禅寺〈順徳帝建保三年始建、栄西営之、〉」と注記する。これは、栄西による建保三年寿福寺造営説である。

3　『吾妻鏡』宝治元年（一二四七）十一月七日条に、寿福寺は失火により仏殿以下総門に至るまで悉く焼失したと記す。これは寿福寺初度の火災である。この仏殿は草創期の尼御台所御願の御堂と異なる寿福寺の中心堂宇である。

4　『扶桑五山記』寿福寺境致条に「三仏殿〈仏殿〉」をのせる。仏殿は雅称を「三仏殿」といい、釈迦・阿弥陀・弥勒の三世仏を本尊としていた。『扶桑五山記』境致条にのせる仏殿は、正嘉二年（一二五八）正月、寿福寺火災後に再建された建物であるが（後述）、仏殿の本尊が三世仏であったことは注意される。栄西が建久六年

（一一九五）に創建した博多聖福寺の本尊は三世仏であり、また、建仁寺仏殿は雅称を「三世如来殿」と云い、本尊三世仏を安置していた。寿福寺仏殿とその本尊三世仏は、栄西の時に創設された可能性が大きい。これについては、中巌円月の『東海一漚集』に収める、文和元年（一三五二）の雲山知越を寿福寺住持に請ずる疏に、寿福寺仏殿の三世仏を千光古仏とするのが参照される。これらの資料によると、寿福寺仏殿は栄西により創建された可能性が大きい。

一方、栄西入滅の地については鎌倉説と京都説がある。鎌倉説は、『元亨釈書』の京都入滅記事が、栄西の入滅を安居あけの布薩行事に関連させ、勅使の見舞を記し、また入滅の日に瑞祥があったと記すなど文飾の疑いがあるのに対して、『吾妻鏡』の鎌倉入滅記事はそうした疑義を入れる理由がないことを主な理由とする。(1) しかし、栄西京都入滅は弘安六年（一二八三）に著された無住道暁の『沙石集』にみえる。また、年代はやや下るが、『清拙和尚語録』仏祖讃に千光法師について、栄西は東山建仁寺の開山塔内に入定したと伝える。これは『扶桑五山記』建仁寺住持位次も同じで、第一葉上僧正について「建保三乙亥年七月五日、入定于興禅護国院、号入定塔、寿七十五」と記す。これによると、栄西は建保三年（一二一五）七月五日、京都建仁寺で入滅し、興禅護国院を塔院とした可能性が大きい。なお、寿福寺の開山塔頭逍遥庵の創立は文永十年（一二七三）頃である。これについては後述する。

以上、栄西は、建保三年（一二一五）に寿福寺の仏殿を創建したことを推定した。建保の寿福寺造営は何時ごろから始められたであろうか。『吾妻鏡』によると、栄西は、建暦三年（建保元年、一二一三）六月二日、京都より鎌倉に参着、寿福寺に居住した。建暦三年十二月三日、実朝は寿福寺に参り、同年五月の和田合戦で戦死した和田義盛以下亡卒者得脱のため、仏事を修せしめた。和田合戦では土屋義清が和田義盛に加勢してその一族が討死し、義清は寿福寺本願主として寿福寺に葬られていた。その後、栄西在世中、実朝の寿福寺参詣は伝えられない。栄西の時、幕府により寿福寺が造営されたとすると、その時期は建暦三年六月から建保三年五月までの約二年間である。

明庵栄西は経歴からすると、中国南宋における禅宗建築の知識を有していた。栄西は、文治三年（一一八六）三月に二度目の入宋をはたし、天台山万年寺の虚庵懐敞（黄龍八世の嫡孫）に参じて禅を学んだ。この時期に、栄西は万年寺三門と西廊を建立したと伝えられる。虚庵が天童山景徳寺に移ると、栄西は師に随侍した。そして紹熙二年（一一九一）秋、虚庵より印可を受けた、栄西六十一歳の時である。栄西はその年（建久二年）に帰国し、筑前今津の誓願寺にとどまった。栄西は帰国後、虚庵懐敞が発願した天童寺千仏閣改建のために大材を大船で送り、その造営を助けたと伝えられる。建久六年（一一九五）、栄西は幕府の許可を得て博多に聖福寺を創立した。

栄西は東大寺再興の初代大勧進であった俊乗房重源とも親交があり、建築についても多くの関心と知識を有していた。重源没後、建永元年（一二〇六）に、栄西は二代目東大寺大勧進となった。東大寺鐘楼は栄西の時の建立で、様式は大仏様であるが、斗栱は禅宗様に通じる詰組である。栄西は中国宋様式の建築について知識を有していたと考えられる。

栄西は建暦三年（一二一三）六月から建保三年（一二一五）五月までのほぼ二年間、鎌倉に滞在して寿福寺の造営にたずさわった。造営は将軍源実朝を檀那として幕府によって行われ、その時、仏殿と総門が創建されたと推定される。

寿福寺第二世は、明庵栄西の法嗣退耕行勇（荘厳房）である。『吾妻鏡』建保四年（一二一六）七月十五日条に、御台所（北条政子）は寿福寺に渡御し、先考のために盂蘭盆供を修せられたことがみえる。これより先、四月八日、将軍実朝は寿福寺に参り、十六羅漢影像に供貢を備えており、盂蘭盆会は北条政子御願の御堂で修されたと推定される。また、建保五年五月十五日、実朝は寿福寺に入御、長老行勇を慰めた。行勇は恐れ申し、暫く禅室に御坐し、仏法御談話に及んだ、という。五月十二日条によると、行勇が将軍御所に参り、将軍家の政事に口入れすること数度に及んだので、実朝は怒って、大江広元をして行勇を諭した。行勇は心中これを恨み、寿福寺に帰り門を閉めてしまった。そこでこの日、実朝は寿福寺に参り、行勇を慰めたのである。実朝と仏法談話に及んだ「禅室」は方丈内の一室と思われる。

『東福開山聖一国師年譜』によると、嘉禄二年（一二二六）、円爾弁円は二十五歳の時、相州に遊び、寿福寺の蔵経院に寓居した。住持行勇は、長楽寺の栄朝と法門が同じである師（円爾）を見て歓待した。行勇の弟子大歇了心は首楞厳経に精しく、「客位」において啓講した。円爾は預り聴き、第四巻に至り了心に詰難したが、答えられなかったという。「客位」は方丈の客殿であろう。円爾は寛喜二年（一二三〇）、寿福寺に在って蔵経を披閲し、冬に長楽寺に帰り栄朝に仕えた。寿福寺の蔵経（大蔵経）は栄西が宋から請来したもので、蔵経院に所蔵されていたと思われる。

仁治二年（一二四一）七月十五日、行勇は寿福寺にて示寂した、寿七十九歳（『高野春秋編年輯録』巻八）。なお、『本朝高僧伝』行勇伝は「七月五日、寂於東勝正寝。」とする。

寿福寺三世は退耕行勇の法嗣大歇了心である。大歇は入宋して諸禅林を遍歴し、中国禅林の規矩を見聞した。帰国後、寿福寺の首座になり、同寺の規矩を禅密兼修から、一歩純粋の禅林に近づけた。禅僧の衣服礼典は大歇の時に始まる、といわれる。

宝治元年（一二四七）十一月七日、失火により寿福寺は仏殿以下総門に至るまで悉く焼失した。この時期の寿福寺は仏殿、総門のほかに、北条政子御願の御堂、方丈、僧房、戒堂、蔵経院などが記録に散見する。

Ⅲ　宝治火災後復興の寿福寺堂宇

宝治元年十一月火災後の寿福寺再興の経緯は未詳である。建長寺開山蘭渓道隆は、北条時頼の請により宝治二年十二月に粟船の常楽寺に入院する以前、一時寿福寺に掛搭していた。その時の住持は大歇了心（第三世）であり、寿福寺の復興は大歇了心により行われたと考えられる。その後、大歇は建長年間に極楽寺に入院し、正嘉元年（一二五七）頃、建仁寺（第九世）に遷住した。

寿福寺第四世は蔵叟朗譽である。正嘉元年（一二五七）、円爾は北条時頼の招請により鎌倉にきて大明録を講じ、また、寿福寺に居て叢林礼を講じた。『聖一国師年譜』に「丁巳　師五十六歳、（〇中略）、平元帥、師を寿福寺に居して、叢林礼を講ぜしむ。けだし栄西開基以来禅規未だ備わらず、住持朗譽〈悲願房〉しばらく偏室に居る。」と記す。円爾が寿福寺で叢林礼を講じたことは『元亨釈書』にもみえ、同書・恵日山弁円の条に、北条時頼は円爾に命じて叢矩を行う、ここに於いて住持は偏室に処し、円爾は南面して事を行う。鐘鼓魚板、一時に響を改める、蓋し円爾の臨安諸刹を遍歴し、儀法を諳熟せるを以てなり、と記す。住持朗譽が控えた偏室は方丈客殿の脇間で、円爾は客殿に南面して叢林礼（清規）を講じたと推察される。

この時期の建物は正嘉二年（一二五八）正月十七日の甘縄の火災により類焼した。『吾妻鏡』同日条に、

秋田城介泰盛甘縄宅失火。南風頻に扇る、薬師堂後山を越えて、寿福寺に到る。総門、仏殿、庫裏、方丈以下、郭内一宇も残さず。

と伝える。これは宝治火災以前の寿福寺と同様の伽藍構成で、山門、僧堂、法堂などは未だ整っていなかった。

第二節　鎌倉時代後期の寿福寺伽藍

正嘉二年（一二五八）火災後、寿福寺は蔵叟朗誉が住持であった文永十年（一二七三）頃までに総門、山門、仏殿、方丈、法堂などが整備され、その後、第六世住持大休正念の時に選仏場（僧堂）、厨庫などが新造された。大休正念は、第四世蔵叟朗誉を寿福寺の中興と記している。この時期の寿福寺は北条時宗を大檀那として、幕府により造営されたと推察される。

Ⅰ　蔵叟朗誉の寿福寺中興

寿福寺第四世蔵叟朗誉は、栄西の法嗣である上野世良田長楽寺開山栄朝の弟子である。正嘉元年（一二五七）頃寿福寺住持となり、翌年正月に罹災した寿福寺の復興に尽した。朗誉は、建治二年（一二七六）十一月四日に示寂した。『念大休禅師語録』住建長小参に収める「寿福譽公和尚。百日対霊小参」の説示に、朗譽について、

世寿八十四齢、氷清霜潔、百千三昧を成就。玉転珠回、道價雷動、風行学を履、雲蒸霧を擁。克つ亀峰中興の業を振い、千光正続の宗を忝めず。能事既に畢。談笑帰真。

という。また、同語録・告香普説に収める「譽公和尚七年遠忌普説」に、

伏して惟う、譽公和尚、定慧等持、戒行兼実、縦に懸河の大弁苾草に乗り以て精厳、亀谷を中興し梵宮を幻出。道業学者の宗とする所と為す、清声檀門の敬う所と為す。二十余載、風行雷動。十余令に入り、皓首厖眉、焦枯を滋す雨露たり。声色聾瞽を開く。誠に謂う所季世之法灯なり。

とある。蔵叟朗誉は寿福寺を中興、梵宮を幻出したという。また、学者としても優れ、清声も檀門の敬うところであり、誠に季世の法灯なりという。

一方、『清拙和尚語録』仏祖讃に寂庵和尚について、寂庵上昭は亀谷中興の業に従う。蔵叟朗誉の業を続け、大休正念と等しく分ち、寿福寺の造営を全うしたという。寂庵上昭は蔵叟朗誉の法嗣、栄西の孫、大休正念についで寿福寺住持（第七世）となった。寂庵は寿福寺火災の翌年に入元し、南浦紹明、約翁徳倹、無象静照、樵谷惟僊などを同行の友として、虚堂智愚、偃渓広聞などの尊宿を巡礼の師とした(2)。寂庵は文永二年（一二六五）には帰国していたようで、蔵叟のもとにあって寿福寺の復興に尽力したと推察される。

この時期の寿福寺造営に関連して、『渓嵐拾葉集』弁財天縁起・一地鎮法事に「関東寿福寺埋沙金事」と題してのせる、つぎの説話が注意される。

一　関東寿福寺ニ埋二沙金一事　物語云。寿福寺仏殿ノ後山ニ三鈷ノ形ノ山アリ。近来炎上アリシ時。為二造営一山ヲクツシ地ヲヒク。其時彼三鈷形ノ山ヲクスシケル時。人夫等或病悩シ。或物狂ニ成リ。或死ニケリ。彼長老ハカリ神ノ僧ナリケレハ不レ用シテ。弥ヨ山ヲクヅシケリ。其後彼三鈷形ノ山ノ中古ヨリ牛ノ形ナル金ヲ掘出シ。彼ハ何物ゾト疑フ処ニ。葉上僧正ノ伝記ヲ見ケレハ。唐瓶子ノ中ニ沙金ヲ入満テ被レ埋ケリ。此ハ弁財天ノ秘事也。其地神ト成テ土公ノ形ニ変ケリ。様様ニタタリケル間。如レ本令レ埋ケリ。根本上人如レ此建立シタル事。相構テ不レ可レ令レ動事也云々。如レ此取リ動シテ以後。寺中ニモ種種不吉ノ事共出来シケリ云々。

『渓嵐拾葉集』は比叡山黒谷青竜寺の僧光宗（一二七六〜一三五〇）の編纂になる。この説話は文保二年（一三一八）四月十八日に、光宗が青竜寺学窓において師説を記したという。内容は葉上僧正（明庵栄西）が寿福寺仏殿を建立した時、地鎮のためその後山に沙金を埋めた話である。

上記に「近来炎上アリシ時」というのは、正嘉二年（一二五八）正月の寿福寺火災である。火災後、造営のため仏殿の後山にあった三鈷形の山を崩した時、山の中古より牛の形をした金を掘り出した。葉上僧正の伝記を見ると、唐瓶子中に沙金を入満して埋めたとある。これは弁財天の秘事である、という。

この説話は、正嘉二年火災以前の寿福寺仏殿が後山を背にしていたことを伝える。また、葉上僧正は仏殿の後山に沙金を埋めたという伝承があり、寿福寺仏殿は開山栄西の時に創建されたことを示唆する。

一方、正嘉二年火災後、仏殿の後山を崩したのは、そこに法堂を創建するためである。上記に「彼長老」ばかり神の僧なりければ用いずして、いよいよ山を崩しけり、とあるのは住持蔵叟朗譽のことであり、火災後の寿福寺復興は彼により行われたことが窺える。

第六世大休正念は弘安元年（一二七八）春に建長寺を退院し、三月頃寿福寺に入院した。『大休和尚住寿福禅寺語録』入院法語に山門、仏殿、方丈、法座がみえる。山門の法語に、

　山門。門大道に臨む、車馬駢闐、南来北来、後なし先なし。甚麼に因り手を把り曳き入らず。良久して云く、関。

とある。山門は大道に臨み建っていた。また、方丈の法語に、

　方丈。明月幽谷を照らす、寒濤夜砧を助ける。且らく道え是何の宗旨か。（○後略）

とあり、法座の法語に、

　法座。眼裏筋なし、之を観るに嶮しきこと懸崕の若し、胸中物なし。之を視るに平なること鏡面の如し。且らく道え、新長老如何、座を登り云く、毘盧頂を坐断して第二見を落ちず。

とある。法座は法堂内に設けられた須弥壇である。この時期の寿福寺に法堂があったことは、『念大休禅師語録』

大小仏事に、

掛二善法堂一額

善法堂前の双樹蔭。微風吹動して清音を奏す。如来の宝座親縦跡。天上人間古今に互。（〇後略）

と記すことから判る。「善法堂」は法堂の額銘である。法堂前の双樹は柏槇の樹であろう。現在、仏殿（法堂兼用）の前方にある柏槇の双樹はそれの後身と考えられる。

なお、大休正念が著した「蔵六庵円湛塔無生銘」に、

始め禅興に住持。夜夢。補陀大士に因って問う。此行吉徴。大士曰く。強に逢い則ち止む。十年間聖識未だ明らかならず。建長より寿福に至り、亀谷山額を見る。方省強字則ち亀字なり。

と記す。亀谷山の額を懸けたのは総門である。これにより総門、山門、仏殿、法堂、方丈などは第四世蔵叟朗誉の時に復興されていたことが知られる。このほか寮舎も整っていた。無象静照の伝『法海禅師行状記』によると、無象は建治三年（一二七七）十月二十四日、寿福寺西堂寮に在って、聖福寺の請を受けた。

II　大休正念による寿福寺の整備

『大覚禅師語録』巻下・小仏事に「寿福寺安二聖僧一」の法語がある。(3) これは、蘭渓道隆が寿福寺住持（第五世）の時、建治三年（一二七七）十一月から翌弘安元年五月頃に寿福寺僧堂に聖僧を安置したことを伝える。ただし、僧堂は未だ完成していなかったらしい。『大休和尚住寿福禅寺語録』弘安元年臘八上堂前の上堂法語に、

上堂。十方同聚会、竜蛇混雑、凡聖同居、箇箇無為を学ぶ。金屑貴しと雖も眼に落ちれば翳と成る。此この選仏場、洪波浩渺、白浪滔天、心空及第に帰す。霧を攫み雲を拿み霖と為し雨と為す。寿山此間選仏場非ず

と雖も、何で心空及第に帰すこと有らざるか。（○後略）

とあり、大休入院当初、選仏場は未完成であったらしい。弘安二年結夏上堂の法語に「今夏忽ち長連床上に有り。開眼作夢。豁然夢覚。心法一如底。」の句がある。この夏、初めて長連床を備えた僧堂が完成したのである。同二年五月十五日、大檀那北条時宗より斎料並びに僧衆夏衫の布施があった。翌弘安三年正月の上堂法語に、

上堂。一月禅版を鳴らさず。仏法はどうして爛却であろうか。諸人寮舎中に向。朝出暮入。長廊下を東行西行。歩歩踏著せざるなし。僧堂中に在り開単展鉢。長連床に脚を伸ばし脚を縮む。（○後略）

とある。僧堂に長連床を備えたが、諸僧は寮舎中に向い、僧堂における坐禅と食事および就寝の共同生活はよく行われなかったようである。上記にある「長廊下」は山門と仏殿の両側を東西に結ぶ廊下である。また、寮舎は役僧などの寮である。こうした寮舎は蔵叟朗誉の時に出来ていたと思われる。なお、『念大休禅師語録』住禅興建長寿福小参に収める寿福寺における弘安二年の結夏小参の説示に、

今夏百数禅衲安居、香積厨中、絶聚蝿糝、不㆑免效㆓七仏儀式㆒持鉢度㆑日、或漿或食、随㆓於信心㆒以療㆓形枯㆒、

とあり、厨庫（庫院）が整っていた。これより先、『大休和尚住寿福禅寺語録』弘安元年四月ころの上堂法語に、

上堂。住院以来恰も十五日、人事忽忙、鼻孔眼睛一時打失。子細鼎に省看、元来山門は仏殿に朝し、厨庫は僧堂に対す咄。

とある。当時、未だ僧堂と厨庫は出来ていなかった。山門は仏殿に面しているので、厨庫は僧堂に相対して建てることをいったものと推察される。

また、『念大休禅師語録』大小仏事に「寿福掛㆓梅檀林額㆒」の法語があり、衆寮に梅檀林の額が掛けられた。建長寺の梅檀林（衆寮）は清拙正澄により嘉暦三年（一三二八）に創建されたが、寿福寺の梅檀林（衆寮）は大休

の時に創建されたのであろう。

以上、大休正念が寿福寺住持の時、選仏場（僧堂）、庫院、南・北両長廊下、衆寮（栴檀林）などが整備されたと考えられる。

なお、寿福寺の経蔵と鐘楼は栄西のときに創建された。『新編鎌倉志』寿福寺鐘楼の項に「昔、いぼなし鐘と云名鐘あり。開山の時、宋より渡せりと云伝たり。小田原陣に奪て鉄砲の玉に鋳たりと云ふ。今有鐘は新き鐘なり。」と記す。経蔵と鐘楼は正嘉二年火災後の寿福寺にも復興された。鐘楼は、『念大休禅師語録』大小仏事におさめる「寿福掛㆓三仏殿額㆒」に「梵鐘の高い響きは俗世界を証悟する」とある。経蔵は、『念大休禅師語録』偈頌雑題におさめる「上㆓守殿㆒偈。求㆓塔庵蔵六額㆒幷序引」の序に、当山経蔵の側に営んだ大休の寿塔蔵六庵が落成したことをのせる。蔵六庵は、経蔵の南方にあった。鐘楼と経蔵は蔵叟朗誉の時に再興された可能性もある。

Ⅲ　鎌倉時代後期の伽藍復興

『北条九代記』に永仁元年（一二九三）四月十三日、鎌倉地方を襲った大地震により寿福寺は顛倒したと伝えられる。地震の被害は未詳であるが、文保元年（一三一七）十二月頃、寿福寺に入院した東明恵日の入院法語に山門、法座を記すが、仏殿における法語を欠くので、仏殿が顛倒したかもしれない。法座の法語に、

法座を指して曰く、此法座高く広い、吾升る能わず、大器満難し、小器盈易し、若し楼に登り望まねば、いずくんぞ滄海の深きを知るか、遂に座に登る。拈香祝聖罷り座に就く、

とある。この法座は法堂の須弥壇であろう。これより先、『中巌和尚自暦譜』正和二年（一三一三）条に、中巌は十四歳の夏、寿福寺に未だ掛搭を得ず、浩玄山主房に在り。師は寛通円首座寮を往来し、諸家語録を読んだが、

未だ禅意を会得せず、然るに語話を略弄ぶ、とある。寿福寺は首座寮に諸家の語録が置かれ、また客寮（西堂寮）も備わっていた。

仏殿はその後、元亨元年（一三二一）には再建されていた。秋澗道泉（第十一世）の『寿福禅寺語録』元亨元年九月十二日、入院法語に山門、仏殿、土地堂、祖師堂、方丈、法座における法語がみえる。

山門における法語に「山門、重関豁開、垂手閙市、看看、万古清風来未已、咄、」とあり、山門は重層で広く開け、前方武蔵大路の向いに賑やかな市があったようである。また、仏殿における法語に「仏殿、三人行必有我師焉、三仏聚頭、有什麼商量、如商量、一柱柱一梁、」とある。本尊三世仏像は仏殿内陣の仏壇に安置されていたと思われる。土地堂と祖師堂は仏殿内に設けた脇壇である。現在、仏殿脇壇（土地堂）に安置する木造伽藍神倚像三体は南北朝時代（康安二・一三六二年）の作といわれる。伽藍神は土地堂に祀られていた。また、同日の上堂法語に「謝両班上堂、声前一句、両手分付、那辺是僧堂、這辺是厨庫、中間底聻、閑看寿峰雲集聚、〈喝一喝〉」とあり、僧堂、庫院も整っていた。

元亨三年（一三二三）十月の北条貞時十三年忌の円覚寺法堂供養に参列した寿福寺僧衆は二百六十人であった。これは建長寺の三百八十八人、円覚寺の三百五十人につぐ数であり、寿福寺は主要堂宇とともに衆寮、公界寮舎なども充実していたと推定される。

鎌倉時代後期の寿福寺は、五山禅宗寺院として盛期の伽藍を有していた。寿福寺は応永初年に火災にあったが、鎌倉時代後期の寿福寺伽藍は仏殿など再建されたものもあるが、南北朝期を通じて存続した。

第三節　盛期の寿福寺伽藍配置と主要堂宇

Ⅰ　寿福寺の境致

『扶桑五山記』寿福禅寺境致の条に、

　　境致

扶桑興禅之閣〈方丈之上〉、三仏殿〈仏殿〉、栴檀林〈衆寮〉、三摩地〈観音殿〉、

を載せる。また、『和漢禅刹次第』寿福禅寺境致の条に、

　　境致　　塔曰逍遥。

独松峰。帰雲洞。法雨塔。碧玉泉。千光室。金亀井。万柳池。梅塢。

扶桑興禅之閣〈方丈之上〉。三仏殿〈仏殿〉。栴檀林〈衆寮〉。三摩地〈観音殿〉。

と記す。『扶桑五山記』寿福禅寺諸塔項と境致項の記事は建武二年から文和三年（一三三五〜五四）頃の資料によると推定される(4)。

寿福寺の境致は建造物六境、ほかに池、井泉、隧道、周辺の峰などがあげられる。

「扶桑興禅之閣」は方丈二階閣の雅称である。方丈の二階閣は鎌倉時代後期に遡るであろう。「三仏殿」は三世仏を本尊とする仏殿の雅称（額銘）、「栴檀林」は衆寮の雅称である。

「三摩地」は観音殿の雅称である。観音殿は境内東南の岩山を掘った窟堂である。「蔵六庵円湛塔無生銘」によると、大休正念は、弘安元年、建長寺より寿福寺に遷住した時、「亀谷山」の額を見て観音大士の聖識が明らかになった。そこで、石壁を鑿って、堂宇を創め、聖像を立てた、という。観音殿は弘安三年に石壁を掘り始め、十二月二十六日に大休は慶讃陞座した。『大休和尚住寿福禅寺語録』弘安三年臘月廿六日の法語によると、観音

殿は殿内に応身瑞相の絵を刻み、入口に木造の月殿を造り、高く簷を架けていた。その後、弘安六年結夏小参に、観音菩薩像を殿内に安置した（『念大休禅師語録』住寿福小参）。

『和漢禅刹次第』寿福寺境致条にのせる「法雨塔」は開山塔頭逍遥庵御影堂の雅称、「千光室」は逍遥庵の本坊書院と推察される。また「独松峰」は寿福寺背後の峰、「帰雲洞」は悟本庵の南西にある隧道である。そのほか碧玉泉、金亀井、万柳池、梅塢池が境致に選ばれた。

『鎌倉五山記』寿福寺諸伽藍条は室町時代初期の寿福寺の様子を伝えるが、そこに十境として双碧池、碧玉泉、金亀井、梅塢池をのせる。双碧池は旧総門内にあった池である。『鎌倉五山記』によると、室町時代初期の寿福寺は総門、山門を欠き、外門に「天下古刹」の額を掛け、その西方に法堂兼用の仏殿が建つだけであった。双碧池はその時期に新たに掘られたとするよりも、旧山門前庭に築造されたとするのが妥当と思われる。『和漢禅刹次第』寿福寺境致条にのせる「万柳池」が山門前庭にあった池か否かは未詳であるが、盛期の寿福寺は山門前庭に双碧池を築いていたと考えられる。

Ⅱ　盛期の寿福寺伽藍配置と主要堂宇

つぎに、この時期の寿福寺伽藍と主要堂宇についてまとめる。

（1）外門と総門

寿福寺は武蔵大路に面し、その西側溝の内側に土塁を築き、「天下古刹」の額を懸けた外門を開いていたと推定される。総門はその内側に建ち、「亀谷山」の額を掲げていた。『念大休禅師語録』大小仏事に亀谷山額を掛ける偈をのせる。その偈に、亀谷山の額を掲げた門は壮観で、縦横に文彩を施し勢飛雄である、という。

（2）山門と山門前庭

東明慧日の『亀谷山金剛寿福禅寺語録』の文保元年（一三一七）入院法語に「山門。門庭施設。方便性多。新寿福。只據平実一路。與諸人共行。」とあり、山門前に庭を設けていた。山門は前庭と総門越しに大道に臨んでいたのではないだろうか。秋澗道泉の寿福寺入院法語に「山門、重関豁開、垂手閙市」とあり、山門は重層で、前方に広く開けていた。『鎌倉五山記』諸伽藍条に十境の一つとしてあげられる「双碧池」は鎌倉時代後期から南北朝期の山門前庭に築かれたと考えられる。

（3）仏殿と僧堂・庫院

仏殿の本尊は三世仏像であった。『念大休禅師語録』大小仏事に、

　寿福掛二三仏殿額一

（〇前略）故我亀谷給孤園。関東古蘭若。鏗鏘鐘梵。証悟塵寰。宝殿巍巍。崇過二来今一。三世仏像。雲儔済済。開二戒定恵三学法門一。普化二一方流通一。（〇中略）以レ手指レ額云。諸仁還見麼。三仏放二毫光一。照二耀大千界一。

と記す。宝殿（仏殿）は巍巍として、崇きこと今までにまさる。三世仏像を祀り、雲衆が多くそろっている、という。仏殿は高大であり、三仏殿の額を掛けていた。

大休正念の時、寿福寺第五世蘭渓道隆（大覚禅師）の頂相（真儀）と位牌が寿福寺祖堂に安置された[5]。祖堂は仏殿内に設けられた祖師堂と考えられる[6]。仏殿と山門の間は両側を長廊下で連絡していた。僧堂と庫院は仏殿前の左右長廊下の外側に相対して建てられたと推察される。衆寮（栴檀林）は僧堂の近くにあったと思われる。仏殿、僧堂、庫院などの規模はいずれも未詳である。

（4）法堂、鐘楼・経蔵

法堂は仏殿の後方にあった。法堂の額銘は「善法堂」という。法堂前に柏槙の樹が植えられていた。山門と仏殿の両側を結ぶ長廊下は法堂の両側まで延びていたと考えられる。仏殿と法堂の両側を繋ぐ長廊下の外、北側に鐘楼、南側に経蔵が相対して建てられたと推察される。鐘楼には、開山の時、宋より渡したと伝える「いぼなし鐘」が懸けてあった。

（5）方丈と方丈池

『扶桑五山記』寿福寺境致条に「扶桑興禅之閣〈方丈之上〉、」とあり、この時期の方丈は二階建で、上閣の雅称を「扶桑興禅之閣」といった。『五山記考異』寿福寺諸伽藍条にのせる方丈書院の雅称「全曙」は南北朝期に遡ると思われる。方丈は法堂の北方、現在の方丈位置にあったと推察される。方丈の北側には大規模な切岸が見られ、切岸の下に苑池が作られている。

（注）

（1）辻善之助『日本仏教史』第三巻。柳田聖山「栄西と『興禅護国論』の課題」日本思想史大系（岩波書店）『中世禅家の思想』。『鎌倉市史』社寺編　臨済宗寿福寺。

（2）『清拙和尚語録』仏祖讃、寂庵和尚。

（3）文政十年刊行の『大覚禅師語録』の後書きによると、『大覚禅師語録』巻下・普説以下の段は、南宋・景定五年（一二六四）に虚堂智愚が校勘した『大覚禅師語録』にはなく、廣徳海会が西国に遊行した時、肥の三間山中に在って、古冊堆中で得たものという。

（4）『扶桑五山記』寿福寺諸塔条の記事は大休正念の塔頭蔵六庵を載せないので、同庵が円覚寺に遷された建武二年（一三三五）以後の資料である。また、第二十五世足庵祖麟の塔頭聯灯庵以後の塔頭を載せない。足庵は文和三年（一三五四）に示寂した。

（5）『念大休禅師語録』大小仏事「蘭渓大覚禅師入㆓寿福祖堂㆒」の法語。

（6）『念大休禅師語録』大小仏事にのせるこの時の大覚禅師を祭る文に「今則灯分㆓亀谷㆒。光耀祖堂正念既忝隣封。」とあり、大休正念の寿塔蔵六庵は祖堂の近くにあった。後述のように蔵六庵は経蔵の側、法堂の南方にあった。

第四章　浄智寺の伽藍

浄智寺は、鶴岡八幡宮の北西、山ノ内往還より南西に入った谷戸にあり、北面山麓に営まれた北向きの伽藍である。三方を山で囲まれた浄智寺の境内は遠く南方に高い峰が連なり寛い。山号は金峰山、寺号は浄智禅寺といい、中世において鎌倉五山の第四に位した。現在、浄智寺は臨済宗円覚寺派に属する。寺伝によると、浄智寺の開山は兀菴普寧、請待開山は大休正念、準開山は南洲宏海という。開基は北条宗政およびその子師時と伝える。

第一節　創建期の浄智寺伽藍

Ⅰ　浄智寺の創立

浄智寺の開山について浄智寺の世代は、南洲の師大休正念を第一世とし、南洲宏海を第二世とする。南洲は兀菴普寧の法嗣であり、兀菴を浄智寺開山に請じ、また師大休正念を浄智寺第一世とし、南洲を準開山としたのであろう。浄智寺の開山塔頭蔵雲庵は南洲宏海の塔所であり、実質開山は南洲宏海と考えられる（『鎌倉市史』社寺編浄智寺）。

浄智寺の創立年代について、『鎌倉市史』は、『新編相模国風土記稿』の説により、北条宗政が死んだ弘安四年（一二八一）以後まもなくのことと考えられている。北条宗政は弘安四年八月九日、二十九歳で没した。『念大休禅師語録』告香普説によると、弘安四年十一月、武蔵守殿（北条宗政）の百日忌に大休正念は御堂仏経を供養し普説した。檀那は宗政の室である。御堂は宗政茶毘の壇に就き営まれた。御堂の本尊釈迦如来一座と左右に迦葉・阿難尊者二体を造立し、七仏祖師を図絵、諸部尊経を模写し、淨道場を厳り、如法奉供した。この御堂は北条宗政の墳墓堂であったと推察される。

『念大休禅師語録』仏祖讃頌に「讃武蔵守殿明公禅門」とともに、つぎの頌をのせる。

又浄智寺御堂請讃供養

塵寰に遊戯すること三十年。和合を了知することこれ因縁。人間の梵字已に成就。欲界還り第四天に還る。是の如く勝因を作り。是の如く妙果を獲る。願力を堅固に克つ諸仏の浄智荘厳功徳を証し。永く子孫の福田を植える。

この頌は宗政百日忌の御堂供養と同じときに作られたと考えられる。浄智寺御堂は宗政を祀る御堂である。また、浄智荘厳は、宗政を祀る檀那塔の雅称が荘厳殿であるので（『鎌倉五山記』浄智寺）浄智寺御堂と解せられる。すると、「諸仏の淨智荘厳功徳を証し、永く子孫の福田を植える」というのは、生前の宗政が茶毘の地に遺骨を埋め、そこに浄智寺を開創することの功徳を知っていたことを示唆する。言い換えると、浄智寺の創設は北条宗政によって定められたと推察される。宗政は、弘安四年正月頃、金剛般若経を書写した。寿福寺住持であった大休正念はそれを供養し、寿福寺にて陞座した。また、同年解夏の後、大休は寿福寺にて故北条宗政のために儒釈道三教を供養し陞座した。

弘安六年（一二八三）八月、北条宗政の三年忌供養が浄智寺にて行われた。後述のように、この時には浄智寺伽藍はほぼ整っていた。浄智寺造営が宗政没後の弘安四年八月以後に行われたとすると、浄智寺伽藍は二年間でほぼ完成したことになる。浄智寺伽藍の基本構想は北条宗政の生前、大休正念との間に話し合われていたのではないだろうか。

一方、南洲宏海は入宋して浄慈寺に掛搭し、また別刹を遊方したという。南洲は文応二年（一二六一）に帰朝した後、建長寺の兀菴普寧に侍し、後に兀菴の法をついだ。文永二年（一二六五）に兀菴が帰国した後、南洲は文永六年（一二六九）に来朝した大休正念に随侍した。『大休和尚住寿福禅寺語録』によると、弘安四年十二月、寿福寺にて大休正念の会下にあった南洲宏海首座は、檀那の請を受けて、浄智寺の住持となった。為に大休は寿福寺にて上堂し、後輩に訓話した。浄智寺伽藍が禅寺として整備されるのは南洲入山以後である。

Ⅱ　創建期の浄智寺伽藍

弘安五年八月、北条宗政一周忌に、宗政夫人は五部大乗経を印摺した。大休はそれを供養普説した。弘安六年（一二八三）八月、宗政の三年忌供養が浄智寺にて行われた。「大休和尚住寿福禅寺語録」弘安六年八月の法語に、つぎのように記す。

武蔵守殿三祥供養の為、浄智寺開山陞座、拈香。（○中略）。切に惟う、故檀那武州明公禅門、夙に霊骨を具え、人間に遊戯する、忠孝を立てて節有り。富貴に処り驕らず、善言を聞きて力行する。浮世夢事の如し知り、末後洒然として独り脱けだす、当世実に希有と為す。仲秋の初、三祥甫届く。檀門は恩徳を追思し、梵福を修崇、給孤の勝地を闢き、浄智の祇園を刱める。荘厳宝殿、能仁の調御を奉る。慈観宝閣、大士の真儀を崇む。曇華堂は獅子座を張り、広長舌は海潮音を演ず。雲海堂は選仏の方袍を延き、安然禅悦。香積界は珍饈を上方に運び、法喜を飽饜。浄名丈室にして虚豁、薝蔔叢林にして芬馥。諸縁具美、輪奐の金碧以て交

わり耀く。解脱門開、鐘梵朝昏にして警悟。（○後略）

浄智寺開山は大休正念である。中秋の初、三祥はじめて届く。檀門は恩徳を追思し、梵福を修崇、給孤の勝地を開き、浄智寺を創建したという。

「荘厳宝殿」は仏殿の雅称で、本尊に釈迦牟尼仏を安置していた。

「慈観宝閣」は山門上閣の額銘で、上閣に観音大士の真儀を祀っていた。『念大休禅師語録』大小仏事にのせる「浄智寺掛山門額」の偈に「解脱門庭八字開。遠山排闥送二青来一。重楼紺宇聳二奇観一。風虎雲龍自伏回。（○後略）」とある。山門前庭は八方に開かれ、重楼の山門は聳えること奇観である、という。

「曇華堂」は法堂の額銘であり、堂内に獅子座（須弥壇）を設けていた。建長寺住持無学祖元は浄智寺の請により法堂に「曇華堂」の額を掛けた。『仏光国師語録』「建長禅寺語録」弘安六年と思われる年の中秋上堂の前の法語に、

浄智寺曇華堂額を掛けるを請う。武州は玉を埋めこの山に在り。高く遠い金仙の梵宇寛し。鐘鼓一新龍象集る。優曇華は放生高寒。大衆必ず優曇華の瑞現する処を見るや。手を以て額を指し云。優曇華者清浄無垢。色塵に住まず。これ諸仏の妙容。乃ち人天の景仰。（○後略）

とある。これにより、法堂は弘安六年（一二八三）八月に出来ていたことが確認される。

「雲海堂」は選仏場（僧堂）の額銘（雅称）、「香積界」は庫院の雅称である。「浄名丈室」は方丈の雅称、「薝蔔叢林」は衆寮の雅称である。

諸縁美を具え、壮大な堂宇の金碧は以て交わり輝く、解脱門は開放され、鐘梵は朝昏に警悟するとある。解脱門は山門下層の額銘である。浄智寺に鐘楼が備わっていた。

以上、北条宗政の三年忌供養が行われた弘安六年八月に、浄智寺伽藍はほぼ整っていたことが知られる。南洲宏海は弘安九年から十年（一二八六〜八七）頃まで住持を勤めた後、浄智寺内に営んだ蔵雲庵に退居したと推察される。

第三世は鏡堂覚円である。鏡堂は、正応三年（一二九〇）六月十九日、円覚寺に入寺したので、浄智寺住持であったのは弘安十年から正応三年頃と考えられる。

第二節　盛期の浄智寺伽藍配置と主要堂宇

Ⅰ　北条師時による浄智寺復興

正応六年（永仁元・一二九三）四月十三日の鎌倉地方を襲った大地震により、浄智寺は山門、仏殿、法堂などが被害にあったようである。

第四世無象静照は、正安元年（一二九九）五月、北条貞時に招かれて、鎌倉大慶寺より浄智寺に入寺した。入寺の法語に仏殿、據室、法座がみえる。山門における法語を欠いており、山門は地震の被害にあった可能性がある。

仏殿の法語に「仏殿、前仏後仏、総て這裏に在り、正当今日、那箇これ正主か、香を挿して云く、衆眼は瞞し難し、」とある。仏殿は前仏と後仏があり、何れが正主であるかと云うので、本尊は三世仏（釈迦・阿弥陀・弥勒）に代わっていた。これについて、三山進氏は「永仁元年の大地震のため塑造像が倒遺、復興にあたって本尊を三世仏に代えたのかもしれない。」と推定されている(1)。正応六年（永仁元・一二九三）四月の鎌倉大地震は鎌倉に甚大な被害をもたらした。浄智寺も例外でなく、檀那北条師時は被害にあった本尊を三世仏に代えた可能性がある。無象の浄智寺入寺の祝聖に「此香、奉為　本寺檀那右馬権頭平朝臣師時、資陪禄筭、」とあり、当時、檀那は北条師時であった。

據室の式は方丈で行われたと考えられる。祝聖と嗣香の儀があった法座は「法座を指す、諸法空を座と為す、無説を真説と為す、従上仏祖、坐して這裏に在り、今日向上説破し去なり、便ち座に登り、祝香、」とある。この法座は法堂内の須弥座であろう。

正安元年五月の無象静照入寺に伴い、浄智寺は五山に列せられた（『法海禅師行状』）。そして、無象の住持中に浄智寺は復興されたと考えられる。『無象和尚語録』正安二年（一三〇〇）結夏上堂の法語に、

> 結夏上堂、十方の雲水客、九旬同じく禁足、転げた牯牛の鼻を拽き、佗人の穀を犯す莫れ、常に選佛場に在り、心の空廓を見ることを要す、諸人に急ぎ猛省を報す、六六元来三十六、

とあり、選仏場（僧堂）は整っていた。同『語録』正安四年夏頃の法語に、

> 新に法座を建つ、檀越の請により上堂、弾指に諸殿閣を円成す、便ち正覚法空場に登る、千聖頂門眼を豁開く、（〇後略）

とある。正安四年（一三〇二）夏に法座が新建され、諸殿閣が完成したので、檀越の請により無象は新建法座に上堂した。この時期の諸殿閣造営は、正応六年（一二九三）の大地震により被害を受けたので、その後の復興であったと推定される。新法座は法堂内の法座で、この時、法堂も修理されたと思われる。同年春の「謝両班上堂」法語に「具に此二者は、叢林を大興、叢林既に興る、」とあり、両班の役者が復興に尽力した。檀越は、浄智寺の開基とされる北条師時である。師時は正安三年（一三〇一）八月、北条貞時の譲を受けて執権に補任された。浄智寺は執権北条師時のときに復興されたのである。

第五世高峰顕日は、嘉元三年（一三〇五）に浄智寺に入寺した。『仏国禅師語録』「住浄智寺語録」入寺法語に山門、仏殿、據室（方丈）、法座がみえる。同年十月、夢窓疎石は常州臼庭より浄智寺高峰顕日の丈室（方丈）に参じ、印可を受けた。

元亨三年（一三二三）十月の北条貞時十三年忌のとき、円覚寺法堂供養に参列した浄智寺僧衆は二百廿四人であり、寿福寺の二百六十人につぐ数であった。浄智寺は鎌倉五山の寺格を有していた。

浄智寺には経蔵があり、蔵主が置かれていた。嘉暦元年（一三二六）、浄智寺住持であった太平妙準は僧安公を元に遣わし、大蔵経（福州印本）を求めた。大蔵経は翌年、太平妙準示寂（嘉暦二年閏九月寂）後にもたらされ、浄智寺経蔵に収められた(2)。

夢窓疎石は嘉暦二年（一三二七）二月十二日、浄智寺に入院した。『夢窓国師語録』「金宝山浄智禅寺語録」嘉暦二年四月旦の上堂法語に、

四月旦直歳に謝し上堂。汾陽慈明に嘱し云く、修造自ら人有り、且仏法と主と為す。拈じて云く、大小汾陽の話両橛を成す。金峰門下の修造已に人を得る。別に説くべき仏法なし。大衆を召して云く。此に於いて薦め得る。僧堂は厨庫に対し、仏殿は山門に対す。若也未だ薦めず。只だ連夜の雨に因り又一年春を過ごす。

とある。嘉暦二年、夢窓疎石が浄智寺に入寺した時期に、直歳（修造司）により僧堂、厨庫が修造されたようである。僧堂と厨庫は、定式の如く仏殿前の左右に相対して建っていたと思われる。この頃、浄智寺の門前は車馬が多く集まり、堂に登り道を問う人が多かったという(3)。

その後、天外志高が住持の時、正慶元年（一三三二）、大檀那北条高時は浄智寺鐘楼の梵鐘を新しく鋳造した。『新編相模国風土記稿』鎌倉郡浄智寺・鐘楼の項に引く正慶元年の鐘銘（清拙正澄撰）によると、浄智寺に旧楼鐘

があったが、声が大揚でなかった。住山天外志高は檀門に謀り施財の外、僧俗が助力して鋳造した、とある。

Ⅱ　南北朝期の浄智寺整備

元弘三年（一三三三）五月、北条氏が滅びたが、浄智寺はその後、足利氏が檀那となり伽藍を維持した。建武元年（一三三四）十一月十五日、浄妙寺住持であった竺仙梵僊は浄妙寺より浄智寺に入寺した。これは檀那である足利直義が、後醍醐天皇に奏請した綸旨（十月廿日付）による。入寺の法語に仏殿、土地（土地堂）における法語と陞座・祝聖のことがみえる。陞座・祝聖は法堂の法座で行われたであろう。土地堂は仏殿内に設けた脇壇と考えられる。

竺仙入寺の年、足利直義は、浄智寺に門前屋地を施入し、門前大路を開いた。『竺仙和尚語録』建武元年の除夜小参に「檀那は門前の屋地三千間を施入し、あわせて門前の大路を展闢するに謝す。」とある。『竺仙和尚行道記』は、これについて「師浄智寺に入寺、官幣三万。地三千畝を賜る。」と記す。地は門前の屋地で、総門前の土地であろう。後述のように、『扶桑五山記』浄智寺境致の条に「宝所在近」と「甘露池」をのせる。宝所在近は外門の雅称で、仏光筆であったと伝えるので、浄智寺の創建時に遡る。この時、外門を山内往還側に移し、総門前に大路を開いたと考えられる。またこの時、総門前に甘露池が作られたと推察される。これにより、浄智寺総門前の景観が一新された。

年代はやや下るが、青山慈永の『仏観禅師語録』延文二年（一三五七）八月晦日、浄智寺入寺の法語に山門、仏殿（三仏）、土地、祖師、據室（方丈）がみえ、仏殿内に土地堂と祖師堂を備えていたことが知られる。

なお、中巌円月の『東海一漚集』に浄智寺多宝塔を造る疏並びに序をのせる。これは中巌が浄智寺住持竺仙の

会下にあった時に書いたと推定される。その序によると、

耆旧比丘志保は浄智寺の後山に就いて、地基を拓き、以て多宝仏塔の創建を欲した。それは師真応（南洲宏海）の志を遂げるためである。然るにその費重く微力、英檀を仰ぎ、金を揮て成就して、各寿祺を固める、（〇中略）、塔の規模は幻西天様、中容二尊分座、下方萬目仰瞻、以て淨智荘厳を成すに足りる、（〇後略）

とある。多宝塔の位置は浄智寺後山といわれ、中心伽藍の後山と推定される。この多宝塔が建設されたか否か未詳である。

以上、鎌倉時代末から南北朝期の浄智寺伽藍は最も盛大であったが、延文二年（一三五七）十月に回禄した。

Ⅲ　浄智寺の境致

『扶桑五山記』浄智寺条に浄智寺の境致をのせる。

境致

宝所在近、天柱峰、回鸞峰、鵬搏峰、芭蕉軒、鳳棲嶺、妙高亭、荘厳宝殿、盤陀石〈一作岩〉、甘露池、常安〈方丈〉

このうち妙高亭は、竺仙梵僊が営んだ楞伽院の建物である。楞伽院は延文二年（一三五七）十月の浄智寺火災により類焼し、その後、妙高亭は再建されなかった。上記は、南北朝期（延文二年以前）における浄智寺の境致を記したものと考えられる。十一境のうち建造物関係は五境、ほかは苑池及び自然景観である。

1　建造物関係の境致

「宝所在近」は外門の額銘であり、仏光国師（無学祖元）の筆であったと伝えられる（『鎌倉五山記』浄智寺条）。

「芭蕉軒」は不詳である。「妙高亭」について「竺僊和尚天柱集」前偈頌に「自題㆓妙高亭㆒」の詩三首をのせる。そのうち二首に、

この虚空最上の巓に到り、却いて足下に青天を看る。徳雲の行処日は正午、照見する別峰は翠煙を横たえる。

既に乃足を挙げこの地に到り、妨げなくまなじりを決して別峰を観る。欄に倚り噫気は天風を生ず、吹開く朶々青の芙蓉。

とある。妙高亭は浄智寺の最高巓天柱峰に建つ二階建の亭であった。

「荘厳宝殿」は本尊三世仏を安置した仏殿の雅称、「常安」は方丈書院の雅称である。

2　苑池及び自然景観の境致

「天柱峰」は浄智寺境内の南方、最奥に聳える境内最高峰で、標高九二メートルあり、その足下に伊豆の大海を瞰る景観が楞伽山に類似するので、竺仙はその勝景を楽しみ楞伽院を営んだという。

「回鸞峰」は境内南方にある別峰で、その下の流泉の側に語心台石があった。この語心台石は磨礱石といい、石の上面が磨かれていた。

「鵬搏峰」と「鳳棲嶺」も浄智寺境内にある別峰である。鳳棲嶺は遠く奥深く聳える、といわれた。

「盤陀石」は、『新編鎌倉志』によると開山塔頭蔵雲庵の後方にある大石である。

「甘露池」は、室町時代前期に「甘露井」と呼ばれたようで、『鎌倉五山記』浄智寺諸伽藍条に十境の一つとして「甘露〈井〉」をのせる。『新編鎌倉志』浄智寺条に「甘露井　開山塔の後に有清泉を云なり。門外左道端に、清水沸出づ。或は是をも甘露井と云なり。鎌倉十井の一なり。」と記す。『新編鎌倉志』にのせる浄智寺図に、山

内往還に面して外門址をのせ、その南方に山門を描く。甘露井は山門前方にあった総門前の池であろう。現在、高麗門前にある池である。甘露池は足利直義が門前を整備した時に築造された可能性がある。

以上、境内の自然環境のほか、外門、仏殿、方丈、芭蕉軒、楞伽院妙高亭と甘露池、盤陀石などが境致に選ばれている。芭蕉軒は不詳であるが、蔵雲庵本坊書院の雅称かもしれない。

Ⅳ　盛期の浄智寺伽藍配置と主要堂宇

浄智寺伽藍は鎌倉時代末から南北朝前期に最も盛大であったが、主要堂宇の規模など不明な点が多い。つぎに、伽藍配置と主要堂宇についてまとめる。

(1)外門と総門前庭

浄智寺外門は山の内往還に面して建てられた。外門の額銘は「宝所在近」といい、仏光筆であったと伝えられる。総門は外門の南方にあり、門前に甘露池があった。現在、高麗門(外門)の前にある池がその後身で、鎌倉石を用いた石橋が架かる。総門前の景観は足利直義により整備された。『扶桑五山記』浄智寺条に甘露池は外門とともに浄智寺の境致にあげられる。

(2)山門と山門前庭

浄智寺山門は総門を入り、目の前に在る高い石段を登った台地に建てられた。山門は重閣門で、上閣を「慈観宝閣」といい、そこに観音大士を祀っていた。『鎌倉五山記』浄智寺諸伽藍条によると、山門は上閣に「慈観宝閣」の額、下層に「解脱」の額をそれぞれ掛けていた。山門前の石段両側の土手には樹木が植えられていたであろう。

（3）仏殿と僧堂及び庫院

仏殿は本尊三世仏（釈迦・阿弥陀・弥勒）を安置していた。仏殿は雅称を「荘厳宝殿」といい、浄智寺の境致であった。『夢窓国師語録』嘉暦二年四月旦の上堂法語によると、夢窓が浄智寺住持の時、僧堂と庫院は修造された。僧堂と庫院は、定式の如く仏殿前方に左右相対して建っていたと思われる。

（4）鐘楼と経蔵

鐘楼は弘安六年の創建期に存在した。その後、天外志高が住持の時、正慶元年（一三三二）に梵鐘を新たに鋳造した。鐘楼は三門の東南に在ったと推察される（『新編鎌倉志』）。

経蔵は大蔵経を安置していた。この大蔵経（福州印本）は、大平妙準が住持の時、僧安公を元国に遣わして求めたもので、太平示寂の翌年、嘉暦二年（一三二七）に浄智寺に届き経蔵に納められた。しかし、この大蔵経は延文二年（一三五七）十月九日の浄智寺火災により焼失した。経蔵は山門の西南に在ったと推察される。

（5）法堂と方丈

創建期の法堂は「曇華堂」の額を掲げていた。正安四年に法堂の法座が新建された。法堂は仏殿の後方にあったと思われるが、規模など未詳である。

浄智寺は延文二年（一三五七）十月九日に回禄し経蔵、仏殿、僧堂、庫院、法堂などを焼失した。『鎌倉五山記』浄智寺諸伽藍の記事は延文回禄後に再興された南北朝後期から室町時代前期の伽藍の様子を伝える。それによると、法堂は仏殿を兼ね、その雅称（額銘）も「一音堂」に変更された。また、僧堂の雅称は「雲堂」に変わり、火災前にあった庫院、経蔵、鐘楼は再建されなかった。それに対して、山門は重閣門で、上閣と下層の額銘は前期と同じである。方丈は客殿の雅称を「朝宗」、書院を「常安」、玄関を「向上関」と称した。山門と方丈は火災を免れたようである。方丈の位置は詳らかでないが、延文の火災を免れたとすると、仏殿と法堂の西方奥向きにあったと考えられる。

（注）

（1）三山進『鎌倉の禅宗美術』かまくら春秋社、一九八二年。

（2）芳庭和尚撰「蔵経舎利記」。

（3）『清拙和尚語録』二、頌古に、

金宝山頭白月輪、清光還滌世門塵、

門前車馬応無数、多是登堂問道人、

寄浄智夢窓和尚

とある。これは夢窓疎石が浄智寺住持であった嘉暦二年（一三二七頃）の詩である。

第五章　浄妙寺の伽藍

鎌倉の東北にある谷戸は滑川が東から西方に蛇行して流れ、それに寄り添う形で金沢道が通る。浄妙寺はその谷戸の入口である岐道より東に入った大蔵山の南麓に所在する。寺の南方は滑川を隔てて衣張山、小富士等の丘陵に対し、東隣は足利尊氏の御所跡と伝えられる。浄妙寺は山号を稲荷山、寺号を浄妙広利禅寺といい、中世において鎌倉五山第五に位した。現在、浄妙寺は臨済宗建長寺派に属する。

当寺の草創について、寺伝に足利義兼が文治四年（一一八八）に創建し、初め極楽寺と称した。開山は退耕行勇律師、当初密教系の寺院であったが、蘭渓道隆の弟子月峰了然が住持となってから禅刹に改められ、寺号を浄妙禅寺に改称したと伝えられる。

第一節　極楽禅寺時代の伽藍

I　極楽寺の開山と開基

浄妙寺は、もと極楽寺という禅・密兼行の寺院であった。極楽寺の開山は退耕行勇と伝えられる。退耕行勇は、長寛元年（一一六三）九月に生まれた。仁和寺任覚について灌頂を受け、治承三年（一一七九）東大寺戒壇に登り、荘厳房行勇といった。行勇は右大将家の信任を得て、治承五年（一一八一）十月、十九歳の時、鎌倉八幡宮供僧に補任された。正治二年（一二〇〇）八月、明庵栄西について弟子となり、建保三年（一二一五）、栄西寂後、寿福寺二世となった。行勇は仁治二年（一二四一）七月十五日、寿福寺にて示寂した、寿七十九歳（『高野春秋編年輯録』巻八）。なお、『本朝高僧伝』は仁治二年七月五日、東勝寺正寝にて寂すという。

極楽寺の開基について、江戸時代（文化六年以前）に書かれた『稲荷山浄妙禅寺略記』（浄妙寺蔵、以下、『浄妙禅寺略記』と記す）(1)に、足利義兼が文治四年（一一八八）に創建、極楽寺と号す、同五年五月二十九日に供養、併せて先考の三十三年冥福を薦めた。源頼朝の命を奉り、退耕行勇を第一祖とし、稲荷別当職を掌らせた、と記す。極楽寺が文治五年に供養されたとすると、退耕行勇二十七歳の時である。

一方、玉村竹二博士は、極楽寺開基を足利義兼の嫡男義氏（一一八九〜一二五四）と考えられた(2)。その理由について、足利義氏の岳父北条泰時は行勇の帰依者であった。義氏の母は北条時政の女で、その姉政子（源頼朝夫人）の出家の戒師も行勇が勤めている。その縁故と影響とによって、義氏も行勇に帰依したであろうことは、想像に難くない。よって足利義氏を極楽寺開創者に擬す、といわれている。浅見龍介氏はそれにより、極楽寺の創立年代を嘉禎二年（一二三六）以後、仁治二年（一二四一）までとみている(3)。

極楽寺の開基と創立年代については以上の二説がある。このうち創立年代に関して、つぎの資料が注意される。『浄妙禅寺略記』にのせる「当山歴代」の第二世妙寂全玄和尚の項に「嗣法行勇、初号円乗房、正嘉元年八月十九日寂、建長法鼓腹記嘉禄二年全玄置焉、」と記す。これに関連する記事が『鎌倉五山記』（明月院本）に見える。同記・雑載に「〇建長寺仏殿太鼓、元禄九丙子年仲冬、□替、中有書付、写置、」として、

一　東大寺新座大工、肥前権守宗正造、奉行願誓、嘉暦（禄カ）元年五月十六日、願主極楽寺比丘全玄、一　当寺拈華堂、□□破損年久、山中之老、緇素施財、享禄第二

と記す。これによると、太鼓は極楽寺全玄の発願により、東大寺新座大工が造ったものであった。嘉暦元年（一三二六）とあるのは嘉禄の誤記と思われる。両記を合せ考えると建長寺の法鼓は、嘉禄二年（一二二六）に極楽寺住持であった全玄が極楽寺の什具として置いたものである。太鼓はその後、建長寺の法堂に移されたようである。元弘元年の「建長寺伽藍指図」に描かれた法堂の東北と西北両隅に置かれた太鼓は極楽寺より移したものであろう。なお、太鼓は享禄二年（一五二九）に修繕された時、建長寺拈華堂（法堂兼仏殿）に置かれていた。その後元禄九年冬に、同寺仏殿（法堂兼用）の内にあった同じ太鼓が修繕された。

以上によると、極楽寺の創立は嘉禄二年（一二二六）以前に遡ると考えられる。

極楽寺第二世は退耕行勇の法嗣妙寂全玄である。佐藤秀孝氏は浄妙寺蔵『開山行状幷足利霊符』にのせる「行勇禅師年考」を引いて、貞応元年（一二二二）に行勇は極楽寺を全玄に付し、永福寺を了心に付したことを述べている。(4) これによると、全玄は貞応元年に極楽寺住持となった。全玄が極楽寺の法鼓を発願したのは四年後の嘉禄二年五月である。

『浄妙禅寺略記』によると、仁治三年（一二四二）六月、足利義氏及び室家（北条泰時の女、足利泰氏の母）は二世妙寂和尚を拝して剃染した。義氏は正義入道と号し、後に法楽寺殿と称す、室家は妙珠禅尼と号し、後に霊雲院殿と称す、と注記し、正義は建長六年（一二五四）十一月二十一日に逝去、極楽寺に葬る、と伝える。

『建長寺史』建長元年（一二四九）八月十九日条に収める「蘭渓道隆修供養語」によると、この日蘭渓道隆は、極楽寺妙寂全玄の貧寺護寺を賞し、令師忌日に唐様の諷経を厳修した事を記して全玄に与えた。同供養語に「極楽寺常住田粮微簿と雖も、公は能く貧を抜く、抽短作長、此を用いる殊勝の心を見る可き、慚愧を知る者」とある。当時、極楽寺は貧寺であったが、妙寂はよく寺を護っていたことが推察される。

極楽寺第三世は大歇了心である。大歇は寿福寺に退行勇に参じ、臨済宗黄龍派の印記を受け、また東密の伝法灌頂を受けた。その後入宋し、専ら中国禅林の規矩を見聞した、と伝える。帰朝後、寿福寺の首座となり、行勇寂後、仁治二年から宝治年間に寿福寺住持をつとめ、建長年間（一二四九～五五）に極楽寺に入寺、康元元年（一二五六）頃、建仁寺に遷住した。

正嘉元年（一二五七）八月二十三日、鎌倉に大地震があり、神社仏閣などが大被害にあった。『吾妻鏡』同日条に、

戌尅大地震。有レ音。神社仏閣一宇而無レ全。山岳頽崩。人屋顚倒。築地皆悉破損。所々地裂。水涌出。中下馬橋辺地裂破。自二其中一火炎燃出。色青云々。

と記す。極楽寺の堂宇も被害にあったと推察される。

Ⅱ　極楽禅寺の主要堂宇

『大覚禅師語録』正嘉二年頃の中秋上堂の次に「為二新極楽然長老一引座上堂。」の法語があり、月峰了然は正嘉二年（一二五八）九月、極楽寺に入院（四世）したことが知られる。佐藤秀考氏の「『月峰和尚語録』の翻刻と訓読」[5]によると、月峰は正嘉元年に建長寺首座寮で極楽寺住持の請を受けた。極楽寺入院の法語に三門、仏殿、陞座がみえる。三門の法語に、

三門を指して云く、不二門は開けり、誰か謂う、維摩は黙然として口を杜づと。楼閣は曠く達す、何ぞ弥勒の弾指一声するを須いん。且らく道え、者裏は是れ楼閣門なりや、不二門なりや。今朝直入して、更に相い瞞せず。

と記す。三門は二階建の楼閣門であった。また、仏殿の法語に、

香を以て仏に提げて云く、相好の端厳なる処、当面に看ることを妨げず。

とある。本尊は仏壇上に安置されていたようである。もと浄妙寺仏殿の本尊であった阿弥陀如来立像（浄妙寺蔵）について、浅見龍介氏は、その造像年代を作風から一二六〇年前後に設定できると考えられている(6)。月峰が見た極楽寺仏殿の本尊がこの阿弥陀如来立像であったとすると、旧本尊は正嘉元年八月の地震により破損したため、新しく阿弥陀如来立像を造立したことが推定される。

陞座は法座に登ることで、そこで月峰は一瓣香を拈じ、今上皇帝にささげ、その聖躬萬歳を祝延し、聖日の永久を願い、次香を本寺大檀越礼部員外侍郎の為に奉り、長寿と宗乗を護らんことを願った。また別香を拈じ、建長寺蘭渓大和尚の為に奉り、その法をつぐことを表明した。本寺大檀越礼部員外侍郎は、足利泰氏の嫡子利氏と考えられる。利氏は当時十九歳であったと推定される。正元二年（一二六一）に治部権大輔に任ぜられ、頼氏と改名した(7)。

月峰の入院法語にみえる陞座は法堂に設けられた須弥壇で行われたのであろうか。極楽寺の法堂が創建された時期は未詳であるが、ほかの鎌倉五山禅院における法堂については、つぎのとおりほぼ創建年代が知られる。

建長寺法堂　　建治二年（一二七六）正月。
円覚寺法堂　　元亨三年（一三二三）十月。
寿福寺法堂　　文永十年（一二七三）以前、蔵叟朗譽が住持の時。
浄智寺法堂　　弘安六年（一二八三）八月。

これらの事例によると、月峰が入寺した正嘉二年（一二五八）以前の極楽寺に法堂が創建されていた可能性は

少ないと考えられる。

月峰入院の前年、正嘉元年八月の鎌倉大地震で極楽寺の堂宇も被害にあったと推定されるが、主要堂宇の多くは修理により間もなく復旧したのではないだろうか。『月峰和尚語録』文応元年（一二六〇）頃の解夏上堂の前に、

上堂。厨庫と僧堂と、面面自ずから相対す。只だ老胡の知るを許すのみにして、老胡の会するを許さず。

と記す。これは極楽寺の厨庫と僧堂についていったものであろう。また『同語録』正元元年（一二五九）頃の仏涅槃上堂の次に「謝知事上堂。」、弘長元年（一二六一）頃の仲秋上堂の次に「謝蔵主上堂。」の法語があり、極楽寺の職制が定められていた。

以上によると、極楽寺は第三世大歇了心の代までに三門、仏殿、僧堂、厨庫、方丈などの主要堂宇が整い、両班からなる寺の制度も定められていたと推察される。

Ⅲ　浄妙禅寺へ改名の時期

『月峰和尚語録』によると、月峰が住持の時、寺名を極楽寺あるいは極楽禅寺と称したことが知られる。極楽寺はその後、寺名を浄妙禅寺に改称された。

『念大休禅師語録』大小仏事に「為二浄妙宣公和尚一東炬。〈唐漳州人。〉」の法語をのせる。宣公和尚は、浄妙寺第六世龍江応宣である。龍江は蘭渓道隆の来朝に際して、義翁等とともに随侍して来朝した宋僧で、蘭渓道隆の法嗣である。『勅謚南院国師規庵和尚行状』に、規庵祖円は信州の人で、弘長元年（一二六一）正月八日に誕生、童髫の時、相陽浄妙寺の龍江応宣の下で出家したことを伝える。童髫の年令を八歳頃とすると、龍江は文永五年

（一二六八）頃、浄妙寺の住持であった。すると、極楽寺が浄妙禅寺と改名されたのは『月峰和尚語録』が終わる弘長二年から文永五年（一二六二～六八）の間である。寺名を淨妙禅寺に改めた理由は那辺にあるのであろうか。禅寺への改宗が主な理由とは考え難い。また改名に当り主要堂宇を改修した可能性も少ない。すでに正嘉元年八月の大地震後に主要堂宇は修理されていたと推定される。また、大檀那足利頼氏は弘長二年（一二六二）四月二十四日に二十三歳の若さで没したと考えられている。頼氏の跡を継いだ子息家時は、文永五年頃には幼少により、祖父泰氏が上総守護として京都大番役を務めたという(8)。また祖父泰氏は文永七年（一二六八）、五十五歳で没したので、この時期に淨妙禅寺の造営はなかったと考えられる。浅見龍介氏は、足利泰氏と北条重時創立の極楽律寺との関係を指摘され、北条業時は兄長時と共に父重時の創めた極楽寺を整備して忍性を開山に請じたこと、極楽律寺の造営が進み、伽藍が整備されたのは弘長三年（一二六三）から文永四年（一二六七）頃であり、足利泰氏と北条業時、時茂を通しての姻戚関係を考えれば、両者の改名、命名には関係がある、と推測された(9)。これが改名の主な理由かもしれない。

第二節　盛期の浄妙寺伽藍配置と主要堂宇

Ⅰ　足利貞氏による浄妙寺中興

正応六年（永仁元年・一二九三）四月十三日の大地震により、鎌倉は大被害を受けた。『鎌倉年代記裏書』同日条に、

大地震、山頽、人家多顚倒、死者不知其数、大慈寺丈六堂以下埋没、寿福寺顚倒、巨福山顚倒、乃炎上、所々顚倒不遑称計、死人二万三千廿四人云々、

と記す。大慈寺の西北山麓にある浄妙寺も被害に遭った可能性が大きい。正応六年大地震の時、足利氏の当主貞氏は廿一歳であった。貞氏の父家時は、正応二年（一二八九）頃、自害したと考えられている(10)。貞氏は道号を浄妙寺殿と号し、浄妙寺中興と称されるので、地震後の浄妙寺復興に尽力したと考えられる。造営の様子は未詳であるが、正安二年（一三〇〇）十二月に高峰顕日が浄妙寺に入院した時の法語に山門、仏殿、據室、法座における祝香がみえる。『仏国禅師語録』「住浄妙禅寺語録」にのせる高峰顕日入院時の法語に、

山門。大解脱門誰が能く入作。八字打開全て肯路なし。新長老汝と一線に通る。〈驟歩して入る〉。

とある。また、仏殿における法語に、

仏殿。仏仏休休。許由耳を洗う巣父牛を牽く。甚に因り踏歩前に向か。（〇後略）

とある。「なにに因り踏歩前を向く」とあるのは、本尊阿弥陀如来立像（三尺像）が左足を前に踏み出し、右の胸をやや前に出している姿を云ったものであろう。

據室は方丈における式である。法座の法語に、

機位を離れずんば毒海に堕在。〈驟歩して座に登り云く〉。須弥灯王所在を知らず。

とある。須弥壇に登って祝聖の儀式が行われた。拈香が終わり、高峰は嗣香を仏光禅師無学祖元に通じ、その法をついだことを表明した。浄妙寺法堂の創建年時は詳らかでないが、法堂は足利貞氏の時に創建されたと考えられるので（後述）、この時期には法堂が存在した可能性は十分ある。

高峰顕日より後に浄妙寺に入寺した約翁徳倹の入寺法語に、三門、仏殿、據室及び陞座祝聖がみえる。『仏灯禅師語録』によると、約翁徳倹は永仁四年（一二九六）三月二十九日に鎌倉・長勝寺に入院した。その後、約翁は東勝寺、禅興寺、浄妙寺に歴住し、徳治元年（一三〇六）十二月三十日、建仁寺に入院した。『仏灯国師禅興

禅寺語録』によると、約翁が禅興寺に入院したのは乾元元年（一三〇二）夏頃である。それ故、約翁は嘉元二年（一三〇四）頃、浄妙寺の住持になったと考えられる。

応長元年（一三一一）十月二十六日北条貞時が逝去すると、足利貞氏はそれに殉じて、十一月二十七日に出家した（法名義観）。元亨三年（一三二三）十月二十六日、北条貞時十三回忌に円覚寺法堂が落慶供養された。浄妙寺から五十一人の僧衆が供養に参列しており、この頃、浄妙寺の僧堂、庫院、衆寮などが整っていたと推察される。

浄妙寺は鎌倉時代末の兵乱により火災にあい、仏殿と山門などを焼失したようである。これについては後述する。鎌倉時代末の浄妙寺火災後の復興は、足利貞氏によりすすめられたと思われる。しかし、貞氏は浄妙寺山門と仏殿の復興を見ずに、元弘元年（一三三一）九月五日に逝去した。五十九歳であった。

元徳四年（一三三二）二月十四日、竺仙梵僊が浄妙寺に入寺した。『竺僊和尚語録』浄妙寺入院の時の山門における法語に、

十四日入寺。〈山門を指して云く〉。清浄妙門障礙なし、見聞覚知常三昧。〈左右を顧視して云く〉。九野縦歩兮汀草茵の如し、八紘極目兮春山黛若し。〈弾指一下〉。

とあり、山門は跡だけであったようである。また、仏殿における法語を欠き、祖堂における法語をのせる。祖堂は祖師堂と考えられるが、当時仏殿はなく、法堂内に祖堂を設けたと思われる。

竺仙和尚の浄妙寺入寺法語にある「據室」は方丈で行う式である。その法語に、

據室。此室は広大。譬えば虚空の如し。具に衆象を含み。諸境界において分別する所なし。又虚空の如く普

く一切に徧し。諸国土において平等随入。（○後略）

とある。当時、方丈があったことは、建武元年十一月八日、竺仙は浄妙寺方丈において浄智寺住持の綸旨を受けたことにより知られる。

入院法語に法座について「法座を指す。向上一路、階梯渉らず、紅霞碧落を穿ち、白日須弥を遶る。陞座拈香。」とある。この法座は法堂内に設けられた須弥座と考えられる。竺仙はそこに登り拈香祝聖を行った後、嗣香を保寧寺の扶宗仏性大和尚（古林清茂）に通じ、その法をついだことを表明した。この時期に法堂と方丈が存在したことは、『竺僊和尚語録』元弘三年（一三三三）の冬至小参法語に「方丈門」と「法堂」が見えることから知られる。

以上によると、浄智寺の法堂は足利貞氏の時に創建されたと考えられる。

Ⅱ　足利尊氏と直義による浄妙寺伽藍の整備

（1）光明寺足利祖廟の創設

正慶元年（一三三二）九月、足利貞氏の一周忌法要が浄妙寺において行われ、住持竺仙梵僊は請により陞座した。同日の法語によると、それに先立ち足利尊氏などの遺族は浄妙寺に就いて霊地を卜し、金工を雇い、石を鑿ち基を治め、雲を開き玉を埋め、卒塔婆を建て、上を精廬で覆った。そして、前に供具を列べ、晨香夕灯、殊勝に荘厳し以て時恩の敬を表す、とある。また、その際において預り本寺浄妙寺清衆に命じて、連日二時、五部大乗妙典及び陀羅尼を看転し、復二時遶旋行道、同音秘密伽陀を誦持、並びに妙法蓮華経を頓書、漸書し、聖像を図絵および種々供養、種々斎法、種々布施を以て諸勝事を作り、功円徳満なり、という。これは、貞氏の一周忌に造営された墓塔である。『鎌倉市史』は社寺編浄妙寺の項に、このとき造立された貞氏の塔は古くからあった光明院中に一基をくわえたものと考えても不自然ではない、とする。しかし、貞氏の墓塔は子息尊氏などが浄妙寺の霊地を卜して造営したので、玉を埋めて塔婆を立て、上を精盧で覆った小規模なものである。後述のように、浄妙寺の足利氏祖廟は足利尊氏により創建されたと考えられる。祖廟光明院の名が知られるのは文和元年（一三五二）である。

元弘三年（一三三三）九月、足利貞氏の三周忌法要が浄妙寺にて行われ、住持竺仙は陞座説法した。その説示に「故大檀那三周諱日。孝嗣二伯仲正以平天下有功。」とある。足利貞氏を大檀那とするのは、浄妙寺の主要伽藍を再興したことによると思われる。

中巌円月の『東海一漚集』に、大喜法忻が浄妙寺に入院した時の「江湖請大喜住浄妙疏　幷序」をのせる。その序に、

稲荷浄妙、是れ蕞刹といえども、乃ち征夷大将軍源相公、代々の福を植え慶を集める地なり。光明祖廟ここにあり。建武以降、五山に亜ぎ十刹に甲せしむ、ここに主席を虚しくす、大喜禅師を選掄せしめ、この新命に膺らしむ。（○後略）

と記す。また、その疏に、

宝刹は浄妙と称す。当に仏国規撫の宏なるを厳にす。華扁光明を掲げ、すでに先祠勲業の大なるを表す、香火薫して慶雲集る、喬木茂りて蔭涼深し、（○後略）

とある。大喜法忻は、足利尊氏の命により文和元年（一三五二）春に浄妙寺に入院した。これによると、尊氏は足利氏代々の霊を祀り、先祠勲業の大なるを表した、という。光明院は足利氏の祖廟であり、足利尊氏により創

建されたと推察される。なお、『扶桑五山記』浄妙禅寺条に、「浄妙寺殿贈一品貞山道観大禅定門、尊氏父、」と「開山、退耕行勇和尚、」をのせるが、光明院及び開山祖塔のことを記さない。光明院は、元弘二年（一三三二）に造営された足利貞氏の墓塔を基に足利氏の祖廟として足利尊氏により整備されたのではないだろうか。

応安元年（一三六八）三月十八日、京都より故将軍足利義詮の遺骨を鎌倉浄妙寺に迎えた。義堂周信の『日用工夫略集』同日条に、鎌倉公方は幼少により郊迎して、使を浄妙寺に入れた。時に浄妙寺の住持が定まっていなかったので、首座（義堂周信）は衆を率い、礼を具して、門に出て京専使を迎えた。古岩西堂は遺骨を捧げ、両班別に光明院に入った。首座は骨を按じ塔前に安置し、焼香擧唱、建長・円覚諸公はこれに倣う、と記す。光明院祖廟に義詮の塔が設けられたのであろう。翌四月三日、芳庭法菊は浄妙寺住持に任命され、七日に浄妙寺祖廟において宝篋院（義詮）の遺骨を入塔する仏事を行った。

（2）足利尊氏と直義による浄妙寺伽藍の整備

『竺僊和尚語録』建武元年（一三三四）結制（四月十五日）の法語によると、足利氏は浄妙寺に新しく田地を喜捨した。また、建武元年中秋、足利直義は鎌倉に凱旋し、浄妙寺に雑珍物を施し、浄妙寺の総門を移して正路を開いた。その法語に「中秋、檀那は凱奏栄帰し、雑珍物を施す。総門を移し正路を開く、及び使者新に至るを謝す。上堂。（○後略）。」とある。『竺僊和尚行道記』はそれを「寺の前官舎に迫る。一夕兵燹、夷は広く墟と為す。古山は請を尽し以て寺に属き門と径を開拓し、一方の偉観と為す。」と記す。浄妙寺は総門及びその正路が拡張整備され、従来と異なる偉観となったことが窺える。

なお、竺僊は建武元年十一月八日、浄智寺に遷住した。竺僊が浄妙寺住山中、山門と仏殿は未だ再建されなかったようである。浄妙寺の山門と仏殿に関して『竺僊和尚初住浄妙禅寺語録』にのせるつぎの法語が注意される。

① 建武元年（一三三四）浴仏上堂の法語に「下座仏殿裡商量。」とある。竺仙梵僊の時、仏殿を再建した法語は見当たらないので、この仏殿は仏殿兼用の法堂と考えられる。

② 建武元年結夏上堂の後にある上堂法語に「〈拄杖を驀に拈じ横に按えて云く〉。儞拄杖子有れば。我儞に拄杖子を与える。儞拄杖子なくば。我儞拄杖子を奪い却ける。灯籠（拄杖）を拈じ仏殿裏に向く。将に三門をして灯籠上に来るべし。喝。」とあるのは、三門と仏殿の再興を願ったものと思われる。

③ 建武元年中秋前の上堂法語に「〈拄杖を驀に拈じ画一画して云く〉。我とともに仏殿を拈じ来る。〈乃卓一卓。喝一喝。下座〉。」とあるのも拈じ仏殿をまねくことで、仏殿の再興を願ったと推察される。

これによると、建武元年には浄妙寺の山門と仏殿はなかったと考えられる。その後、浄妙寺は暦応五年（一三四二）の五山十刹位次制定の時、十刹一位になった。浄妙寺が五山に列せられたのは延文三年（一三五八）九月であり、その時、鎌倉の浄智寺と浄妙寺及び京都の万寿寺が五山第五の位に列せられた。浄妙寺の山門と仏殿は、この時までに再建されていたと推察される。これについて『東海一漚集』二、書に収める左武衛大将軍に奉ると題する書が参考になる。この書は浄妙寺住持であった実翁聰秀に代わって中巌円月が書いたものである。書の内容は、実翁の師葦航道然が開山である奥州の明因寺が凶賊のために焼失し、その基址を残すのみであったので、左武衛足利直義の力により再興されんことを願ったものである。それによると、元弘・建武年間の兵乱で、鎌倉の寺社の多くは破壊あるいは焼失したが、大将軍（足利尊氏）革命以降、復興がすすみ、各々旧観に復した。しかし、奥州の明因寺は凶賊のために焼失し、その址に草木が乱生するままになっていた、という。実翁聰秀は当時、浄妙寺の住持であったので兵乱で焼失した浄妙寺伽藍は復旧していたと推察される。実翁が浄妙寺住持であったのは貞和年間（一三四五～四九）と考えられるので、浄妙寺の主要伽藍は貞和ころには復興されたと推察される。

Ⅲ　盛期の浄妙寺伽藍配置と主要堂宇

『浄妙禅寺略記』に「諸堂」として、浄妙寺の諸堂宇を載せる。「諸堂」の記事は「稲荷山」の額を挙げた総門をのせること、源将祖先の裔廟（祠堂）をのせるので、南北朝期、少なくとも文和元年（一三五二）頃の浄妙寺の様子を伝えると思われる。また、主要堂宇に山門、仏殿、法堂、僧堂、庫院、方丈があるので、これは応永三十一年（一四二四）正月の浄妙寺火災以前の堂宇を伝えると考えられる。

なお、『鎌倉大日記』に応永三十一年（一四二四）正月廿五日夜、浄妙寺炎上す、と伝える。また、『武家年代記裏書』に永享元年（一四二九）正月晦日夜、浄妙寺焼亡、と伝える。両度の火災規模は不詳であるが、『鎌倉五山記』浄妙寺諸伽藍の記事によると、総門、山門、仏殿、僧堂、庫院などを焼失したらしい。『鎌倉五山記』浄妙寺条は、はじめに開山退耕和尚と光明院のことを記し、つぎに諸塔の記事と諸伽藍の記事を載せる。諸伽藍の記事は、つぎのとおりである。

本尊阿弥陀・春育〈方丈〉・潜光堂・留香堂〈僧堂〉・金稲・護法・桃源・芝洞・宝処・喜泉・霊洞〈寮〉・徳源〈正統庵派〉・瑞香〈楞厳寺派〉・聴泉〈建長寺広厳派〉・功徳池、

『五山記考異』及び『鎌倉五山記』（明月院本）浄妙寺諸伽藍条の記事は、これとほぼ同じ内容であるが、「潜光堂」を法堂の雅称、金稲を「鎮守」、「宝所」を門の雅称とし、また、護法、桃源及び功徳池の記事を欠く。三書は、諸塔条に応永三十年（一四二三）十一月に示寂した天瑞守政の塔頭直心庵を載せる。『鎌倉五山記』浄妙寺諸伽藍の記事は仏殿、山門、総門などを欠くので、応永火災以後に再興された浄妙寺の資料を基にすると考えられる。

つぎに、『浄妙禅寺略記』に収める「諸堂」の記事をのせ、外門から方丈に至る主要堂宇について検討する。

諸堂

無量寿宝殿〈仏殿、往古本尊弥陀如来立像、唐陳和卿作、今外殿置之、安置華厳釈迦如来、額幷梁牌銘七、今祈禱額挙之〉、
正法堂〈法堂〉、転鉄〈方丈額亡、今方丈二字即之筆挙之〉、
遍照〈祖塔〉、春育〈書院〉、芝洞〈寝堂〉、
留香〈庫院〉、潜光堂〈僧堂〉、龍宮海〈経堂〉、
返聞〈鐘楼〉、温泉〈浴室〉、霊鎌殿〈稲荷〉、
白狐窟、本寂堂〈巽荒神〉、金稲〈護法鎌足〉、
獅子林〈衆寮〉、新定〈首座〉、瑞香〈寮〉、
雲洞〈寮〉、桃源〈寮〉、聴泉〈寮〉、
喜泉〈茶堂〉、医王閣〈延寿〉、龍門〈中門〉、
山門〈浄妙広利禅寺額亡〉、稲荷山〈総門、額存二階挙之〉、
若木宝所〈外門古ノ額亡、今宝所之二額挙之〉、滑川橋〈外門前川、今橋亡〉、
望月谷〈境〉、紫窮〈主山〉、雙湛〈池、外門左右築地内〉、
源将祖先裔廟〈祠堂〉、

1　総門、外門、総門前庭

総門は「稲荷山」の額が有り、それを二階に掲げていた。総門を二階建とするのは珍しく、足利直義が建武元年に浄妙寺門前を整備した時に建てられたのではないだろうか。

外門は古く「若木宝所」の額を掛けていたが古額は失われ、今「宝所」の額を挙げる、と云う。外門は金沢道に面する築地塀に開かれた。「雙湛」は外門左右築地の内にある池の雅称である。雙湛の名称からすると池は双池であったと考えられる。この池は総門前庭にあり、足利直義が総門とともに築いた可能性がある。

2　山門と仏殿、法堂

総門の北方にある山門は「浄妙広利禅寺額亡」と注記される。「浄妙広利禅寺」の古額は焼失したのであろう。山門は足利尊氏・直義により再建されたと考えられる。山門は、月峰了然が住持であった時の山門と同じ楼閣門であろうか。

仏殿は雅称を「無量寿宝殿」という。往古の本尊阿弥陀如来立像を今外殿に置くというのは、華厳釈迦如来を内陣に安置し、阿弥陀如来立像を内陣前の須弥壇に安置していたことをいうのであろうか。仏殿は足利氏により再建されたと考えられる。現在、浄妙寺蔵の釈迦如来坐像は南北朝頃の作といわれる。額は無量寿宝殿の額、梁牌銘七は古来仏殿の梁牌銘が保存されていたのであろう。今は仏殿に「祈禱」の額を挙げるという。

「正法堂」は法堂の雅称で、法堂は仏殿と独立しその後方に建っていたと考えられる。『鎌倉五山記』に法堂の雅称を「留香堂」とする。法堂（仏殿兼用）は室町時代前期に再建されたと推察される。

3　庫院と僧堂

庫院の雅称は「留香」、僧堂の雅称は「潜光堂」である。庫院と僧堂が存在した。

『鎌倉五山記』に僧堂の雅称を「留香堂」とする。室町時代前期に僧堂は再建され、「雅称」を替えたと推察される。庫院は再建されなかった。

4　方丈

方丈は「転鉄」の額を掛けていたが、今は「転鉄」の額がなく、即之筆の「方丈」二字の額を挙げるという。祖塔は雅称を「遍照」といい、開山退耕行勇を祀る。祖塔の記事は方丈と書院の間に記載される。祖塔は方丈内の仏間に設けられ、「遍照」の額を掛けていたと推定される。浄妙寺所蔵の木造退耕行勇坐像（像高六五センチ、頭頂―衣先九五・七センチ）は南北朝時代の作と考えられている。この開山坐像は祖塔（方丈内の仏間）に安置されていたのであろう。「春育」は方丈内にある書院の雅称である。

「芝洞」は寝堂の雅称、寝堂は方丈関係の建物と考えられる。「龍門」は方丈中門の雅称（額銘）である。方丈は、現在の本堂（旧方丈）とほぼ同じ位置で、法堂の東に在ったと推察される。

5　経堂と鐘楼

経堂の雅称は「龍宮海」、鐘楼の雅称は「返聞」である。経堂と鐘楼が揃っていた。鐘楼は山門の東北にあったらしい（『新編鎌倉志』浄妙寺図）。後述のように、室町時代前期の浄妙寺は光明院の敷地内に経蔵を建てていた。

6　浴室、稲荷社、巽荒神社、金稲

浴室、稲荷社（霊鎌殿）、荒神社（本寂堂）があった。金稲は藤原鎌足を祀る。『鎌倉五山記』浄妙寺の条に「金稲護法」、『鎌倉五山記』（明月院本）に「金稲〈鎮守〉」とあり、金稲は浄妙寺の鎮守である。

7　衆寮、首座寮、寮、茶堂、延寿堂

衆寮の雅称は獅子林、首座寮の雅称は新定である。瑞香、雲洞、桃源、聴泉は公界の寮舎である。これらの寮舎は『鎌倉五山記』浄妙寺諸伽藍条にみえ、十四世紀後半から十五世紀前半に存続したと推察される。茶堂の雅称は喜泉、延寿堂の雅称は医王閣である。

8　祠堂

祠堂は足利将軍祖先の廟である。祖廟について光明院の号を載せない。祖廟光明院の名が知られるのは文和元年（一三五二）頃である。祠堂は伽藍の北方にあったと推察される。『鎌倉五山記』浄妙寺条に「開山退耕和尚、諱行勇、嗣法千光、光明院、源将祖先之裔廟也、・遍照〈卵塔〉・龍宮海〈経蔵〉」と記す。室町時代前期の光明院は開山堂と経蔵を同じ敷地内に建てていた。

このほか白狐窟、滑川橋〈外門前川、今橋亡〉、望月谷〈境〉、紫窮〈主山〉をのせる。

以上、『浄妙禅寺略記』に引く「諸堂」の記事は十四世紀中頃の浄妙寺諸堂の様子を伝えると考えられる。主要堂宇は総門、山門、仏殿、法堂、僧堂、庫院、方丈、経堂・鐘楼および足利氏祖廟が整っていた。

（注）

（1）三渕恵美子「稲荷山浄妙禅寺略記」『鎌倉』64号所収。
（2）玉村竹二『夢窓国師』サーラ叢書10、一九五八年。
（3）浅見龍介「浄妙寺の阿弥陀如来立像について」『鎌倉』六三号。
（4）佐藤秀考「月峰了然と『月峰和尚語録』」『駒沢大学禅研究所年報』22号、二〇一〇年一二月。
（5）佐藤秀考「『月峰和尚語録』の翻刻と訓読」『駒沢大学仏教学部研究紀要』第六九号、二〇一一年三月。
（6）注3に同じ。

（7）臼井信義「尊氏の父祖―頼氏・家時年代考―」『日本歴史』吉川弘文館、一九六九年一〇月号。
（8）注7に同じ。
（9）佐藤秀考「月峰了然と『月峰和尚語録』」（前掲）に、真言律宗の極楽律寺が正式に忍性を開山として創建された文永四年（一二六七）の頃には、了然ゆかりの禅宗の極楽禅寺は浄妙禅寺と改称されていたものと見られる、とされる。
（10）注7に同じ。

後編　鎌倉五山の塔頭における主要建築の構成と形式

第一章　開山塔頭における主要建築の構成と形式

第一節　建長寺西来庵

（1）　創建期の西来庵

1　西来庵御影堂（開山堂）

建長寺開山蘭渓道隆の塔頭である西来庵は伽藍の東方、小高い丘にある。蘭渓は宋西蜀涪江の人冉氏、無明慧性の法嗣である。寛元四年（一二四六）に来朝、翌宝治元年（一二四七）秋、蘭渓は旧知の泉涌寺月翁智鏡を頼って上京し、月翁の来迎院に寓居した。そして、翌宝治二年（一二四八）、相州に赴き鎌倉寿福寺に掛搭した。北条時頼は、同二年十二月に蘭渓を常楽寺の住持に迎えた。蘭渓は、建長元年（一二四九）秋頃から巨福山に入り、建長寺造営を指導するかたわら坐禅と説法を行ったらしい。蘭渓は生地西蜀の故丘を慕って、その寮舎を西蜀庵と称したと伝えられる。建長五年十一月廿五日、北条時頼は建長寺を創建・供養し、蘭渓を建長寺開山に請じた。

蘭渓道隆は、弘長二年（一二六二）春に建長寺を退き、京都建仁寺に遷住した。そして、三年後の文永元年

（一二六四）に鎌倉へもどった。その後、蘭渓は甲州などに行ったが、建治三年（一二七七）八月甲州より鎌倉に帰り、北条時宗のもとめに応じて寿福寺に住した。翌弘安元年（一二七八）五月、蘭渓は寿福寺より建長寺に戻った。そして同年七月二十四日、蘭渓は建長寺方丈において示寂した。荼毘の後、その舎利は銀製の八角四方の骨器に納められ、一周忌に西蜀庵（現西来庵）の御影堂に埋葬された。幕府は奏して諡を乞い、大覚禅師の号を賜った。御影堂は雅称を「円鑑」という。『扶桑五山記』によると、第五世無学祖元の時、西蜀庵の名を西来庵に改めたという。

弘安三年、蘭渓三年忌に、北条時宗は釈迦像を雕造し、また円覚経を刊行して追薦に資し、無学祖元に命じて建長寺にて普説させた。『念大休禅師語録』大小仏事「西来庵安二奉釈迦宝座一」によると、この金泥装塑像釈迦像は西来庵塔庭に安奉、供養された。

『念大休禅師語録』偈頌雑題におさめる大覚禅師の諡を賜った時の礼塔偈に、

鳳徽号を含み穹宸に下る。円鑑堂の前瑞気新。一夢分明両覚を成す。前身大覚是今身。〈育王璉禅師亦大覚と号す〉。

塔影団団月空に満ち。蕭騒松竹清風を引く。忘れる勿かれ後得る心願悲し。仏日重輝海東に出る。

とある。円鑑堂は御影堂である。塔庭に松竹が植えられていた。また、大休正念の「住円覚禅寺語録」弘安十年の大覚禅師十年忌拈香の法語に、

建長開山大覚禅師忌の為拈香。西来大慈門を開闢。道望汪洋衆尊ぶ所。化事十年已にせまると雖。真機一段厳然存。塔庭垂蔭松竹茂る。祖席伝芳子孫有り。此日追思聊か徳を報ず。澄潭月水に印痕無し。

とみえる。真機一段厳然に存す、とあり御影堂に開山の頂像が安置されていた。塔庭は松竹が茂り蔭を落してい

た。祖席はすぐれた子孫有りとあり、西来庵内に塔主と侍真の寮舎があったと推察される。現在、開山堂安置の木造大覚禅師坐像（総高八三・一センチ、像高六二・九センチ、袖張五三センチ）は鎌倉時代、禅師寂年をへだたない頃の造立と推定されている。

正応六年（一二九三）四月十三日の大地震に建長寺伽藍は炎上したが、道隆禅師の影堂は無事であった（『醍醐寺日記』同日条）。

嘉元四年（一三〇六）頃の『拾菓集』上「巨山景」に、「先は嵩山の旧跡。遥登吟伝。西来の古年旧。瓦の松の若緑。庭前柏樹の色までも。祖師の心を残らん。」の詞がある。影堂庭前に草創期の松竹に変わり松と柏樹が植えられたらしい。瓦の松の若緑とあり、御影堂は瓦葺であったようである。

2　開山の霊骨器と石卵

元禄二年（一六八九）二月、西来庵開山堂再興の時、開山坐像床下の地中から石卵とその中に安置されていた開山の霊骨を納めた銀製骨器が発見された。その時、霊骨器の形状とそこに刻まれていた銘文及び石卵の大きさが記録され、また霊骨器を銅器で覆い、石卵に収めた経緯などが建長寺住持龍室徳湛により記録され、それらの記録を彫刻した木版が開山堂に奉安された。木版は表に「開山大覚禅師石卵之中、銀製霊骨器銘之写」、裏に「霊骨器重製銅器収蔵銘之写」が刻まれている。(1)

一方、曹洞宗の僧梅峰竺信により元禄六年七月に刊行された『大覚禅師拾遺録』に「大覚開山塔」の記録が収録されている。これは、元禄二年に彫られた上記木版の記録をもとにして、その後に収集した大覚禅師開山塔（墓塔）に関する記事を合せてまとめた記録である。

これら三資料については館隆志氏による考察がある。(2) けれども、これらの資料にみえる「石卵」が具体的に何を指すか、換言すれば「石卵」と霊骨器の関係について未だ詳らかにされていない。これは十三世紀後期の禅宗高僧の葬制を考える上で重要であるので、つぎに三資料の概要を述べ、そのうえで霊骨器と石卵の関係を明らかにする。

①　開山大覚禅師石卵之中、銀製霊骨器銘之写（「霊骨器銘之写」と記す）

「霊骨器銘之写」によると、霊骨器は開山大覚禅師石卵の中に発見された。霊骨器は八角四方（八角柱）で、高さ八寸、横七寸三分、白銀製であった。骨器の蓋上に開山の辞世、骨器の八面に開山の略伝が刻まれていた。略伝に「大宋西蜀涪州冉氏、師諱道隆、自号蘭渓、世寿六十六、夏臘五十、丙午来本朝、化導三十三年、弘安改元戊寅七月二十四日、未刻坐化、弘安二年己卯七月二十四日安塔、」とある。「安塔」とあるのは、祖塔に安置することである。石卵について、高さ三尺六寸、横二尺九寸五分と記す。霊骨器は祖塔の石卵に安置されたのである。

②　霊骨器重製銅器収蔵銘之写（「銅器収蔵銘之写」と記す）

「銅器収蔵銘之写」によると、霊骨器発見と銅器収蔵の経緯は、つぎのようである。

元禄二年二月、常住の資財及び万山衆の衣資を捨て、檀信加助を得て、祖堂を再興の日、旧址狭隘により石卵を後方へ尺余り移す、故に銀製の御骨器を拝見した。重ねるに銅器の蓋を製作し之を覆い、石卵に襲蔵した。

石卵を後方へ一尺余り移す際に銀製骨器を発見した。銀製骨器を銅器で覆い、後方に移した石卵にもとのように納めたと推察される。「旧址狭隘」とあるのは、このとき祖堂（開山堂）の奥行を一尺程大きくするため、石卵を後ろに移したのである。

③「大覚開山塔」

はじめに、石卵について

　塔身石卵は底と蓋があり、底口径二尺九寸五分、高さ底蓋三尺六寸、伊豆石を以て切り、玲瓏観る可し。石灰で蓋縫をふさぎ、縫中に機有り、輪輪にて之を塞ぎ、軽易に開閉せず。

と記す。「霊骨器銘之写」に比べると、記述はより具体的である。石卵は塔身といわれ、底と蓋があり、底面は一辺二尺九寸五分の方形であることを示す。また、高さは底面から蓋下まで三尺六寸である。伊豆石を切り出して造り、蓋の合せ目は石灰で塞いでいたので、平滑に仕上げてあったと推察できる。白銀製缾（骨器）はその中に安置されていた。缾（骨器）の形状と寸法は「霊骨器銘之写」と同じであるが、その中に五色骨灰を盛り、八分に満ちて璨然粋然であった、という。缾の八稜方面に開山の略伝がめぐり、缾上蓋に辞世頌が刻まれていた。

「大覚開山塔」は次に、元禄二年二月に石卵と骨器を発見した経緯について、大要つぎのように記す。

　本年二月七日、祖堂事始の日、今の塔址が狭いので、地を拓き鋤で平らにしたところ、偶たま掘りて石卵を擡げ出した。そのおさめる位置を観ると、開山道像の座下に就いてこれをうずめ、盤陀石一枚を以て覆う、歳月渺遠、覆う石とともに深く沈んでいた。

石卵は開山坐像の床下に埋められ、盤陀石一枚でその上を覆っていた。盤陀石は大石のことで、石卵の蓋である。「覆う石とともに深く沈んでいた」とあり、上に基壇土が盛られていたのであろう。「銅器収蔵銘之写」は蓋石発見の様子を記さず、「石卵を後地尺余り移す、故に銀製の御骨器を拝す、」と記す。この銀製骨器拝見の様子と銅瓮（銅器）に入れて石卵に納めたことは「大覚開山塔」に、つぎのように記される。

　翌日、仏殿朝課を終え、闔山、並び集り塔を啓き、普同に拝瞻す。鑞缾の底蓋に字を鐫み新鮮、蓋を挙げるに舎利簇簇として、五色目に耀く。一衆、希有にして遭い難き想いを生じ、愕きみて三歎す、是において山門力を勠わせ、重ねて銅瓷（銅器）をつくり、鑞缾（銀骨器）に周らし、石卵中に蔵め、安んじ奉つること故の如し。

「塔を啓く」とあるのは、墓塔すなわち石卵を開くことで、石卵の蓋を開けて中に安奉されていた銀骨器を拝瞻した、と解せられる。鑞缾（銀骨器）に刻まれた文字は新鮮であり、石卵中は空間であったことが推察できる。新調した銅器に銀骨器を入れ、石卵中に安奉した。なお、「大覚開山塔」は、石卵を後方へ移したことを文末に記す。

この歳、本山天源庵龍室湛長老、輪流視篆の日也。工を雇い一雙の露版を削り、その一に開山略伝・世辞頌を刻む。その一には今はじめて塔院を修す。常住及び一山、有縁はそれぞれに浄財を喜捨しこれを佐けた。それとともに、塔基陡仄を闢き、石卵を後方に移した。銅瓷を為り鑞缾（銀骨器）を郭し、以てこれを中に蔵める之事を以てす。文を為り之を刻む。両版は証しとして共に塔院に掛著す。

「塔基」は石卵の基部、陡仄（とうそく）はそば、かたわらの意で、塔基の側を闢き、石卵を後方へ移した、と解釈できる。銅瓷（銅器）をつくり、鑞缾（銀骨器）を囲い、それを後方へ移した石卵中に納めたのである。「大覚開山塔」をまとめた梅峰竺信は曹洞宗の僧であり、石卵と骨器を実見していないと思われるので、西来庵開山堂に納められた木版の記事を読み、また当日それを実見した建長寺の僧衆から聞取りをしてまとめたと推察される。梅峰は「大覚開山塔」をまとめた後記で、卵塔（無縫塔）について述べ、木版の記事にみえる石卵は無縫塔と異なると考えている。梅峰は後記に「石卵の塔と為すこと、是において論争あり、これ塔の制度、これ塔の典型なるものか、」と記す。

以上要するに、石卵は卵塔（無縫塔）ではない。石卵は塔身ともいわれ、底面二尺九寸五分四方、高さ三尺六寸の石室であったと推定される。石卵上部の蓋は伊豆石の切石を用いた一枚の大石であった。石卵は開山道隆坐像の床下の地中にあり、その中に開山の霊骨を収めた銀製八角方の霊骨器が安置されていた。骨器は一辺七寸三分の正八角柱で、高さ八寸の大きさである。三資料は、石卵中における霊骨器安置の様子について記載を欠く。梅峰竺信の「大覚開山塔」にもみえないので、建長寺僧侶の間でも知られていなかったのかもしれない。しかし、石卵は底面二尺九寸五分四方、高さ三尺六寸の石室と推定されるので、霊骨器は台座の上に安置されていたと推察される。

なお、元禄二年に再興された現在の西来庵開山堂は、開山坐像のほぼ直下に周囲を方形に組み合わせた石敷（枠石）があり、その上に凝灰砂岩製の蓋石が置かれている。『鎌倉市文化財総合目録』建造物篇石造建造物・建長寺西来庵項によると、石敷の外径は一〇五・五センチ×一〇三センチである。また、蓋石は多宝塔の下層屋蓋を転用したと推定され、軒幅八九センチ、屋蓋上亀腹径五九センチ、屋蓋下面に縦横六九センチ角、高さ三〜五センチ程の張出しがあり、総高さ四三・五センチである。これにより石室の上面を塞いでいるので、蓋石の下にある石室の平面は内径六〇センチ前後になる。創建時の石卵は解体され、縮小されたと考えられる。

現在、西来庵後山の丘上に開山石塔（無縫塔）が安置されている。この開山石塔と開山堂の関係については、後に改めて考察する。

（2）鎌倉時代末から南北朝期の西来庵

第九世南浦紹明の「建長禅寺語録」延慶元年（一三〇八）十二月の法語に「新開昭堂陞座乃云。（○中略）。梵

刹立今日開堂。」とあり、昭堂が新しく建てられた。この昭堂は建長寺伽藍内に建てられたもので、中国禅林の照堂に相当する建物であると推定されている。それは昭堂の開堂式に住持が上堂しているからであろう。しかし、中世の建長寺伽藍内に昭堂があったことを示す資料はない。また、中国禅林の照堂は僧堂の後方、後架との間にあったが、建長寺の場合、地形の制約から僧堂南側に後架を配している。僧堂と後架の間は廊下である。この昭堂は開山塔頭西来庵の御影堂前に建てられた亭堂と考えることもできる。延慶ころの西来庵は未だ本寺の管理下にあったと考えられるので、西来庵亭堂の開堂にあたり住持が陞座したと解するのである。西来庵の亭堂は『鎌倉五山記』などに「昭堂」と記される。創建期の西来庵は御影堂（円鑑堂）が主体であり、亭堂はなかったと推察される。西来庵昭堂は南浦紹明のときに創建されたのではないだろうか。

元弘元年（一三三一）の「建長寺伽藍指図」によると、庫院南側の西来庵へ向かう緩い登り坂に山廊が立ち、その東端に「嵩山」の額を掛けていた。また、年代はやや下るが、義堂周信の『空華老師日用工夫略集』（以下、『日用工夫略集』と記す）康暦二年（一三八〇）三月一日条に「建長西来院鈍夫和尚の書閣に入り、道旧疏を謝す。」と記す。書閣は院主の書斎である。義堂は、『日用工夫略集』に書閣を「書閤」と記すことがあり、この書閣が文字通り二階閣とは限らないが、室町時代前期の西来庵本坊は二階に摩穹閣を上げていた。鎌倉時代末から南北朝期の建長寺塔頭には正統庵邀月閣、龍峰庵奎光閣など本坊二階閣の存在が知られるので、西来庵本坊二階閣は南北朝期に遡る可能性がある。

（3）室町時代前期の西来庵

応永二十一年（一四一四）十二月二十八日、西来庵は中心伽藍とともに類焼した。その後、応永三十五年五月に西来庵資深殿（客殿）の前机が本間建徳寺の明翁聰見により寄進された。この頃、開山堂、本坊（客殿）などが完成したと考えられる。永正十二年（一五一五）七月二十四日、前建長寺玉隠英璵が書いた「建長寺西来庵修造状」（『鎌倉市史』三―二七五）に「前代大雄一華和尚、勧進を以て再興、今昭堂是也」とあり、昭堂は一華心林（第百四十五世、文安三年・一四四六寂）により再興されたことが知られる。一華は嘉吉年間（一四四一〜四三）に建長寺に入院したので、その頃、昭堂は再興されたと考えられる。

室町時代前期の西来庵の様子は『鎌倉五山記』により窺える。同記建長寺西来庵の項に、

円鑑〈卵塔〉・資深〈客殿〉・摩穹閣〈坊之上二階〉・松上軒・真率閣・斯丘〈祠堂〉・金国〈仏光之塔〉・霊応〈土地〉・聯芳〈祖師〉・等心〈祠堂〉・玉困〈井〉・勅謚大覚禅師〈昭堂〉・橘檀〈庵主間〉・護法〈駄天〉・嵩山〈外門〉

と記す。「円鑑」は卵塔（御影堂）の額銘、「勅謚大覚禅師」はその前にある昭堂の額銘である。御影堂は開山大覚禅師坐像（現存）を安置していた。勅謚大覚禅師の額をあげた昭堂は一華心林が再興した建物である。「霊応」「聯芳」の額を掛けた土地堂と祖師堂は昭堂内に設けられた脇壇と考えられる。これについては、同時期の円覚寺正続院が昭堂内の後面左右に土地堂と祖師堂を設けていたことが参照される。「斯丘」と「等心」は祠堂の額銘である。『五山記考異』には、「等心」を檀那塔の雅称とする。祠堂は位牌壇で、開山堂と昭堂を繋ぐ合の間に設けられたと考えられる。

「資深」は本坊の客殿、「橘檀」は本坊庵主間すなわち書院の雅称である。本坊は二階に「摩穹閣」を上げていた。『建長寺龍源庵所蔵詩集』四に収める「寄題　富士山図頌軸序」の後書に「康正丙子十二月中旬、前寿福聖印、嵩山西来庵摩穹閣にてこれを書く、」とあり、本坊二階の摩穹閣は住持の書院でもあった。「真率閣」は、『五山記考異』によると庫院の雅称である。「護法」は、庫院に置かれた韋駄天を祀る厨子の額であろう。「松上

軒」は、『扶桑五山記』建長寺境致条に「松上軒〈后山有洞、大覚禅師居〉」とあり、西来庵後山にある洞窟のことらしい。「嵩山」は西来庵外門の額銘である。このほか「金国」という仏光の塔があった。これは西来庵背後の丘上にある仏光国師の石塔（無縫塔）と考えられる。

これにより、室町時代前期の西来庵は開山堂（御影堂）、昭堂、二階建の本坊及び庫院、諸寮舎、外門（嵩山）などにより構成されていたことがわかる。これは南北朝期の規模を踏襲したものであろう。

（4）室町時代の西来庵開山堂と昭堂の建築形式

文明八年（一四七六）八月、祖師入滅二百年忌に先立ち、大覚禅師坐像が修理された。文明十八年（一四八六）十月二十八日、建長寺を訪れた万里集九は、『梅花無尽蔵』に「入嵩山面拝開山西来院大覚師祖円鑑之塔、庭柏森然、于今無恙、」と記す。昭堂前庭は柏槇が繁り、境内に森厳な景観を造り出していた。しかし、永正頃になると西来庵は荒廃が進んでいたらしい。

永正十二年（一五一五）の「建長寺西来庵修造勧進状」（『鎌倉市史』三―二七五）に、関東多年大乱によりわずかの庵領なども手に入らず、祖師前の晨香夕灯・粥飯が断絶し、門徒の月番で祖塔を守っているが、殿堂零落し、修補の費用、綿力に及ぶ所にあらず、という。鎌倉の寺社は、康正の乱（一四五五）以後、戦乱により修理を受けず、荒廃していた。永正の西来庵修造については内容が未詳であるが、建長寺方丈は天文三年（一五三四）頃に廃絶し、その後西来庵に移されたらしく、西来庵は本坊など住居施設が整っていたと思われる。天文二十年（一五五一）四月、建長寺を訪れた東嶺智旺は西来庵に詣で、

先拝大覚御影、其次円鑑、自匣出而示之、鏡裏観音像分明、手持団扇、冬ハ持払子云々、此円鑑者、将軍献之、詳見于末、開山左脇、有宮殿、安乙護童子像、（○中略）、西来庵右辺、有仏光祖師石塔、（○後略）

と記す。西来庵御影堂は無事であった。開山御影の左脇にある宮殿に乙護童子像を安置していた。仏光国師の石塔は、現在と同じ開山堂後方、右辺の丘上に祀られていた。

慶長十八年（一六一三）三月四日、相国寺の昕叔顕晫は鎌倉に立寄り建長寺を訪れた。昕叔の「居諸集」同日条に、「有大覚祖塔西来院、門掛嵩山之牌、有大新宇、窺中則空虚也。」と記す。西来庵に新築の大宇があり、中を窺うと空虚であったという。それは昭堂であろう。嘉吉頃に建長寺住持一華心林が再興した昭堂は室町時代末に荒廃し、約百七十年を経てこの頃再建されたのではないだろうか。つぎに、室町時代における開山堂と昭堂の建築形式について考察する。

1　開山堂と開山石塔（大覚禅師無縫塔）の関係

開山石塔は西来庵背後の丘上にあり、開山堂と離れた位置にある。開山石塔に向って右側には仏光石塔（仏光国師無縫塔）が並んで立ち、両石塔は西来庵の歴史に関わると考えられる。

開山石塔については、舘隆志氏により調査され、「建長寺裏山開山塔内部の調査」と題して舘氏の論文（前掲）に収められている。

舘氏は裏山開山塔の実測調査をもとに、つぎの点を指摘されている。

①「霊骨器銘之写」に記された「石卵」は高さ三尺六寸（約一〇九・二センチ）であり、開山石塔の高さ一一四・七センチと異なる。また「石卵」の横幅は二尺九寸五分（約八九・四センチ）であり、石塔基礎の横幅最大値六三センチと大きく異なる。これによると、「霊骨器銘之写」に記された「石卵」は裏山開山石塔と明らかに異なる。

②　裏山開山塔内部調査によると、開山塔内部やそれが立つ基壇の中に霊骨器は収蔵されていない可能性が高

い。

大覚禅師無縫塔（開山石塔）は鎌倉地方に残る最も古い代表的な無縫塔であり、国の重要文化財に指定されている。無縫塔の造立年代は、様式からすると開山一周忌の弘安二年に遡るとみて問題ないが、塔身は上部の張出しが目立ち、後補である可能性が指摘されている(3)。開山石塔は開山の霊骨を収納した白銀製霊骨器と密接な関係にあり、創建期の開山堂（御影堂）との関係が問題になる。

創建期の開山堂は、開山頂相像と金泥装塑像釈迦像を安置した御影堂であり、床下に石卵を埋設し、その内に開山霊骨器を奉安していたので、床を土間にしていたと考えられる。床を土間にした開山堂の古い例は永保寺開山堂祀堂が知られる。永保寺開山堂の祀堂（御影堂）を参考にすると、創建期の西来庵開山堂は基壇に立ち、母屋に作った仏壇に開山坐像と釈迦像を祀り、その背後の床に開山石塔を安置し、その地下石卵中に霊骨器を奉安した形式が想定される。霊骨器と合わせて開山石塔（無縫塔）を石卵中に安置する形式も考えられるが、石卵の大きさからみて無縫塔を安置するのは難しいと思われる。

さて、元禄二年（一六八九）以前の旧開山堂は板敷の床で、開山坐像の床下に「石卵」の遺構があったので、江戸時代初期には、開山石塔（無縫塔）は開山堂内になく、裏山の現在位置に移されていたと考えられる。これについて注意されるのは、延宝六年（一六七八）に作成された「建長寺境内絵図」に西来庵裏山に「大覚石塔」と「仏光石塔」が並んで描かれていることである。貞享二年（一六八五）の『新編鎌倉志』は建長寺図に西来庵裏山の開山と仏光の石塔を描き、開山塔の項に「嵩山幷兜卒巓　開山塔の後ろの山を嵩山と号し、峰を兜卒巓と云う。兜卒巓に、開山幷仏光の石塔あり。仏光禅師は、円覚寺の開山なれども、建長寺にて葬す故に、塔は嵩山にある、」と伝える。

一方、室町時代前期の資料をもとにする『鎌倉五山記』建長寺諸塔・西来庵の記事によると、卵塔（開山堂）は「円鑑」の額、昭堂は「勅諡大覚禅師」の額を掛けていた。また、「金国」を雅称とする仏光之塔があったことを記す。天文二十年（一五五一）四月、建長寺を訪れた東嶺智旺は、明月庵の案内で西来庵に詣でた様子を、つぎのように記す。

先拝大覚御影、其次円鑑、自匣出而示之、鏡裏観音像分明、手持団扇、冬ハ持払子云々、此円鑑者、将軍献之、詳見于末、開山左脇、有宮殿、安乙護童子像、（○中略）、西来庵右辺、有仏光祖師石塔、尋其故、大覚者蜀僧也、与仏光俗類也、是故、在世之時モ、西来院傍、構室居之、入滅之時、亦移西来庵示寂云々、

開山堂にて大覚御影を拝した後、円鑑を拝見した。開山坐像の左脇に有る宮殿に乙護童子像を安置していた。また、西来庵の右辺に有るという仏光祖師石塔は、西来庵背後の丘上にあったと思われる。『鎌倉五山記』建長寺西来庵の項に記す「金国〈仏光之塔〉」はこれと同じ石塔であろう。

以上、西来庵背後の丘上にある仏光祖師石塔は室町時代前期に遡るが、大覚禅師石塔は江戸時代初期に立てられた可能性が大きい。

2　室町時代の昭堂と開山堂の建築形式

現在の西来庵昭堂は江戸時代初期に再建された建物である。また、現在の開山堂は元禄二年（一六八九）に再建された。

昭堂は方三間の母屋四周に庇をめぐらした形式の禅宗様土間堂である。平面規模は正面五間（四十尺）、側面五間（三十六尺）で、昭堂として大型である。柱間寸法は正面中央間十二尺、両脇間及び側面中央三間各八尺、端間各六尺である（図15）。屋根は寄棟造茅葺、床はもと漆喰塗り仕上げの土間であった。外廻りは径九寸五分

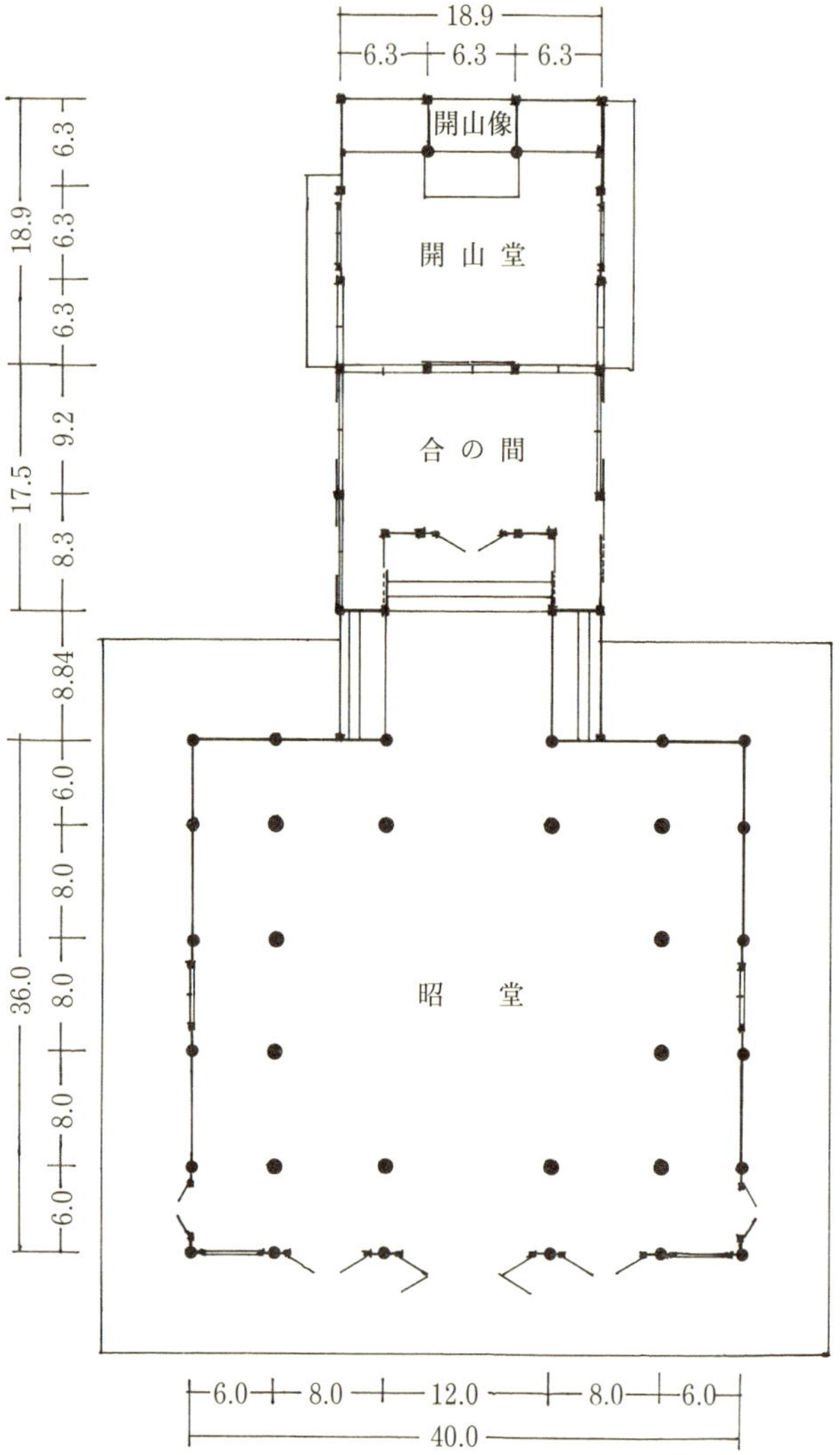

図 15　建長寺西来庵開山堂・合の間・昭堂平面図（現状）

（約二九センチ）の丸柱を礎盤に立て、軸部を地覆、腰貫、内法貫、飛貫、頭貫と台輪で結ぶ。組物は三斗詰組、軒は二軒繁垂木である。建具は正面中央三間各桟唐戸、両端間及び側面中央間各花灯窓、両側面前一間桟唐戸、背面開山堂前の合の間と繋ぐ中央間を開放とし、そのほかの柱間を竪板壁とする。

母屋は径一尺二寸（約三六センチ）の丸柱を礎盤に立て、軸部を内法貫、飛貫、頭貫と台輪で結び、台輪上に出組詰組斗栱を組んで天井桁を受け、一面に格天井を張る。天井高さは約六・五メートルである。庇は化粧屋根裏天井、母屋柱と側桁の間に細い海老虹梁を架ける。

さて、昭堂両側面前一間の柱間に立つ桟唐戸及び開山堂境（合の間正面）に立つ桟唐戸は前身堂の建具を転用したもので、様式からみて一華心林が再興した昭堂の扉であったと考えられている(4)。関口欣也博士は昭堂前身堂の扉について、つぎの点を指摘されている。

① 開山堂境の桟唐戸は、扉片面幅二尺六寸二分、高さ六尺三寸七分である。この桟唐戸は昭堂側の枠内を全部鏡板とし、開山堂側を上部柳条式格子とした内部間仕切り用の精巧な扉で、前身堂も昭堂・開山堂の複合建築であった。

② 南側面扉は、扉片面幅一尺九寸三分、高さ六尺三寸五分である。この扉は軸の造りの丁寧さからみて、正面両脇間の扉に比定される。また、北側面扉は扉片面幅二尺九分、高さ六尺三寸七分である。この扉は両側面扉に比定される。これによると、昭堂の中央間は八〜九尺程度、両脇間六尺程度、柱高さも扉高さから九尺程度と思われる。

③ 前身昭堂は主屋桁行二〇尺内外で、裳階付とすれば総桁行三〇尺程度となり、現昭堂より一回り小さく、高さも低かったであろう。

これによると、室町時代前期に再建された昭堂は現昭堂より規模が小さく正面五間、三十尺程で、形状は方三間の主屋四周に「もこし」を付けた形式であった可能性が大きい。開山堂境の桟唐戸は他二具の桟唐戸に比べて扉片面幅が大きく、扉高さは同じであるので旧昭堂背面「もこし」中央間の建具であった。この桟唐戸は内部間仕切り用であるので、開山堂と昭堂の間を繋ぐ合の間の床は土間であったと考えられる。また、この時期の開山堂は現開山堂（元禄二年再建）よりひとまわり小さい方三間（方十八尺程）の規模で、床は土間仕上げであったと推定される。中央母屋に作った仏壇に開山坐像と乙護童子を祀った宮殿を安置し、開山坐像背後の基壇上に開山石塔（無縫塔）を立て、その地下に埋設した石卵に開山の霊骨器を安奉していたと推定される。開山堂を板敷の建物としたのは江戸時代初期の昭堂再建と同時期と考えられ、その時、合の間も板敷に改められ、その正面間に旧昭堂の桟唐戸が転用されたと推察される。

江戸時代初期の開山堂は方三間（方十八尺程）の規模で、内部は板敷の背面に仏壇を作り、中央間仏壇に開山坐像を安置していた。開山坐像は地中に埋設した石卵の直上にあった。開山堂の床を板敷にしたのに伴い、開山石塔（無縫塔）は西来庵背後の丘上、仏光国師石塔の傍に移されたと推察される。

第二節　円覚寺仏日庵及び正続院

（1）鎌倉時代から室町時代前期の仏日庵

仏日庵は円覚寺開基北条時宗の墓塔として創建された。執権北条時宗は弘安七年（一二八四）四月四日に落髪、法名を道杲と称し、法光寺殿と号した。即日、三十四歳の若さで逝去した。

時宗の御墓塔は卒去後、まもなく円覚寺内に造営されたようである。弘安九年（一二八六）正月二十三日の鎌倉幕府奉行人連署奉書（『鎌倉市史』二―二〇）によると、幕府は上野国北玉村の所出をもって、「御墓堂」御仏事用途に宛てること、同所の沙汰人に所出を進済するよう命じた。この御墓堂は円覚寺内にある時宗の墓塔と考えられる。永仁二年（一二九四）正月、北条貞時は寺院における禁制を定めた（『鎌倉市史』二―二四）。そのうち、「一　比丘尼並びに女人入僧寺事」の但し書に、円覚寺においては時宗忌日の毎月初四日に入寺を認めている。北条貞時は、永仁三年（一二九五）閏二月廿五日、出羽国寒河江庄内工藤刑部左衛門入道知行分五箇郷を太陽寺の替として、円覚寺仏日庵へ寄進した（『鎌倉市史』二―二五）。これは時宗夫人覚山志道尼の寄進である。

『一山国師語録』によると、正安二年（一三〇〇）夏、一山一寧は北条貞時の請により、法光寺杲公の冥福を資厳するため、仏日庵において千部法華経を慶懺し陞座した。その時の法語に法光寺殿の前で千部法華経を披誦したとあり、墓堂に時宗の木像が祀られていたことが推察できる。創建時の仏日庵は北条時宗の木像を祀る墓堂があり、それを看守が守っていたと思われる。

その後、徳治元年（一三〇六）十月九日、時宗室覚山尼が没し、応長元年（一三一〇）十月廿六日には北条貞時が没した。『秋澗泉和尚語録』大小仏事に、秋澗道泉は、北条貞時の木像に点眼したことがみえる。貞時の木像は安達時顕が仏工に命じて造らせたもので、貞時の墓堂に安置された。

正和三年（一三一四）六月から七月頃に起きた大地震により、仏日庵は損傷したが、まもなく復興された。元亨三年の北条貞時十三年忌に際し、仏日庵において様々な法要が行われた。その時の供養記によると、仏日庵の施設について、つぎのことが知られる。

①　元亨三年十月廿四日の仏日庵における八講の記事によると、仏日庵照堂は「もこし」（雨打）付の土間堂で、主屋は正面三間の規模を有していたと推定される。照堂は北条時宗、時宗室、その子貞時の三墓堂に共通す

る享堂（昭堂）と考えられる。

貞時の墓堂は「仏日庵無畏堂」と記される（十月廿日条）。貞時像を祀る無畏堂は照堂の奥にあり、前に内陣を備えていた。内陣は三墓堂に共通し、その奥に北条時宗と時宗室覚山尼及び北条貞時の墓堂が作られたと推定される。内陣は左右に廊が付き、当日左右の廊に聴聞所が設けられた。これによると、御霊屋は桁行五間、梁行三間ほどの規模と考えられる。

② 十月廿二日条によると、昭堂の前に廊架があり、昭堂前庭に池が造られていた。

鎌倉時代末の仏日庵は、建武頃の「円覚寺境内絵図」の方丈東方に描かれている（図10）。仏日庵の建物は西向の表門を入った左手にあり、表門東方の石段上には華厳塔が建っていた。仏日庵にある南向入母屋造二重屋根の建物は元亨三年供養記にみえる「もこし」付の昭堂であろう。昭堂前の廊下と池は省略されている。昭堂東手前にある西向の板敷平屋の建物は看守の寮舎と考えられる。

元弘三年（一三三三）五月の兵乱により鎌倉北条氏は滅びたが、山ノ内にある円覚寺は無事であった。しかし、大檀那北条氏を失ったことは、その後の円覚寺にとって大きな打撃であった。

貞治二年（一三六三）四月の「仏日庵公物目録」[5]に、宋・元より招来した絵画、墨跡、陶磁器、種々具足などを含む多量の公物をのせる。そのうち「三所仏前御具足」について、つぎのように記す。

一　三所仏前御具足〈承仕預之〉

本堂分

青磁花瓶・香呂一対

磬一　鈴一

弥勒堂分

青磁花瓶・香呂一対

観音堂分

青磁花瓶・香呂一対〈盗人破損畢、仍被移宝蔵花瓶・香呂了、〉

古銅花瓶一対・同香呂二　磬一

三所仏前のうち本堂は開基北条時宗の道杲堂、弥勒堂は慈氏すなわち時宗室の慈氏殿、観音堂は無畏菩薩すなわち北条貞時の無畏堂である。各々の仏前具足は青磁花瓶・香炉一対が共通し、ほかに古銅花瓶、磬、鈴などが置かれていた。これは、三所仏壇が同一建物内にあって、同じ飾りをしたことを示唆する。

貞治二年の公物目録で注意されるのは、北条高時の同光塔が未だ造られていないことである。ただし、同目録の細々具足（在宝蔵）の項に「槿花瓶三対〈此内一具日輪寺殿前在之〉」とあり、当時、宝蔵に高時像があり、その前に槿花瓶一具を置いていた。また、同じ公物目録の貞治二年四月の奥付によると、元応二年（一三二〇）六月の「本目録」が仏日庵にあった。「本目録」にのせる公物のうちに北条氏の代に御内人等が拝領し、あるいは元亨以後、紛失したものがあったので、「本目録」に添えて、現在の物を以て注記したとある。すると、三所仏前御具足の本堂分、弥勒堂分、観音堂分の記事は元応二年の「本目録」にあったとしてよい。元応二年は北条貞時没後十年であり、貞時の没後まもなく、仏日庵に三所を祀る墓堂（霊屋）と昭堂が新造されたと推定される。

なお、貞治二年の公物目録によると、当時、仏日庵に霊屋、昭堂、廊架のほかに客殿と宝蔵、小宝蔵があった。

（2）開山塔正続院

1　正続院の創立と創建期の建物

万年山正続院は円覚寺開山無学祖元の塔頭である。無学祖元は建長寺住持の時、弘安九年（一二八六）九月三日、建長寺方丈にて示寂、塔頭は建長寺境内に造営され、正続庵と称された。鎌倉時代末には正続院と呼ばれ、塔主が置かれたので、祖塔、本坊、侍真寮などがあったと推測される。

元弘三年（一三三三）五月の役により鎌倉幕府は滅亡した。後醍醐天皇は同年七月十二日、夢窓疎石の請に応じて正続院領当知行地を安堵した。また、二年後の建武二年（一三三五）七月八日、円覚寺の舎利殿をもって開山塔と定めた。『鎌倉市史』（二―九五）に収める「後醍醐天皇綸旨」に、

以円覚寺舎利殿、可為開山塔之旨、
天気所候也、仍執達如件、
七月八日　　　　左中将具光
夢窓和尚

とある。すなわち、建長寺にある無学祖元の塔頭正続院を円覚寺舎利殿の地に移して開山塔と定めたのである。これは夢窓疎石の請に応じたものである。夢窓は建長寺正続院の跡に浄智寺にあった無学祖元の高弟高峰顕日の塔頭正統庵を移して建長寺正統庵とし、浄智寺正統庵跡を高峰の高弟太平妙準の塔頭正源庵とした。以後、円覚寺正続院の塔主は仏光派の僧により占められるようになった。

義堂周信の『日用工夫略集』応安七年十月八日条に、「円覚寺正続院もと祥勝院と名づく。仏牙舎利を安ずるを以てなり。八吉祥六殊勝の義を取る。」と伝える。建武二年頃の「円覚寺境内絵図」によると、遷塔以前の祥

勝院は中央にある舎利殿の西南に院主の住房があり、表門を構えて一院を形成していた。遷塔に当たり、仏光禅師の祖塔（卵塔）などが新造されたと推定される。舎利殿と祖塔の関係は明確でないが、後の例からすると舎利殿は昭堂を兼ねた可能性がある。祖塔は開山の頂相（坐像）を安置し、「常照」の額を掛けていたであろう。現在、正続院開山堂に安置する木造無学祖元坐像（総高九五・五センチ、像高六二センチ、袖張五七・七センチ、曲彔高九一・七センチ）は鎌倉時代、示寂の年に近い頃の造立と考えられている。円覚寺に、後醍醐天皇宸筆とされる「萬季山正続院」の額草が伝わる。「萬季山」は表門の額銘である。

貞和五年（一三四九）三月、武蔵国津田郷にある長福寺住持祖広は、前住清渓和尚の菩提のため、清渓塔所領の田畠を正続院へ寄進した。寄進状によると、仏光禅師の遺戒と清渓和尚の位牌が正続院祖塔に祀られていたという（『鎌倉市史』二―一四〇）。位牌壇は祖塔の傍らにある祠堂ではないだろうか。

貞治二年（一三六三）九月、仏光禅師に「円満常照国師」、仏国禅師に「応供広済国師」の諡号を追贈された。貞治六年四月十五日、公方足利基氏は円覚寺に入り、正続院の仏牙舎利を礼拝した。『日用工夫略集』同日条に、

正続院に就きて点心、々々罷。宝塔開き仏牙舎利を出し、宝机上に置き炷香。道俗頂礼畢、封印元の如し。時に正続院主天沢和尚。蓋し府君一代一度開封頂戴。々々畢、前の如く封鎖して之に印。大宋国京師能仁寺の舎利也。

と記す。仏牙舎利は舎利殿内にある宝檀上の宝塔内に奉安されていた。宝塔は錠が掛けられ、公方は一代一度開封し仏舎利を礼拝するのが例であったらしい。義堂周信『空華集』巻第一、七言絶句に収める正続院仏牙舎利宝塔の詩に宝塔は「宝筐」あるいは「無縫塔」といわれ、層塔形式の塔ではなかった。

2　応安大火後再興の正続院

正続院は応安七年（一三七四）十一月の円覚寺大火に罹災した。少室慶芳が院主の時である。正続院は中心伽藍に先立ち造営が始められ、永和二年（一三七六）には常照塔（卵塔）と塔前の亭子が造営された。すなわち、永和二年二月七日付の「正続院祠堂入牌壁書」（『鎌倉市史』二―二一二）によると、正蓮入道並びに正栄禅尼は正続院に五百貫文の料足を寄進し、常照塔並びに塔前亭子を造営したので、前例に任じ正続院祠堂に位牌を入れることが免許された。五百貫文の料足は卵塔と亭子を造るのに充分であった。祠堂は祖塔の傍らにある位牌を祀る小堂かもしれない。永和三年正月八日、建長寺住持中山法顥は正続院卵塔に法衣一頂、坐具一条、直裰一領、綿襯一領を施入した。この頃には正続院の本坊（方丈）なども出来ていたと思われる。『日用工夫略集』によると、永和五年正月十八日、義堂は正続院に赴き、仏牙舎利を礼拝し、院主と年始を賀し、話は今時の叢林零落に及んだという。この時には、宝塔が未だ出来ていなかったので、仏牙舎利は本坊に安置されていたと思われる。その後、永徳三年（一三八三）七月廿二日、仏舎利塔が新造され、仏牙舎利を新造の舎利塔に奉入し、昭堂に安置した後、その規式が定められた。その規式によると、塔の鑰は院主と侍真方に各一箇を置き、毎月五度諷経し、晦日諷経の時、四方の戸を開き、ほか四度は正面一方の戸を開くこと、承仕は昭堂内に宿直し、昏鐘より天明まで昭堂を出ないこと、昭堂内三か所の定灯は昼夜点ずること、そのほか正続院表門の開閉時刻などが定められた。舎利塔は昭堂に安置され、四方に戸を建てていたことが知られる。

至徳二年（一三八五）は開山百年忌であり、舎利塔の完成により、正続院の復興は成就されたと考えられる。至徳二年九月三日、正続院にて開山百年遠忌仏事があり、建長寺金龍庵の石室善玖は陞座説法した。その法語に「先以回向如来身舎、舎利宝塔、次奉為開山常照祖師、増崇品位、奉酬慈蔭者也、」とある。舎利塔は宝塔といわれる。開山堂の祖師像も修理されたのであろう。

その後、将軍足利義満は、「桂昌」「普現」「宿龍」の三額草を翰筆して正続院に寄せた。「桂昌」と「普現」は祖師堂と土地堂の額銘、「宿龍」は本坊客殿の額銘である。この額草は、朱印に「道有」と「天山」の印文があり、義満が法名「道有」を「道義」に改めた応永二年（一三九五）冬以前に書かれたものである。祖師堂と土地堂は昭堂内に設けられたと推定される。

応永三年（一三九六）四月、足利義満は、使者を遣わして、円覚寺正続院の仏牙舎利を京都に召しあげた。鎌倉公方足利氏満は、天下騒乱の因となるのを恐れて、惜しみつつ仏舎利を京都に渡したと伝える。

以上、応安火災後に再興された正続院は、卵塔（開山堂）と昭堂及び本坊、侍真寮などの寮舎を表門の内に設けたことが推察できる。

3　応永二十八年火災後再建の正続院

正続院は、応永二十八年（一四二一）十一月十二日の火災により黄梅院、続灯庵とともに焼失した。正続院は、翌二十九年十月頃より美濃国杣から造営材木を伐出し始めている（『鎌倉市史』二一―三三六）。また、応永三十一年五月、足利義持は円覚寺正続院造営料材木を伊勢国桑名より海路鎌倉へ運ぶことを伊勢守護一色義範に命じた（『鎌倉市史』二一―三三九）。同年七月二日、正続院使統勝は桑名からの正続院材木を請取った。「円覚寺文書」（『鎌倉市史』二一―三四〇）に、

請取申、関東正続院材木之事
合
一　八寸方柱　弐拾九本

一　六寸方柱　　参百十六本
一　五寸方柱　　弐百七十四本
一　五六　　弐百五丁
一　二間板　　弐百四十九枚
一　同柾　　柒百参丁
已上　木数大小千柒百七十六支
応永卅壱年七月二日　　統勝在判
恩監寺御方へ

とある。このうち八寸、六寸、五寸の方柱は開山堂、昭堂、本坊、庫裏などの柱材と考えられる。同年七月六日、統勝は京都相国寺納所より受取った正続院勧進銭五百三拾七貫三百八十四文について、材木山河入目及び材木船三艘の運賃下行などの費用明細を書いて相国寺大徳院納所に宛て送った（『鎌倉市史』二―三四一）。その後、嘉吉二年（一四四二）十月に京都門中より正続並びに黄梅両院の造営奉加銭として集めた、相国寺分の銭の半分、三十三貫八百文及び三会院分三十貫文（内十貫文は黄梅院分）が正続院修造納所宛に送られた。また十一月に正続院奉加銭として天龍寺分三十貫文が正続院侍真に送られたので（『鎌倉市史』二―三五五～三五七）、正続院の造営は嘉吉二年（一四四二）頃まで続いたようである。

さて、『鎌倉五山記』円覚寺正続院の項に「円満常照国師〈昭堂〉」と記し、つぎの建造物などをのせる。

常照〈卵塔〉・宿龍〈客殿〉・吉祥〈山門閣〉・妙香池・虎頭岩〈妙香池之傍〉・碑文〈東陵筆〉・雙明軒〈方丈書院〉・普現〈土地〉・桂昌〈祖師〉・万年〈門在㆓仏日脇㆒〉・桃隠〈在㆘方丈脇與㆓妙香池㆒之交㆖〉・獅子岩

〈在下華陽軒與二如意庵一間上〉・宿龍池イ・大灌水イ

卵塔と山門閣の額「常照」と「吉祥」は足利持氏の額草が円覚寺に伝わるので、この記事は応永二十八年火災後に再興された正続院の資料をもとにすると考えられる。この内容は『五山記考異』もほぼ同じである。

これによると、正続院は開山堂（卵塔）と昭堂及び本坊が中心である。表門に「万年」の額を掲げ、昭堂と開山堂は表門の北方山際にあり、その前に建てた二階山門閣と両脇の廊下により一区画が形成されていたと思われる。現状の地形よりすると、開山堂は昭堂背後の石垣を積んだ上段に位置し、開山堂正面に石段を設けていたと推察される。開山堂は基壇に立ち、堂内の仏壇に開山坐像を安置し、正面に「常照」の額を掲げていたと考えられる。開山堂の前方、下段にある昭堂は基壇積み土間床で、堂内後面に土地堂と祖師堂の脇壇が設けられた。仏牙舎利は、応永三年（一三九六）に足利義満により京都へ召し上げられたので、昭堂に安置されていなかった。

なお、応永三十一年七月に正続院使が受取った材木のうち八寸方柱二十九本は開山堂及び昭堂の身舎に用いられたと考えられる。現在、開山堂の後方に宿龍池がある地形からすると、応永度開山堂の規模は現開山堂と同じ方三間と考えられ、堂内背面中央間に開山頂像を安置する厨子を作っていたと推察される。貞享二年（一六八五）再建の現開山堂は柱間寸法六尺五寸等間で、側柱が径五寸七分丸柱、厨子前の柱が径六寸六分丸柱である。八寸方柱のうち十四本を開山堂に充てたとすると、応永度開山堂は径七寸ほどの丸柱を用いた木割の大きい建築であったと推定される。

現在、厨子の前に置いた禅宗様の仏壇は正面六尺、側面二尺五寸七分の大きさで、厨子前の柱間より五寸短い。この仏壇は鎌倉時代末ころのものと推定されており、室町時代前期の正続院開山堂に用いられた可能性がある。

一方、現在の舎利殿（昭堂）は基壇に立つ方三間「もこし」付の禅宗様仏殿で、開山堂より一段低い敷地に建つ。舎利殿はもと鎌倉尼五山の一寺であった太平寺の仏殿で、十五世紀前半頃の建築と考えられている。柱は総丸柱で、主屋側柱径七寸八分、「もこし」柱径六寸、来迎柱径九寸三分五厘である。正続院材木のうち八寸方柱十五本は昭堂主屋側柱（十二本）と来迎柱及び大瓶束に充てることも可能である。「もこし」柱は六寸方柱を用いたであろう。それによると、応永度の昭堂は、現舎利殿よりやや細身であった。

本坊は表門うち左手に東面して建っていた。これは建武頃の「円覚寺境内絵図」に描かれた舎利殿前の本坊と同じ位置である。本坊は客殿を「宿龍」、書院を「雙明軒」と称した。これは前期本坊の雅称を踏襲したと思われる。

なお、「円覚寺文書」に収める「正続院什物交割帳」（『鎌倉市史』二―三五四）は年次未詳であるが、応永廿九年二月十五日に足利持氏が寄進した「金蘭法衣」を載せるので、応永二十八年十一月火災後、正続院が復興された機会に作成されたと考えられる。同帳に、「舎利塔　一基」の記載がある。また、「舎利塔鑰子　一ケ〈入嚢〉」が法衣箱に納めてあった。正続院の仏牙舎利は、足利義満により応永三年に京都へ召しあげられた。この「舎利塔一基」は仏牙舎利を奉安した宝塔で、「舎利塔鑰子」はその扉の鑰ではないだろうか。すなわち、足利義満が仏牙舎利を京都に召しあげた時、昭堂内に安置されていた舎利塔は正続院に残され、宝蔵などに収納されて応永二十八年の火災を免れたと推定される。また同じ「交割帳」によると、客殿に金剛経十巻（此内三巻失却）が置かれていた。客殿は方丈のことで、金剛経は書院に置かれたと思われる。

以上、南北朝期から室町時代前期の正続院は最も充実していた。

第三節　寿福寺逍遥庵

（1）逍遥庵の創立

寿福寺逍遥庵は、寿福寺開山明庵栄西（千光祖師）の塔頭である。文治二年（一一八六）三月、栄西は二度目の入宋の時、天台山万年寺の虚菴懐敞（黄龍八世嫡孫）に参じた。虚菴が天童山景徳寺に移ると、栄西は師に随侍し、その印可を受けた。

栄西は、建久二年（一一九一）七月に帰国し、しばらく博多今津の誓願寺にとどまった。建久九年（一一九八）、栄西は上京し、鎌倉に下った。正治二（一二〇〇）年閏二月、栄西は、源頼朝夫人北条政子の御願により鎌倉に創建された寿福寺の開山に請ぜられた。また、建仁二年（一二〇二）には、将軍源頼家が京都に創建した建仁寺の開山となった。

建暦三年（一二一三）六月二日、栄西は鎌倉に参着し、建保三年（一二一五）頃に、寿福寺を造営していた。そして、建保三年夏、京都建仁寺に帰り、七月五日建仁寺において示寂した、と伝えられる（『元亨釈書』建仁寺栄西）。

『扶桑五山記』建仁寺住持位次に「第一、葉上僧正、諱栄西、（〇中略）、建保（三）乙亥七月五日、入定于興禅護国院、号入定塔、寿七十五、」と記す。また、『扶桑五山記』寿福寺住持位次に「第一、葉上僧正、諱栄西、塔于逍遥庵、」とあり、寿福寺逍遥庵を塔頭とした時期を記さない。

『念大休禅師語録』によると、寿福寺逍遥庵は四世蔵叟朗譽の時に創立されたことが知られる。同語録・偈頌雑題に、つぎの偈をのせる。

寿福譽和尚結レ庵扁曰二逍遥一説レ偈贈レ之

縛茆の亀谷に真帰を待つ。八耋余今今昔稀。浄氷を瑩し元を懐い染らず。孤高松操迥かに依ることなし。公

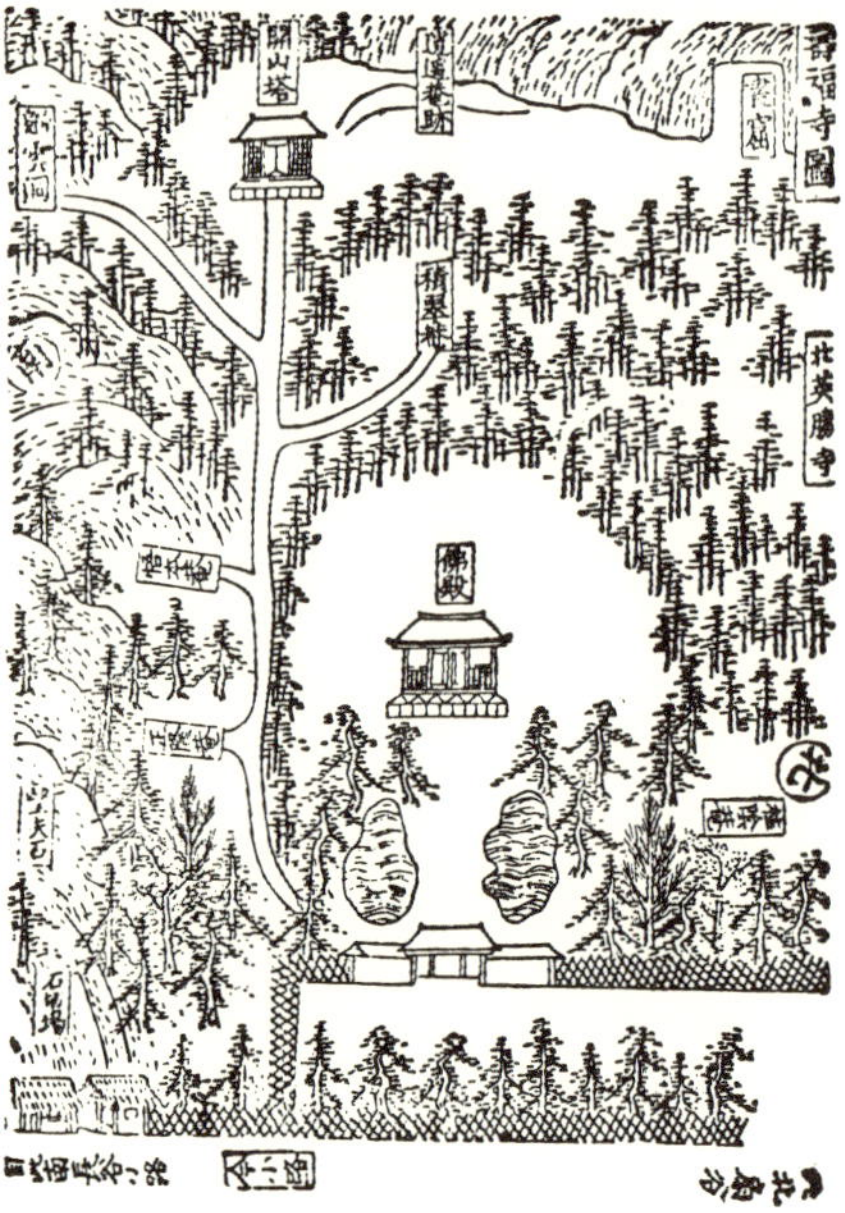

図 16　寿福寺絵図
（『新編鎌倉志』寿福寺条）

を思うに約三生蔵有り。舐老全く一指機を提さげ。物外逍遥世慮を忘れる。笻に倚り閑かに白雲の飛を看る。

蔵叟朗誉は建治二年（一二七六）十一月四日に八十四歳で示寂したので、八十余歳というと文永十一年（一二七四）頃である。『念大休禅師語録』大小仏事に収める「為二寿福誉公和尚一秉炬」の法語に「八十年の寿を過ぎ、啓迪の労を倦まず、一室安禅自ら逍遥の楽を得る、」とある。正嘉二年（一二五八）正月の寿福寺火災後、同寺がほぼ復興された文永十一年頃に逍遥庵を営み、そこに閑居したのであろう。逍遥庵は、朗誉寂後、栄西の開山塔頭に改められたと推定される。『新編鎌倉志』に載せる寿福寺図（図16）によると、逍遥庵は主要伽藍の後方、画窟（画ヤグラ）のある台地の南寄りにあった。

（2）鎌倉時代から室町時代前期の逍遥庵

創建期の逍遥庵は開山堂（卵塔）と庵室（本坊）および侍真寮が主な施設であり、昭堂は無かったと推定される。『和漢禅刹次第』寿福寺境致条に「塔曰逍遥。」とあり、また、「法雨塔」と「千光室」をのせる。開山塔は逍遥庵といい、「法雨塔」は逍遥庵開山堂の雅称、「千光室」は逍遥庵本坊書院の雅称と考えられる。寿福寺所蔵の木造明庵栄西坐像（総高九三・五センチ、像高六〇・四センチ、袖張六八・五センチ）は鎌倉時代の作と推定されている（『鎌倉市文化財総合目録』彫刻篇、寿福寺）。同像の胎内文書によると、至徳二年（一三八五）に漆塗の修理があった。これは鎌倉時代の逍遥庵開山堂に安置されていたと考えられる。同文書に記す「守塔比丘充之」は逍遥庵の侍真である。義堂周信の『日用工夫略集』応安元年（一三六〇）二月二十七日条に、「遊二於寿福逍遥庵一。礼二開山千光一。頂相上有二月江和尚真讃一。尾句曰。千是虚庵親的子。天台山上石橋松。」と記す。この頂相は千光の画像であろう。

逍遥庵は、応永二年十二月廿日の寿福寺火災を免れたかどうか未詳である。『鎌倉五山記』寿福寺諸塔・逍遥庵の項に「法雨〈卵塔〉・逍遥水」と記す。『五山記考異』寿福寺諸塔条も同じである。一方、『鎌倉五山記』（明月院本）同条は「逍遥庵〈開山塔也〉、法雨〈卵塔〉、逍遥水、祖師堂、鎮守、土地堂〈大帝大権〉、檀那塔、祠堂」とのせる。これらは、逍遥庵が衰退する以前の室町時代前期の資料によると考えられる。「法雨」は卵塔（開山堂）の額銘、逍遥水は庵内にある泉水であろう。鎮守は白山権現社である。檀那塔と祠堂については、つぎの記事が参考になる。

延宝二年（一六七四）に寿福寺桂蔭庵の以天が書いた「寿福寺略記幷諸寮地名記」に、逍遥庵祖塔について「安置開山之木像、扁法雨塔額、安二位尼平政子之牌〈法名安養院殿〉、幷征夷大将軍右大臣実朝卿之木像於祖塔左〈法名大慈寺殿〉、」と記す。当時、逍遥庵はすでに衰退し、開山堂のみ塔頭積翠庵の敷地に建てられていた（『新編鎌倉志』）。開山堂は開山の木像と祖塔左に源実朝の木像を祀っていた。また、北条政子の位牌も脇壇に祀っていた。『鎌倉五山記』（明月院本）にのせる檀那塔は源実朝像を祀る塔と考えてよく、開山堂内に安置されていたと推察される。檀那塔のつぎに記す祠堂は北条政子の位牌を祀る脇壇であろう。祖師堂と土地堂は延宝頃の開山堂にはなく、本坊の仏間に設けられたのかもしれない。開山堂の規模は未詳であるが、堂内安置の仏壇と脇壇からみて桁行三間ほどで、基壇上に建っていたと推察される（図16）。

第四節　浄智寺蔵雲庵

（1）蔵雲庵の創立

浄智寺蔵雲庵は開山南洲宏海（真応禅師）の塔頭である。南洲は入宋僧の一人で、兀庵普寧が来朝した翌年の文応二年（一二六一）に帰国し、建長寺の兀庵普寧に侍し、後に兀庵普寧の法をついだ。文永二年（一二六五）兀庵が帰国した後、文永六年（一二六九）に大休正念が来朝し、南洲は大休に随侍した。弘安四年（一二八一）十二月、大休が寿福寺住持の時、南洲は浄智寺住持となり同寺の創建に勤めた。嘉元元年（一三〇三）正月廿一日示寂、寿六十三歳、寂後、弟子志保は浄智寺内に開山塔頭蔵雲庵を建立し、大休と南洲を祀った。『高僧伝』に「海公以高徳而有功、山中寺衆推準開山、」と記す。大休正念を請待開山とし、南洲は準開山となったのであろう。『新編鎌倉志』にのせる浄智寺図によると、蔵雲庵は中心伽藍西南にあった。正和五年（一三一六）に北条貞時が蔵雲庵に出した文書によると[6]、北条相模守師時母子が蔵雲庵に寄付した庵領があった。

（2）南北朝時代から室町時代前期の蔵雲庵

鎌倉時代の蔵雲庵建物は未詳であるが、『鎌倉五山記』浄智寺諸塔・蔵雲庵の項に「両曜〈卵塔〉」とあり、卵塔（開山堂）の雅称は「両曜」といった。『鎌倉五山記』は南北朝期の蔵雲庵卵塔（開山堂）に両開山像を祀っていたことを伝えると思われる。蔵雲庵は開山堂と本坊が中心であった。

室町時代前期の開山塔頭蔵雲庵についてはよくわからない。『鎌倉五山記』（明月院本）は浄智寺蔵雲庵について「両曜〈客殿両開山故〉」と記す。これによると、「両曜」は客殿にある祖塔の額銘で、そこに大休正念と南洲宏海両開山の像を祀っていたらしい。これは室町時代前期の様子を示すと思われる。現在、浄智寺に伝わる木造南洲宏海坐像（総高七三・九センチ、像高六二センチ）は室町時代の作と考えられている。開山頂像は本坊客殿の仏間に安置されたのであろうか。

第五節　浄妙寺光明院及び開山塔

（1）光明院祖廟の創立

前編第五章にのべたように、光明院は足利氏の祖廟であり、元弘二年（一三三二）に造営された足利貞氏の墓塔を基に、足利氏の祖廟として足利尊氏により整備されたと推察される。

応安元年（一三六八）三月十八日、京都より故将軍足利義詮の遺骨を鎌倉浄妙寺に迎えた。義堂周信の『日用工夫略集』同日条に、鎌倉公方は幼少により郊迎して、使を浄妙寺に入れた。時に浄妙寺の住持が定まっていなかったので、首座（義堂周信）は衆を率い、礼を具して、門に出て京専使を迎えた。古岩西堂は遺骨を捧げ、両班別に光明院に入った。首座は骨を按じ塔前に安置し、焼香擧唱、建長・円覚諸公はこれに倣う、と記す。光明院祖廟に義詮の塔が設けられたのであろう。翌四月三日、芳庭法菊は浄妙寺住持に任命され、七日に浄妙寺祖廟において宝篋院（義詮）の遺骨を入塔する仏事を行った。

『浄妙禅寺略記』にのせる「諸堂」の記事によると、南北朝期の浄妙寺に源將祖先裔廟（祠堂）と遍照（祖塔）が存在した。このうち祖塔は方丈内の仏間に設けられ、遍照の額を掲げていたと推察される。光明院祖廟と開山祖塔は異なるとするのが妥当である。

（2）室町時代前期の光明院と卵塔（開山堂）

『鎌倉五山記』浄妙禅寺条に、

開山退耕和尚、諱行勇、嗣法千光、

光明院、源将祖先之裔廟也、遍照〈卵塔〉・龍宮海〈経蔵〉、

と記す。これは室町時代前期の光明院の様子を伝える。光明院は足利氏祖先の廟であり、光明院内に「遍照」の額を掛けた卵塔（開山堂）と「龍宮海」の額を掛けた経蔵があったと推察される。同じ浄妙寺諸塔の条に開山塔頭はみえない。

『五山記考異』浄妙寺条は、これとほぼ同じ内容の記事をのせ、光明院について「光明院〈祖塔〉・遍照・龍宮海〈経蔵〉」と記す。『鎌倉五山記』（明月院本）浄妙寺条は、これを「光明院〈祖塔也〉、源将祖先之裔廟也、遍照〈卵塔〉、龍宮海〈経蔵〉」と記す。

「光明院」を祖塔の雅称とするのは、源将祖先の廟という意味である。ともに開山の項に開山堂を載せず、光明院の項に遍照の額を掛けた開山堂（卵塔）があったことを伝える。これは応永三十一年（一四二四）の浄妙寺火災後、開山堂が創建され、経蔵とともに足利氏祖廟である光明院内に建てられたと考えられる。

なお、室町時代の開山堂のものと思われる古材が現在の本堂（旧方丈）の仏壇に転用されている。仏壇は間口三間（十九尺）で、前面中央間に径七寸の粽付丸柱を二本立て、中央間および両脇間に頭貫と台輪を渡して禅宗様の出組詰組斗栱をあげている。また中央間に古様の禅宗様仏壇を嵌め込んでいる。丸柱に残る古い禅宗様仏壇取付き痕跡と斗栱拳鼻の絵様刳型からみて、これは室町時代末頃の小規模土間仏堂の古材を転用したものである。

明治廿八年の「浄妙寺現今建物調査」に本堂（八間に六間）、祖堂（三間四方）をのせる。祖堂は旧開山堂と考

えてよく、開山堂は大正震災以前に解体され、その古材が方丈の仏壇に用いられたと考えられる。それによると、旧開山堂は方三間の規模で、基壇上に立っていたと推察される。正面柱間は中央間七尺、両脇間六尺である。堂内は背面に設けた仏壇前の中央間に丸柱二本を立て、中央と両脇間に頭貫と台輪を渡し、出組詰組斗栱をあげ、中央丸柱前に禅宗様仏壇を置き、その奥に開山坐像を安置していたと考えられる。

（注）

（1）両記は『鎌倉市史』（三―二〇一）「蘭渓道隆舎利器銘写」に収録されている。
（2）舘隆志「蘭渓道隆の霊骨器と遺偈」『駒澤大学禅研究所年報』二三号、二〇一一年一二月。
（3）大三輪龍哉「建長寺開山無縫塔」『日本石造物辞典』吉川弘文館、二〇一二年。
（4）『鎌倉市文化財総合目録』建造物篇　53建長寺西来庵昭堂・開山堂。
（5）『鎌倉市史』（二―一六七）
（6）『新編相模国風土記稿』鎌倉郡浄智寺蔵雲庵の項。

第二章　諸塔頭における主要建築の構成と形式

鎌倉五山禅院における塔頭は南北朝期にその数が急増し、室町時代前期に最も多くの塔頭が存在してその規模も整っていた。塔頭増大の背景には中心伽藍の衰退があった。鎌倉時代後期から南北朝期の五山禅院は中心伽藍が整備され、衆僧は僧堂、衆寮で修行と生活のすべてを行った。しかし、室町時代前期の五山禅院は仏殿が法堂を兼ね、僧堂と庫院がなく、僧堂はあっても旦望上堂及び行事の時のみ出頭するだけで、平常の生活は門派ごとに塔頭を中心に営まれた。禅院において最も枢要である僧堂における坐禅弁道が行われなくなり、坐禅の重要性が忘れ去られたのである。坐禅は塔頭の本坊や僧堂において細々と行われるにとどまった。

鎌倉五山諸塔頭はその建築構成からみて二種類に分けられる。一は開山堂（卵塔）と本坊を中心とする塔頭、二は本坊を中心とする塔頭である。このうち二は開祖が生前に営んだ庵居あるいは寮舎を没後にその子弟が塔頭とした例が多く、足利義満が塔頭の新造を禁止した応永五年（一三九八）以後に一般的となる。つぎに、第一節で開山堂と本部を中心とする塔頭、第二節で本坊を中心とする塔頭をまとめる。鎌倉五山の諸塔頭について建築構成と開山堂及び本坊の形式が知られる資料は少ない。つぎに、建築の構成と形式が知られる塔頭について述べる。

第一節　開山堂と本坊を中心とする塔頭

Ⅰ　建長寺の塔頭

建長寺の塔頭は鎌倉時代創立が十五塔頭（開山塔頭を含む）、南北朝期創立が二十八塔頭、室町時代前期創立が六塔頭である。つぎに、建築の構成と開山堂及び本坊の室名が知られる塔頭について述べる。塔頭の開祖、嗣法、卵塔（開山堂）銘などについては表1～表3を参照されたい。

（1）正続庵（後に正続院）

1　鎌倉時代の正続庵（正続院）

建長寺正続庵は無学祖元（第五世、仏光国師）の塔頭として創立された。無学は明州慶元府の許氏の人、径山の無準師範に参じ、法をついだ。弘安二年（一二七九）に北条時宗の招請に応じて来朝、同年八月廿日、建長寺住持（第五世）に任命された。時宗は新たに円覚寺を創建し、弘安五年十二月八日に無学祖元を開山に請じ開堂した。無学は円覚寺に入院する傍ら、建長寺住持を兼務した。弘安七年四月四日、北条時宗が三十四歳の若さで逝去、無学は同年十二月末に円覚寺を退き、建長寺に帰った。弘安九年（一二八六）九月三日、無学は建長寺方丈にて示寂、七日遺命に随って荼毘し、遺骨を函に入れ建長寺後山の麓に葬った。世寿六十一歳、塔を「常照」、塔院を正続庵と称した（『無学禅師行状』）。

弘安九年十二月二十六日、建長寺住持葦航道然が定めた無学和尚塔頭の事例によると、塔頭は守塔比丘（侍真）と行者・人工各一人を置き、影堂（塔）と侍真の単寮を備える程度の小規模なものであった。南禅寺規庵祖円の『南院国師語録』正安二年（一三〇〇）四月頃の法語に、建長寺正続庵主が南禅寺を訪れたことがみえる。十四世紀末には正続庵に庵主が置かれ、本坊（客殿）が出来たと考えられる。

表１　鎌倉時代創立の建長寺塔頭　　○印：来朝僧、△印：入宋僧

	塔頭	世代・塔頭開祖	勅謚号	嗣法	示寂	影堂	位置	備考
1	西来庵	○開山蘭渓道隆	大覚禅師	無明慧性	弘安 1.7.24	円鑑	伽藍東丘	開山塔頭
2	正続庵	○ 5　無学祖元	仏光国師	無準師範	弘安 9.9.3	常照	伽藍北	建武２年改正統庵
	正統庵	○ 14　高峰顕日	仏国国師	無学祖元	正和 5.10.20	常寂	伽藍北	旧浄智寺塔頭 天文９一時断絶
3	正宗庵	△ 6　葦航道然	大興禅師	蘭渓道隆	正安 3.12.6	澄円	伽藍東丘	
4	霊光庵	○ 7　鏡堂覚円	大円禅師	環渓惟一	徳治 1.9.26	有り	山内往還	室町末廃絶
5	通玄庵	9　桑田道海	智覚禅師	蘭渓道隆	延慶 2.1.8	明教	伽藍東丘	後改長好院
6	玉雲庵	○　一山一寧	一山国師	頑極行弥	文保 1.10.24	真照	伽藍西南	
7	伝灯庵	○ 11　西澗子曇	大通禅師	石帆惟衍	徳治 1.10.28	定明	方丈西丘	後改龍源庵
8	伝芳庵	△ 12　無隠円範	覚雄禅師	蘭渓道隆	徳治 2.11.13	大雄	伽藍東丘	室町末廃絶
9	天源庵	△ 13　南浦紹明	大応国師	虚堂智愚	延慶 1.12.29	普光	伽藍北方	
10	龍峰庵	△ 15　約翁徳倹	仏燈国師	蘭渓道隆	元応 2.5.19	無相	伽藍東丘	
11	向上庵	17　太古世源	国一禅師	無学祖元	元亨 1.9.25		境内北方	天文９一時断絶
12	正受庵	○ 19　霊山道隠	仏恵禅師	雪岩租欽	正中 2.3.2		伽藍北	室町末廃絶
13	回春庵	21　玉山徳璇	仏覚禅師	蘭渓道隆	建武 1.10.18	絶点	境内北方	
14	禅居庵	○ 22　清拙正澄	大鑑禅師	愚極智恵	暦応 2.1.17	霊明	小袋坂南	
15	雲沢庵	○ 23　明極楚俊	仏日禅師	虎巌淨伏	建武 3.9.27	寿塔有	方丈北丘	後改千龍庵

典拠：『鎌倉五山記』、三浦浩樹「建長寺住持位次」（『建長寺』）、延宝６「建長寺境内絵図」、玉村竹二『五山禅僧伝記集成』

正応六年（一二九三）四月、大地震による建長寺大火で正続庵も焼失した。その後、嘉元四年（一三〇六）三月、北条時宗の後室覚山志道は、丹波国成松保を正続庵の仏事料として寄進した。また、応長元年（一三一一）十二月、南禅寺規庵祖円は、建長寺正続庵に法衣二頂、湯瓶一ケ、水瓶一ケを捨入した。元応元年（一三一九）秋、仏光禅師を正続祖堂に入れる仏事が行なわれており、御影堂、客殿、侍真寮などは再興されたと思われる。

嘉暦二年（一三二七）二月、建長寺に入寺した清拙正澄は、仏光禅師の塔を拝し、偈頌を残している。その偈に「堂堂正続今如昔。只箇金剛鉄眼睛。」の句があり、仏光国師の

表 2　室町時代前期創立の建長寺塔頭　　△印：入元・明僧

	塔頭	世代・塔頭開祖	勅諡号	嗣法	示寂	影堂	位置	備考
1	都史庵	26　白雲恵宗	仏頂禅師	無学祖元	貞和 2.10. 晦	慈氏	小袋坂南	室町末廃絶
2	妙高庵	28　肯山聞悟	覚海禅師	石庵旨明	貞和 2.8.2	真照	山門東丘	
3	雲外庵	30　枢翁妙環	仏寿禅師	高峰顕日	文和 3.2.18	慈照	境内北方	
4	同契庵	31　象外禅鑑	妙覚禅師	桃渓徳悟	文和 4.11.18	密付	小袋坂南	旧円覚寺塔頭
5	宝珠庵	35　了堂素安	本覚禅師	同源道本	延文 5.10.20	如意	伽藍西丘	
6	大智庵	36　実翁聡秀		葦航道然	応安 4.2.27		山内往還	室町末廃絶
7	広徳庵	△ 38　古先印元	広智禅師	中峰明本	応安 7.1.24	心印	伽藍西丘	
8	大統庵	39　青山慈水	仏観禅師	夢窓疎石	応安 2.10.9		小袋坂南	天正年間廃絶
9	梅州庵	△ 42　中巌円月	恵済禅師	東陽徳輝	永和 1.1.8		小袋坂	江戸初期廃絶
10	金龍庵	△ 43　石室善玖		古林清茂	康応 1.9.25		小袋坂	天正年間廃絶
11	広厳庵	45　東伝士啓		南山士雲	応安 7.4.21		小袋坂	室町末廃絶
12	龍淵庵	51　草堂林芳		龍山徳見			山内往還	室町末廃絶
13	正本庵	52　可翁妙悦		高峰顕日	永和 4.8.22		山内往還	室町末廃絶
14	華光庵	△ 53　鈍夫全快		霊巌道昭	至徳 1.8.14	瑞応	山門東丘	室町末廃絶
15	龍興庵	54　春屋妙葩	普明国師	夢窓国師	嘉慶 2.8.12		山内往還	室町末廃絶
16	長生庵	△ 56　中山法頴		太平妙準	康応 1.11.7	雙照	方丈北方	室町末廃絶
17	大雄庵	△ 58　月心慶円		月翁元規			小袋坂	室町末廃絶
18	瑞林庵	59　曇芳周応		夢窓疎石	応永 8.9.7		方丈北方	室町末廃絶
19	華蔵院	60　伯英徳俊		了堂素安	応永 9.8.12		伽藍北丘	江戸初移山内往還
20	建初庵	△ 62　宗遠応世		肯山聞悟	応永 4.3.10		山内往還	室町末廃絶
21	宝泉庵	63　天鑑存円	仏果禅師	無礙妙謙	応永 3.4.11		境内北丘	天文 9 一時断絶
22	伝衣庵	64　大円興伊		容山可充			山鬱往還	室町末廃絶
23	正法庵	65　老仙元聃		養直元育	応永 16.1.9		小袋坂北	室町末廃絶
24	金剛庵	66　東暉僧海		千峰本立	応永 2.6.27		境内北方	室町末廃絶
25	吉祥庵	67　蔵海性珍		西江宗湛	応永 18.		境内北方	室町末廃絶
26	一渓庵	70　心源希徹		月山希一	応永 10.10.13		方丈北丘	室町末廃絶
27	岱雲庵	71　東岳文昱	仏地禅師	大拙文巧	応永 23.2.23		山鬱往還	室町末廃絶
28	実際庵	△ 73　久庵僧可	大光禅師	無礙妙謙	応永 24.1.26	円照	境内北西	室町末廃絶

典拠：『鎌倉五山記』、三浦浩樹「建長寺住持位次」(『建長寺』)、延宝 6「建長寺境内絵図」、玉村竹二『五山禅僧伝記集成』

表３　室町時代中期創立の建長寺塔頭

	塔頭	世代・塔頭開祖	直諡号	嗣法	示寂	影堂	位置	備考
1	竹林庵	74　徳岩保誉		大暁			境内北	室町末廃絶
2	正済庵	81　大綱帰整		枢翁妙環				室町末廃絶
3	東宗庵	89　日峰法朝		大喜法忻	永享 10.4.3		山内往還	室町末廃絶
4	寿昌庵	92　慶堂資善		大素素一	永享 4.1.25		伽藍西丘	室町末廃絶
5	龍華庵	105　道庵曾顕		無礙妙謙	文安 3.11.9		伽藍西丘	江戸初期廃絶
6	梅岑庵	140　仁庵要賢		天初玄廓			境内北丘	室町末廃絶

典拠：『鎌倉五山記』、三浦浩樹「建長寺住持位次」、延宝6「建長寺境内絵図」、玉村竹二『五山禅僧伝記集成』

坐像が御影堂に安置されていた。

2　南北朝期から室町時代前期の正統庵（旧正続院）

建武二年（一三三五）七月、後醍醐天皇は円覚寺舎利殿を以て、円覚寺開山無学祖元の塔頭と定められた。これは、夢窓疎石の意を酌んだ措置と思われ、この時、建長寺正続院を円覚寺舎利殿の地に移して開山塔頭とし、建長寺正続院の跡に浄智寺より無学祖元の法嗣高峰顕日（建長寺十四世、仏国国師）の塔頭正統庵を移した。正統庵は卵塔を「常寂」といった。また、浄智寺正統庵の跡地は高峰の法嗣太平妙準の塔頭正源庵とされた。この時の塔頭移設について、『仏国国師行録』（妙祁撰）に追記された比丘周頤の記に、塔頭の移設は真と号を移し換えるのみで、殿宇を遷さずという。現在、正統庵客殿に安置する木造高峰顕日坐像（総高一〇九・五センチ、像高七〇・六センチ、裾張六二センチ）は、墨書銘から仏師院恵により正和四年（一三一五）九月十五日に造立されたことが知られる。高峰は正和五年（一三一六）十月廿日、那須雲巌寺にて示寂したので、これは寿像である。高峰頂像は浄智寺正統庵の開山堂に安置されていたのであろう。建武二年にこの像を建長寺正統庵（旧正続院）の御影堂（開山堂）に移したと推察される。

現在、正統院に伝わる板額「常寂塔記」によると、江戸時代の宝暦五年五月十五日、地中に埋葬された仏国の銅造骨器が発見され、その年に建立した常寂堂（開山堂）に祖師像を安置し、その須彌座の下に霊骨器を納めたという。建武二年頃の正統庵は庵主が居住していたので、開山堂、本坊、侍真寮などがあったであろう。

貞治二年（一三六三）九月、夢窓国師十三年忌にあたり、後光厳天皇は、仏光禅師に「円満常照国師」を、仏国禅師（高峰顕日）に「応供廣済国師」を追贈し、正統・正続両塔庵に奎畫を下された（義堂周信『日用工夫略集』）。

応安元年（一三六八）七月、正統庵前の天津橋が新造された。『日用工夫略集』応安元年七月五日条に「建長石室入院の会に赴く、時に天津橋新成、観者早くも市の如し、余独り正統庵に適き、閣上に憩う、机に就き広燈録を披く、天津橋上往来多という語あり、覚えず失咲のみ。」とある。天津橋は正統庵の東側を流れる疎水に架かる橋で、『扶桑五山記』に建長寺境致の一つにあげられる。義堂が憩うた閣は正統庵本坊の二階邀月閣である。閣は机を備えた庵主の小書院であったと思われる。当時、建長寺住持であった石室玖祥の『石室玖祥語録』偈頌〈応安元年、天津橋成〉に、

天津橋

截流橋の北天津の上、千尺の紅霓彩梁を架る、玉殿の瓊楼戸牖を開き、蓮華の荷葉池塘に満つ、只だ知る群褐香霧を擁くを、（○後略）

と記す。天津橋は彩色仕上げの反り橋であった。「玉殿瓊楼戸牖を開く」とあるのは、正統庵の本坊二階閣を詠んだものである。『日用工夫略集』応安二年五月二十日条に「建長正統庵忌斎に赴く。主人無礙住持石室に告て曰く、天津橋新成、但し境有り人無を恨む。人境兼備、両和尚に非ず誰か。請うて一覧亭に攀る。ためしに偈を

作り橋の左右に掲ぐ、千載嘉話なり。」と記す。天津橋を新造したのは正統庵主である。一覧亭は正統庵の小亭であろう。正統庵の邀月閣は、庵主少室慶芳の時に再建された。義堂の『空華集』巻第九に、つぎの詩を載せる。

賀㆔少室重起㆓邀月閣㆒次㆓石室韻㆒

主人客を邀えて新功を落す。飛閣峨峨として勢空に倚る。妙手月を修するに斧を労せず。清光旧に依りて蟾宮に満つ。珠簾夜捲青冥の上。玉闥秋開白露の中。ああ我が燕賀に陪するに由なき事を。門を閉て咫尺ただ風に臨む。

この詩は、『空華集』巻第九に応安七年（一三七四）十月七日の瑞泉寺紅葉遊覧の次にのせられる。義堂は康暦二年（一三八〇）三月に建仁寺住持の公帖を受けて上洛したので、それより以前である。応安元年に天津橋が新成した時、義堂が休息した閣は再建以前の邀月閣である。邀月閣は「飛閣峨峨として勢い空による、」と詠まれたように、本坊二階に聳える軽妙な飛閣が想像される。

応永二十一年（一四一四）十二月の建長寺大火に、正統庵は類焼を免れたと伝えられる。同三十一年三月八日、足利持氏は建長寺正統庵の卵塔と昭堂造営のため、同庵領所々の諸公事を免じた[1]。鎌倉の禅院において開山塔頭以外の塔頭に昭堂を造るのはめずらしい。この頃、正統庵は修理を受けたのであろう。『鎌倉五山記』建長寺正統庵項に、

常寂〈卵塔〉、深遠〈客殿〉、邀月閣、天津橋〈外門〉、同芳〈又作袍〉、瓜瓞〈(侍真寮イ)〉、野州那須雲岩寺
開山也、〉

と記す。「常寂」は卵塔（開山堂）の額銘である。昭堂は見えないので、造営されなかったのであろう。「深遠」は本坊客殿の雅称、「邀月閣」は本坊二階閣の雅称である。『建長寺龍源庵所蔵詩集』二に収める「山林文岌集」

序に「甲寅上巳日、正統邀月閣下書焉。壺隠道人朴中梵淳、」とあり、永享六年（一四三四）に庵主朴中梵淳（建長寺第百三十七世）は邀月閣を書斎としていた。「天津橋」は外門の額銘に用いられたらしい。「瓜瓞」は侍真寮、「同芳」は寮舎であろう。

（2）玉雲庵

1　鎌倉時代から南北朝期の玉雲庵

玉雲庵は建長寺の総門西方に営まれた一山一寧（第十世、弘済国師）の塔頭である。一山は宋台州胡氏の人、育王山の頑極行彌に参じてその法をついだ。元大徳三年（一二九九）、元の詔諭使として日本へ派遣され、正安元年（一二九九）、博多に着いた。その後上洛、一旦伊豆修善寺に幽閉されたが、すぐに許された。同年十二月七日、幕府は一山を建長寺住持に任命した。

『一山国師語録』下に収める一山一寧の「行記」（虎関師錬著）によると、正安四年（一三〇二）十月、一山は円覚寺に入院した。住山すること四年で、一山は眼疾を患い、同寺内に営んだ寿塔に退居した。嘉元四年（一三〇六）夏、幕府は再び一山を建長寺住持に任命、円覚寺の寿塔はその地狭隘なので、それを建長寺の右掖杉谷の地に移した。庵が成り、玉雲庵と名づけた、蓋し、癡絶祖の塔庵玉山と、師頑極の塔庵雲西の扁を取ったという。正和二年（一三一三）八月、一山は、後宇多法皇の招詔により南禅寺（第三世）住持に任ぜられた。在任中、文保元年（一三一七）十月二十四日、南禅寺にて示寂した。法皇は、亀山法皇廟所の側に一塔を削り、「法雨」の額を書いて賜った。門弟子は建長寺の玉雲庵にも分塔した。卵塔を「真照」という。

建長寺玉雲庵の造営は、信州諏訪神社下宮の大祝金刺満貞（法諱一了）の助力を得た。『雪村大和尚行道記』（法孫大有有諸撰）庚午（元徳二年・一三三〇）春条に、「寓于巨嶠之玉雲、慕国師也、」とのせ、大有の自註に「一山云、最勝園寺殿、於丁未年、給以敷地於建長寺西北隅、造玉雲庵云々、書付一了優婆塞、最勝園乃府元帥貞時也、」と記す。また、同二年四月に金剌一了が開基した諏訪郡慈雲寺に一山一寧を招請したことをのせ、その大有自註に「一了頂戴国師衣、助玉雲成、」と記す。北条貞時は、丁未年（徳治二年・一三〇七）、建長寺西北（西南カ）隅に敷地を給い、そこに玉雲庵を造った、という。一山が建長寺に再住したのは嘉元四年（徳治元年）夏であるから、その翌年に玉雲庵を造営したことになる。玉雲庵本坊は書院を備えていた。『関東諸老遺藁』詩軸序（留別超上人唱和詩軸）の後書きに「貞治丙午八月二十有二日、良中書於杉隠之蔵密軒、時試福寿新筆、」とある。大本良中は玉雲庵主、蔵密軒は玉雲庵本坊書院の雅称であり、貞治五年（一三六六）八月、大本は玉雲庵蔵密軒を書斎にしていたことが知られる。

玉雲庵跡地は大規模な土木工事を思わせる切岸があり注目される。発掘調査によると、敷地の北方、最奥部に地下式壙が検出され、周辺にやぐら群が確認された。地下式壙は墓所の可能性が高いと推定されている。

2　室町時代前期の玉雲庵

玉雲庵は、応永二十一年十二月の建長寺大火により類焼したと考えられる。その後の玉雲庵再建の経過は未詳である。『雪村大和尚行道記』の大有註に、

正長元年二月二十二日、相之巨福玉雲、後山俄崩、国師木像椅子、倶自出于饗堂之外、緇白人民、諸拝成市、明年七月、卵塔修造、安置之、

とあり、正長元年（一四二八）二月、玉雲庵後山が崩れ、国師の像と椅子が饗堂の外にとび出した。饗堂は卵塔（開山堂）に同じ、その内に椅子に腰掛けた一山国師像（木像）を安置していた。翌年七月、卵塔を修造して国師の頂相を安置した。

『鎌倉五山記』建長寺玉雲庵項に「真照〈卵塔〉、蔵密〈書院〉、望霖〈井〉、玉雲精舎〈山門〉、杉谷〈摠門密庵下也、〉」と記す。これは、室町時代前期の様子を伝える。開山堂は「真照」の扁額を掛けていた。「蔵密」は前期と同じ本坊書院の雅称、「玉雲精舎」は山門の額銘である。山門は南向に建ち、北方山裾に開山塔があったのであろう。「杉谷」は総門の額銘である。

（3）伝灯庵

伝灯庵は西澗子曇（第十一世、大通禅師）の塔頭である。西澗は諱子曇、宋台州の人、俗黄氏、石帆惟衍の法嗣、文永年間に来日、一時帰国して、正安元年（一二九九）十月、一山一寧を案内して再来した。乾元元年（一三〇二）、一山の後を受けて建長寺に入院、同三年頃まで住山した。徳治元年（一三〇六）十月、正観寺に退居、二十八日、門人に後事を嘱して示寂した、世寿六十五歳。諸徒は遺殖を奉り建長寺伝灯庵に葬った。卵塔を「定明」という。

徳治二年（一三〇七）春頃、大通禅師の謚号が下り、西澗の弟子正開は、一山一寧に本師の真影に讃を請うた。『一山国師語録』賛仏祖、西澗和尚賛に「謂此大通之真、是錯認渠、謂非大通之真、是蹉過伊、」の句があり、開山堂に西澗の木像を祀っていたことが知られる。伝灯庵は方丈西方の丘にあった。

なお、江戸時代の享保十七年（一七三二）五月二十九日に伝灯庵西北の岩下において、西澗子曇の霊骨器が発見された[2]。霊骨器は高さ七寸、横五寸五分、金銅製の小骨器で、石櫃（高二尺、横三尺五寸、函蓋相同）の内に納められていた。当時の伝灯庵塔主碩信は霊骨を分け、下野州野田郷の福田山寿徳禅寺に納めたという。

『鎌倉五山記』建長寺伝灯庵に「定明〈卵塔〉、門〈瑞光〉」と記す。『五山記考異』も同じである。これは、室町時代前期の様子を伝える。「定明」は開山堂、「瑞光」は門の扁額である。

(4) 天源庵

1　鎌倉時代から南北朝期の天源庵

天源庵は南浦紹明（第十三世、大応国師）の塔頭である。南浦は駿河国安部郡の人、正元元年（一二五九）入宋、径山万寿禅寺の虚堂智愚に参じて法をついだ。文永四年（一二六七）帰国し、筑前の興徳・崇福両寺に居住した。嘉元三年（一三〇五）秋、詔を奉り上洛、万寿寺に入院した。徳治二年（一三〇七）、北条貞時の招聘により関東に赴き、その年の十二月二十九日、建長寺に入院した。翌延慶元年（一三〇八）十二月二十九日、建長寺にて示寂、世寿七十四歳、弟子は龕を奉り火葬した。伏見上皇は勅により諡円通大応国師の号をおくり、西京に龍翔寺を建立し、舎利を寺の後山に埋葬した。塔を「普光」、庵を「祥雲」という。建長寺にある弟子は舎利を分骨して埋葬、庵を「天源」と称した（「円通大応国師塔銘」）。

竺仙梵僊の「天源菴記」によると、建長寺における南浦の塔所は初め、霊骨を安置するに適した土地ではなかった。火葬後二十余年、弟子柏庵宗意は、寺の大耆旧として都聞の職を掌っていた。彼は師の塔所が狭く、地利が悪いのを憂いて、そのことを朝廷に奏上した。建武初、詔により寺内に別の土地と「天源禅庵」の額を賜った。その地は正続院（後の正統庵）の北西にあたる。「天源菴記」に、

寺の北隅より、蘸碧池を巡り、截流橋を渡る。山に傍い廻ること数百歩。流泉暗く注ぎ、空翠風を含む。寒木雲夢、岩戸鬱蔽。則岩を鑿ち道を開き、ついに幽谷に入る。崗巒映帯、左右屈曲、故知、勝道場地、実ここに在り。ここに於いて、木を刈り石を伐り、堂室を精構。床座臥具備わらず所なし。像設尊厳、生以これに事え、獲蒸嘗の礼をなすに至る。其なお先王の制にして宗廟あるがごとし。（〇後略）

と記す。開山堂と本坊などが備わったと思われる。開山堂は堂室よりなり、室に南浦の尊像（木像）を祀り、

「普光」の額（後宇多天皇筆）を掛けていた。天源庵の造営は意公（宗意）とその俗弟であり在家出家の弟子である明公（宗明）が財力を合わせて助力して完成させた。同門の士は議して、天源庵の開基創業はひとえに二公の力によるとして塔内に二公の寿像を置き、あわせてそれに功有る者は各名銜を以て牌に位し、没後は必ず諱をいって営供することを定めた、という。二公の寿像は開山堂内に安置されたのであろう。

2　室町時代前期の天源庵

天源庵は応永二十一年十二月の建長寺大火に類焼した。『鎌倉五山記』建長寺天源庵の項に「普光〈卵塔〉・指南閣〈二階〉・雲関〈外門〉」と記す。「普光」は卵塔（開山堂）の雅称、本坊二階を「指南閣」と称した。「雲関」は、雲門の関の故事による語で、外門の額銘であった。これらは室町時代前期の天源庵の様子を伝える。

（5）龍峰庵

1　鎌倉時代から南北朝期の龍峰庵

龍峰庵は約翁徳倹（第十五世）の塔頭である。約翁は相模鎌倉の人、路傍の捨子であったものを或る名族に拾われ、養育されたと伝えられる。十三歳の時、義父に伴われて建長寺蘭渓道隆の室に入って得度した。文永年間（一二六四〜七四）に入宋して育王、天童、浄慈、霊隠、径山の諸尊宿に参じた。(3)「約翁和尚無相之塔銘幷序」によると、帰国後、永仁四年（一二九六）三月、鎌倉の長勝寺開山に請ぜられ、ついで東勝、浄妙、禅興、建仁の各寺住持を歴任、建長寺に入院したのは延慶三年（一三一〇）二月である。約翁は入山中に東庵（庵居）を営み、龍峰と称した。文保二年（一三一八）冬、南禅寺に入院、元応二年（一三二〇）五月十九日、南禅寺丈室にて示寂した、寿七十六歳。翌日、南禅寺牧護庵について闍維、門徒衆は分骨して建長寺の龍峰に樹塔した。後宇多上皇は、「特賜仏燈国師無相之塔」十大字と「御製真賛」六十六字を賜い、賜勅を以て讃州垂水庄を割いて牧護庵香燈の助とした。

文保三年（一三一九）頃の『拾菓抄』（別紙追加曲）に「巨山龍峰讃」（月江の作詞作曲）と題す宴曲を収める。それに龍峰庵について、つぎの詞がある。

此宰椽けづる飛騨工。うつ墨縄の一筋に。あだならぬ功をいそがはしく。茅茨を切調。されば鳳の翅の反宇。並べる鴛鴦の瓦。ゐれる甍。頗梨の壁。画図の色々様々に。地にはしけり珊瑚の甃。上下の荘厳妙にして。二階の閣を重や。先二世の悉地の標示ならむ。前には諸天擁護を廻す。輪蔵の経典軸々に。金玉の徳用喩もあだにや及ぶべき。後には老杉谷をかこみ。古松は霊石に碧蘿の色を飾。岸竹風音を成。（○前・後略）

宴曲の性質から誇張はあるが、龍峰庵は建長寺塔頭の中でも殊に優れた景観を形成していたことは間違いない。「巨山龍峰讃」が文保三年の作とすると、龍峰庵の開山堂は未だなく、本坊（庵居）、寮舎などの住房施設があったのであろう。上記にある二階の閣は本坊二階の奎光閣と考えられる。また、龍峰庵前の輪蔵は、元弘元年の「建長寺伽藍指図」に描かれた耆旧寮（二階）の位置に「根本輪蔵跡」と書き入れる輪蔵に相当する。耆旧寮（十僧閣）は清拙正澄が住持の時、嘉暦三年（一三二八）十二月に創建されたので、「巨山龍峰讃」に詠まれた輪蔵はそれ以前に同位置に在った経蔵である。

龍峰庵の開山堂は元応二年（一三二〇）に創建された。開山堂は、上皇宸筆の「無相之塔」の扁額を掛け、開山約翁の木像を安置し、遺骨を奉安していた。

現在の開山堂は文政八年再興の建物であるが、中央仏壇の厨子に木造聖観音菩薩坐像を安置し、木造約翁徳倹坐像を側面に増設した位牌壇に安置している。約翁徳倹坐像（総高七七・八センチ、像高五六・八センチ、袖張五五・七センチ）と聖観音菩薩坐像（総高六六・七センチ、坐高五〇・二センチ）は南北朝時代の造立である。創建期の開山木像は失われたのであろう。

2　室町時代前期の龍峰庵

竜峰庵は、応永二十一年（一四一四）十二月の建長寺大火に罹災したと思われる。初度の火災であった。『鎌倉五山記』建長寺龍峰庵項に、

無相之塔〈卵塔〉・奎光〈二階〉・清居〈小客殿〉・衛法〈土地〉・継宗〈祖師〉・祥雲〈外門〉

と記す。これは、室町時代前期の龍峰庵の様子を示す。卵塔（開山堂）は「無相之塔」の額を掛け、開祖約翁徳倹坐像（現存）を安置していた。本坊は二階建で、二階閣を「奎光」、一階客殿を「清居」と称した。二階閣は火災前の本坊の形式を踏襲したと推察され、龍峰庵の境致を代表する建物であった。瑞渓周鳳の『臥雲日件録抜尤』文安五年（一四四八）八月十九日条に、著者が建長寺の僧に建長寺諸塔頭の最一を問うたところ、寺僧は「諺曰、一西来、二龍峰、三正統、四天源」と答えたという。これらの本坊は皆二階閣を上げていた。当庵の本尊聖観音菩薩坐像（現存）は南北朝時代の作で、開山堂に安置されたと推察される。土地堂と祖師堂は雅称を「衛法」と「継宗」といい、ともに本坊一階の仏間に設けられたと推定される。外門は「祥雲」の額を掛けていた。

（6）回春庵

1　鎌倉時代から南北朝期の回春庵

回春庵は玉山徳璇（第二十一世、仏覚禅師）の塔頭である。玉山は信州の人、少年より蘭渓道隆に侍し、その法を嗣だ。鎌倉浄妙寺と建長寺の住持となり、同門の弟子を多く助化した。玉山は正中二年から嘉暦元年（一三二五〜一三二六）頃、建長寺住持であったと推察される。晩年に回春庵を創め閑居した。建武元年（一三三四）十月

十八日示寂、寿八十歳、回春庵を塔所とした。卵塔を「絶点」という。のちに仏覚禅師の勅謚号をうけた。回春庵は建長寺塔頭のうち最も北方の山中にあり、東南に大覚池を臨む。

2　室町時代前期の回春庵

『鎌倉五山記』建長寺回春庵項に、

幽谷〈山号〉・絶点〈卵塔、両影〉・披雲閣〈二階〉・桂圃〈客殿〉・一諾〈土地〉・宗盟〈祖師〉

と記す。これは、室町時代前期の回春庵の様子を伝える。「幽谷」は山号、「絶点」は卵塔（開山堂）の雅称（額銘）である。開山堂に祀る両影のうち一体は開祖玉山徳璇像、もう一体はその師蘭渓道隆像であろうか。本坊は二階建で、客殿の雅称を「桂圃」、二階を「披雲閣」と称した。土地堂と祖師堂は本坊一階の仏間に安置されたと思われる。

（7）妙高庵

1　南北朝期の妙高庵

妙高庵は肯山聞悟（第二十八世、覚海禅師）の塔頭である。肯山は肥前の人、石菴旨明の法嗣、貞和元年から二年（一三四五）に建長寺住持を勤め、住山中、寺内に妙高庵を構えた。貞和二年（一三四六）八月二日示寂、妙高庵を塔所とした。卵塔を「真照」という。のち勅謚覚海禅師の号を受けた。妙高庵は山門前の東方丘にある。現在、妙高院蔵の木造肯山聞悟坐像（総高さ七六・八センチ、像高六六・二センチ、袖張五八・七センチ、曲彔に安座）は南北朝時代の作と考えられており、御影堂（開山堂）に安置されていたと思われる。

2　室町時代前期の妙高庵

妙高庵は応永二十一年十二月の建長寺大火に罹災したと考えられる。『鎌倉五山記』建長寺妙高庵項に「真照

〈卵塔〉」とのせる。「真照」は、一山一寧の塔頭玉雲庵の卵塔と同じ雅称である。妙高院蔵の本尊木造聖観音菩薩坐像（総高一〇二・二センチ、像高六九・五センチ、袖張六〇・八センチ）は室町時代の作と考えられている。木造肯山聞悟坐像は前期と同様、開山塔に安置されたと推察される。聖観音菩薩坐像は開山頂像より大型である。室町時代前期の本坊は未詳であるが、当本尊は開山堂もしくは本坊客殿奥の仏間に安置された可能性がある。

（8）雲外庵

1　南北朝期の雲外庵

雲外庵は樞翁妙環（第三十世、仏寿禅師）の塔頭である。樞翁は下野人、高峰顕日の法嗣である。雲巌寺（第六世）に入寺、のち貞和四年（一三四八）頃、建長寺に昇住、退居後、寺内に寿塔雲外庵を構えた。文和三年（一三五四）二月十八日示寂、寿八十二歳、雲外庵を塔所とした。卵塔を「慈照」という。のちに仏寿禅師の諡号を受けた。雲外庵は境内北方の山稜にあり、その西方に華厳塔が建っていた。『扶桑五山記』建長寺諸塔条によると、南北朝期の雲外庵は外門に「衆妙」の額を掛けていた。

なお、『鎌倉五山記』によると、室町時代前期の雲外庵は卵塔の雅称を「慈照」、本坊客殿を「撃蒙閣」、書院を「忘筌」と称した。室町時代前期の本坊は客殿と書院をもつ平屋建物であったが、「撃蒙閣」の雅称は創建期本坊の二階閣を伝える可能性がある。

2　室町時代前期の雲外庵

『鎌倉五山記』建長寺雲外庵項に、

慈照〈卵塔〉・撃蒙閣〈客殿〉・安楽〈土地〉・先天〈祖師〉・衆妙〈外門〉・忘筌〈書院〉

と記す。これは室町時代前期の様子を伝える。卵塔（開山堂）を「慈照」というのは創建以来の名称であろう。

外門を「衆妙」と云うのも同じである。「撃蒙閣」は本坊客殿の額銘である。室町時代前期の雲外庵本坊は二階建ではなく、本坊客殿に撃蒙閣の額を掛けていたと推察される。「忘筌」は本坊書院の雅称である。「安楽」と「先天」の額を掛けた土地堂と祖師堂は本坊客殿奥の仏間に設けられたと推定される。

（9）宝珠庵

宝珠庵は了堂素安（第三十五世、本覚禅師）の塔頭である。了堂は筑前博多の人、正応五年（一二九二）、十三歳の時、筑前保寧寺の同源道本に参じ、後にその法を嗣だ。了堂は、延文三年～五年（一三五八～六〇）頃、建長寺に入寺、住持中、同寺内に宝珠庵を構えて退居庵とした。延文五年（一三六〇）十月廿日示寂、寿六十九歳、荼毘の後、宝珠庵を塔所とした。卵塔を「如意」という。のち勅諡本覚禅師の号を受けた。

宝珠庵は法堂と方丈間の西方山腹にあり、創建にあたり大規模な土木工事が行われたようで、背後に切岸を露出し、その直下に池を掘っている。応安元年（一三六八）八月、将軍足利義詮は、皇大神宮領下野国簗田御厨の内某縣郷の地頭職を建長寺宝珠庵に寄進した（『鎌倉市史』三―二四四）。同郷の本家皇大神宮権禰宜承房は、宝珠庵をこの地の代官に補任し、年貢は三拾余貫が先例であるが、子細有るにより万雑事定を除き十貫に定めて、毎年本家に納入するよう契約した。この頃、宝珠庵が整備されたと推察される。現在、宝珠院客殿に南北朝時代（頭部）の木造了堂素安の坐像（総高七八センチ、像高五二・八センチ、袖張五四・五センチ）を安置する。この開祖像はもと開山堂に安置されていたと考えられる。

宝珠庵は応永二十一年の建長寺大火に類焼したと考えられる。室町時代前期の宝珠庵は、『鎌倉五山記』に「如意〈卵塔〉・大光〈客殿〉」と記される。大光は本坊客殿の雅称である。一方、『五山記考異』建長寺宝珠庵項に「如意〈卵塔〉・大光〈客殿〉・貧楽斎〈慶書記旧居〉」とのせる。貧楽斎は啓書記（賢江祥啓）が当庵に営んだ寮舎である。啓書記は建長寺書記を勤め、文明二年（一四七〇）春に『建長寺年中諷経幷前住記』を書いたので、文明頃に宝珠庵に居住していたと考えられる。賢江祥啓は文明ころ、関東水墨画に大きな足跡を残したといわれる。『五山記考異』は室町時代後期の宝珠庵の様子を伝えると思われる。

（10）実際庵

実際庵は久菴僧可（第七十三世、仏印大光禅師）の塔頭である。久菴は上杉憲顕の孫、憲將の子である。入明し、明の洪武十年（一三七七、永和三年）九月頃帰国して、鎌倉の円覚寺如意庵に居住した。その後、伊豆国清寺に入院、嗣香を無礙妙謙に通じて、その法をついだ。応永十五年（一四〇八）円覚寺に入院、ついで建長寺に遷住し、同寺内に実際庵を営み退居した。応永二十四年（一四一七）正月二十六日に示寂、国清寺と円覚寺如意庵および建長寺実際庵を塔所とした。後に仏印大光禅師の勅諡号を受けた。

実際庵は境内北西の山中にあり、応永廿一年の建長寺大火を免れたと推察される。『鎌倉五山記』建長寺実際庵項に「同照〈卵塔〉・春桂堂〈客殿〉・洞中春色〈外門〉・交蘆室〈書院〉」と記す。「同照」は卵塔（開山堂）の雅称である。『景福開祖朴中和尚語録』に前建長久庵和尚の頂相を詠んだ偈があり、頂相は開山堂に祀られていたと思われる。「春桂堂」は本坊客殿、「交蘆室」は本坊書院の雅称である。外門は「洞中春色」の額を掛けていた。

小結

1　鎌倉時代創立の十五塔頭（開山塔頭を含む）のうち、主要建物名が知られるのは十三塔頭である。開山堂は十二塔頭に確認が出来るので、塔頭の構成は開山堂と本坊及び侍真寮が基本であったと考えられる。開山堂は開山の頂像を安置し、開祖像を祀る仏壇下に遺骨を収める石櫃を埋設した例が知られる。開山堂は開祖頂像のほかに仏像を祀ることもあった。

南北朝期創立の塔頭二十八塔頭のうち、開山堂の存在が知られるのは九塔頭であり、時代が下ると本坊が中心になる。

2　鎌倉時代から南北朝期の塔頭本坊のうち二階閣をあげたものに正統庵邀月閣、竜峰庵奎光閣、雲外庵撃蒙閣が知られる。本坊は客殿と書院を備えていた。本坊の書院は玉雲庵「蔵密」、雲外庵「忘筌」、実際庵「交蘆室」が知られる。

3『鎌倉五山記』に記載する室町時代前期の建長寺塔頭のうち、建造物を記すのは二十三塔頭である。そのうち卵塔（開山堂）を有するもの十七塔頭で、それらは開山堂のほかに本坊と寮舎、門などを備えていた。開山堂は開祖頂像のほか脇壇に本尊を祀ったものもある。

4　室町時代前期の本坊で二階閣が知られるのは西来庵摩穹閣、正統庵邀月閣、天源庵指南閣、竜峰庵奎光閣、回春庵披雲閣、広徳庵慶源閣の六棟である。これらの塔頭は中心伽藍の東方と西方及び北方山陵に所在した。西来庵、雲外庵、実際庵の本坊は客殿と書院を備えていたことが知られる。

Ⅱ　円覚寺の塔頭

円覚寺の塔頭は鎌倉時代創立が三塔頭、南北朝期創立が二十六塔頭、室町時代前期創立が十塔頭である。塔頭の開祖、嗣法、卵塔（開山堂）銘については表4～表6を参照。

（1）大仙庵

大仙庵は桃渓徳悟（第四世、宏覚禅師）の塔頭である。『延宝伝灯録』に、桃渓は円覚寺住持を退院後、生前に

表４　鎌倉時代創立の円覚寺檀那塔と塔頭　　○印：来朝僧、△印：入宋僧

	塔頭	世代・塔頭開祖	直諡号	嗣法	示寂	影堂	位置	備考
	仏日庵	檀那　北条時宗			弘安 7.4.4	道杲堂	境内東方	檀那塔
1	大仙庵	△ 4　桃渓徳悟	宏覚禅師	蘭渓道隆	徳治 1.12.6	密印	境内西北岡	室町末廃絶
2	白雲庵	○ 10　東明慧日		直翁徳挙	暦応 3.10.4	大明	境内西北岡	
3	伝宗庵	11　南山士雲		円尓聖一	建武 2.10.7	定照	境内西北岡	

典拠：『扶桑五山記』『鎌倉五山記』、玉村竹二・井上禅定『円覚寺史』、建武頃「円覚寺境内絵図」、寛政３年「円覚寺境内絵図」

大仙庵を営み退居したという。桃渓は永仁四年（一二九六）に円覚寺に入院、正安三年（一三〇一）には武蔵国杉田の東漸寺に居住していたので、大仙庵を創めたのは永仁四年から正安初年の間である。桃渓徳悟は徳治元年（一三〇六）十二月六日に示寂し、東漸寺及び円覚寺大仙庵を塔所とした。卵塔は雅称を「密印」という。

建武二年頃の「円覚寺境内絵図」（図10）に、境内西北の岡にある大仙庵は二棟の建物が描かれている。一棟は西面する切妻造二階建の建物、一棟はその北側にあって、南面する小建物である。小建物は桃渓を祀る開山堂、二階屋は本坊（客殿）と考えられる。江戸時代の享保七年頃に書かれた『鹿山略記』冨陽庵項に、境内破壊の地として大仙庵をあげ、遺像は冨陽庵に置くと記す。現在、冨陽庵本堂安置の木造桃渓徳悟坐像は十四世紀前半の造立と考えられており、創立期の大仙庵開山堂に祀られたと考えられる。

大仙庵は応安七年（一三七四）の円覚寺大火に無事であった。『空華集』に収める「桃隠頌序」に、永和四年（一三七八）冬、大仙庵主悦山は祖塔の左側に室を築いて隠居に凝らし、桃隠軒と称した、とある。桃隠軒は大仙庵の寮舎である。

室町時代前期の大仙庵は『鎌倉五山記』円覚寺諸塔大仙庵の項に「密印〈卵塔〉」とある。本坊は二階建て建物であったか否か不明である。

表5　室町時代前期創立の円覚寺塔頭　　　○印：来朝僧、△印：入元・明僧

	塔頭	世代・塔頭開祖	勅諡号	嗣法	示寂	影堂	位置	備考
1	正続院	○開山無学祖元	仏光国師	無準師範	弘安 9.9.3	常照	伽藍東北	建武2年移設
2	蔵六庵	○2　大休正念	仏源禅師	石渓心月	正応 2.11.30	円湛	境内西南	建武2年移す
3	長寿庵	13　雲屋慧輪	仏地禅師	無学祖元	元弘 1.5.10			
4	黄梅院	15　夢窓疎石	大円国師	高峰顕日	観応 2.9.30	最勝輪	境内東方丘	旧塔名香厳
5	臥龍庵	17　大川道通		大休正念	暦応 2.2.1		境内西南岡	室町末廃絶
6	瑞光庵	19　天外志高	真覚禅師	南州宏海	康永 2.8.1			室町末廃絶
7	瑞雲庵	△20　崇山居中	大本禅師	西澗子曇	貞和 1.2.6		総門外北	室町末廃絶
8	利済庵	22　東峰通川		大休正念	文和 2.2.23		山門西南	室町末廃絶
9	同契庵	23　象外禅鑑	妙覚禅師	桃渓徳悟	文和 4.11.18	密付		建長寺へ移設
10	正伝庵	24　明岩正因	大達禅師	西澗子曇	応安 2.4.8		方丈北岡	
11	東雲庵	○26　東陵永璵	慈済禅師	雲外雲岫	貞治 4.5.6			室町末廃絶
12	天池庵	28　容山可允		嶮崖巧安	延文 5.4.18		境内西南丘	
13	続灯庵	30　大喜法忻	仏満禅師	太平妙準	応安 1.9.24	祥光	境内東北丘	
14	大義庵	31　天沢宏潤		雲屋慧輪	貞治 6.10.14			室町末廃絶
15	雲光庵	32　東林友丘		一山一寧	応安3以後			室町末廃絶
16	等慈庵	△33　不聞契聞		東明慧日	応安 1.7.12			室町末廃絶
17	如意庵	△36　無礙妙謙	仏真禅師	高峰顕日	応安 2.7.13		方丈東岡	
18	宝亀庵	37　梅林霊竹		大川道通	応安 7.3.3		境内西南岡	室町末廃絶
19	帰源庵	38　傑翁是英	仏慧禅師	之庵道貫	永和 4.3.11		境内西南岡	
20	青松庵	△40　大拙祖能	明鑑禅師	千岩元長	永和 3.9.13		山門北	室町末廃絶
21	定正庵	△42　此山妙在		高峰顕日	永和 3.1.12			室町末廃絶
22	正眼院	△44　少室慶芳		空室妙空	永徳 1.12.10			室町末廃絶
23	慶雲庵	△48　香林讖桂	等覚禅師	肯山聞悟	至徳 2.2.18			室町末廃絶
24	桂昌庵	49　承先道欽		黙翁祖淵	至徳 2.12.6		総門北	
25	龍門庵	52　高山通妙		寒潭恵雲			方丈北	室町末廃絶
26	頂門庵	53　大伝有承		太清宗渭				室町末廃絶

典拠：『扶桑五山記』『鎌倉五山記』、玉村竹二・井上禅定『円覚寺史』、建武頃「円覚寺境内絵図」寛政3年「円覚寺境内絵図」

表 6　室町時代中期創立の円覚寺塔頭

	塔頭	世代・塔頭開祖	勅諡号	嗣　法	示　寂	影堂	境内位置	備　考
1	済蔭庵	58　曇芳周応		夢窓疎石	応永 8.9.7		仏殿北	旧華陽軒
2	妙高庵	60　無外円方		不聞契聞	応永 15.1.5		西北岡	旧絶遊軒 室町末廃絶
3	冨陽庵	61　東岳文昱	仏地禅師	大拙文巧	応永 23.5.19	天真	西北岡	
4	寿徳庵	66　月潭中円		義堂周信	応永 15.9.7		法堂北丘	一説応永 14 寂
5	龍翔庵	70　大用全用		少林桂萼				室町後期廃絶カ
6	海会庵	98　朴中梵淳		適庵法順	永享 5.12.. 晦		仏殿北	室町末廃絶
7	聯芳庵	100　華宗心栄		瑞峰士麟	応永 33.4.11			一説応永 30 寂 室町後期廃絶
8	法珠院	102　大雅省音		古調省韶	応永 26.6.8		総門外北	永正頃退転
9	珠泉庵	111　学海帰才		大綱帰整	永享 10.10.29			室町末廃絶
10	天寧庵	120　芳谷芳孫		少室慶芳	宝徳 2.3.15			室町末廃絶

典拠：『扶桑五山記』『鎌倉五山記』、玉村竹二・井上禅定『円覚寺史』、建武頃「円覚寺境内絵図」寛政 3 年「円覚寺境内絵図」

（2）白雲庵

白雲庵は東明恵日（第十世）の塔頭である。東明は元の明州定海県の人、曹洞宗直翁徳挙の法嗣である。至大元年（日本延徳元年、一三〇八）冬、北条貞時の請に応じて来日した。貞時の命により、東明は延徳二年に禅興寺に住持し、翌三年（一三一〇）円覚寺に入院した。円覚寺入院後、まもなく東明は山の隴西について庵を造り休閑の所とし、白雲庵と名づけた。『東明和尚語録』偈頌に、

庵居
世間虚幻何時足、老去生涯不厭貧、
一塢白雲三事衲、数椽茅屋箇閑身、

の詩をのせる。白雲庵は茅葺で、僧三人が居た。東明は、文保元年（一三一七）まで円覚寺に在住したので、正和年中（一三一二〜一六）に白雲庵を営み、退院後、そこに退居したと思われる。その後、東明は建長・寿福・万寿・東勝など各寺に歴住したが、その任が満つると常にこの白雲庵に帰住していた。別源円旨、不聞

契聞、東白円曙、中巌円月などは白雲庵にて東明に侍し、鎌倉時代末期の白雲庵には同門の徒弟が数多く東明を囲んで同居していた。竺仙梵僊撰『東明和尚塔銘』に、暦応三年（一三四〇）十月、東明は臨終にあたり、侍僧に卵塔はすでに成るや否や問い、侍僧はすでに成ると答えた。示寂後、全身を「大明之塔」に葬る、とある。寿六十九歳。これより先、東明は始めて白雲庵を造るとき、塔に「大明之塔」の名を付け、自ら「大明塔銘」を撰した。卵塔（開山堂）は暦応三年に出来、「大明」の扁額を掛けた。『東明和尚塔銘』にのせる竺仙の詩に、

　大明翔陽。金樞扶桑。擁轡逸駭。祖室光揚。
　霊龕率覩。像儀㆓眉宇㆒。丹彩晬然。藹如㆓春昫㆒。

の句があり、卵塔に東明の坐像が安置されていた。現在、白雲庵本堂に安置する木造東明慧日坐像（総高九五・一センチ、像高六六センチ、曲彔に安座）は南北朝時代の作と考えられている。

建武頃の「円覚寺境内絵図」は、大仙庵の北に続く岡にある白雲庵の敷地に二棟の建物を描く。一棟は西向の切妻造二階屋、もう一棟はその北側にある西向の平屋である。絵図が書かれた時期には未だ白雲庵に開山堂はなかったので、平屋は開山堂ではない。大仙庵の小建物（開山堂）に濡縁の表現がなく、白雲庵の平屋に濡縁を付けるのは、両者の性格の相異を表していると思われる。

一方、二階屋は、『清拙和尚語録』頌古に収める清拙正澄の詩にある雲封亭と考えられる。すなわち、

　亭上青山草木濃、亭前暁野白雲封、人間何処無㆓遊賞㆒、無㆓此門前六本松㆒、雲封亭〈白雲庵境〉

とある。雲封亭は白雲庵の境致であった。亭上から見た青山の草木は色濃く、亭前の暁野は白雲に富み、素晴らしい景色であった。これによると、白雲庵の門前にもと六本松があった。この詩は清拙正澄が円覚寺住持であった元徳二年（一三三〇）頃の作ではないだろうか。また、竺仙梵僊の「天柱集」に、竺仙が別源円旨を白雲庵に

訪ねた時の詩をのせる。

　　別源を訪う

一年此に至らず、我が今日の来を快とす。見説らく縦性窩なるも、它人の為に開かず。長松翠葉老い、石壁蒼苔堆し。幽窓林隙に面し、幾白日の頽を見る。有る時は妙語を発す、肆意敲推なし。覚えず為に几を撫す、四座奔雷に驚く。

静寂な山房の幽窓は山の緑に面し、そこからほとんど西山に白日のくずれるのを見る。竺仙を迎えて二階で詩会があったらしい。また、義堂周信の詩にみえる「白雲夢堂」は二階建の雲封亭と思われる。『空華集』巻九に、つぎの詩をのせる。

①　用レ韻答二白雲夢堂一

山色楼に満ち雲房に満つ。喜ぶ君が此に来り幽荒を慰することを。
径松還東風に向長し。庭柏すでに池水に垂光る。
臨済の三玄閑路索。洞山の五位飯家常。
翻思二十年前の事。夢同床に熟す又一場。

②　次レ韻留二夢堂一兼簡二無外少林二伯仲一

去て田園に向主翁と作るは。此山中に隠坐するに如何。
白雲端に幽石に依り合。明月従他碧空に在ことを。
一曲の新豊遺音徹し。千年の洞水逆流通す。

同盟況や兄弟有難し。鼎立峨峨として祖風を振。

①に、山色は楼に満ち、雲は房に満つ、とある楼は白雲庵の二階、房は庵主の山房を言うのであろう。門前の道に松が植えられ、白雲庵の池庭に植えた柏槇は水に垂れて光っていた。清拙正澄の雲封亭の詩に「此門前六本松無し。」とあり、門前の松はその後植え代えたのかもしれない。

②は夢堂を想い、白雲庵の無外円方と少林如春に宛てた詩である。白雲の端に幽石と依合うとある幽石は、白雲庵の上に不聞契聞が営んだ幽石庵である。不聞は応安元年（一三六八）二月、白雲庵の上に寿塔を建て、幽石と名づけた。不聞は応安元年七月十二日示寂、幽石庵を塔所とした。

以上、建武頃の「円覚寺境内絵図」に描かれた白雲庵の二階屋は雲封亭と考えられることを述べた。その北側にある平屋は開山堂でないとすると、侍者の寮舎であろう。建武二年頃、東明恵日の侍者は別源円旨と不聞契聞、東白円曙であった。なお、白雲庵四世無外円方（不聞契聞の法嗣）は白雲庵主の時、応安七年頃庵内に絶遊軒を営んだ。『空華集』巻八に、それに寄せた義堂周信の詩がある。その詩に「遊を絶ち深く白雲の隈に入る。まさに隠を招俗駕の来を嫌うべし。窓外の好山多は窈窕。」の句がある。絶遊軒から西山を臨む景色は窈窕であった。そこから富士の雄姿を仰ぐことができたであろう。

室町時代前期の白雲庵は『鎌倉五山記』円覚寺白雲庵の項に「大明〈卵塔〉・雲封亭」と記される。開山堂と本坊が存在した。

（3）伝宗庵

伝宗庵は南山士雲（第十一世）の塔頭である。南山は、東明恵日の後をうけて文保元年（一三一七）に円覚寺に入院し、一旦退院するが、直ちに再住を命ぜられた。そして、元応二年（一三二〇）十二月、建長寺に遷住した。伝宗庵は南山が円覚寺住持の時、退居寮として営まれたと考えられる。その位置は白雲庵の西側、一段低い岡にある。南山は、建武二年（一三三五、一説に三年）十月七日、東福寺普門院にて示寂した。世寿八十二歳。『鹿山略志』に、諸徒は東福寺荘厳蔵院に霊塔を建て、遺命により円覚寺伝宗庵の塔中に分骨した。扁を「定照」という、と伝える。別源円旨の『東帰集』に、つぎの詩をのせる。

　　和㆘圭首座拝㆓南山和尚舎利㆒韻㆖

　生か死か竟に量り無し、当時道はず熱中の腸、
　阿師の霊骨金剛の眼、塔下に埋め難し太寂の光、

卵塔は南山の頂相を安置し、その下に舎利を埋めていた。伝宗庵に現存する木造南山士雲坐像（頭頂―裾先一〇一センチ、坐高六〇・五センチ、袖張七一・九センチ）は室町時代前期の作と考えられている。

建武頃の「円覚寺境内絵図」は伝宗庵の敷地に二棟の建物を描く。一棟は北岡を背にして南面する二階屋、もう一棟はその前方東側にある西向き平屋である。平屋は濡縁があるので、白雲庵平屋と同じ寮舎と考えられる。卵塔（開山堂）は未だ無く、南山示寂後に造られたと推定される。二階屋は本坊（客殿）である。

伝宗庵文書に収める建武四年（一三三七）七月十四日付の道光奉書に、土御門二品親王の姫宮は、鎌倉西御門にある二か所の地を円覚寺伝宗庵定照院に寄進したことがみえる。土御門二品親王は守邦親王（二品征夷大将軍）である。この定照院について、江戸時代後期の資料である『鹿山略志』伝宗庵項に、後師神足雪庭立公は本庵の側に一宇を創め、扁を定照院というと伝える。雪庭立公（雪庭士立）は南山の法嗣で、師の寂後、間もなく伝宗庵の側に定照院を創立したと考えられる。雪庭の塔所が伝宗庵の近くにあったことは、つぎの資料から知られる。

伝宗庵文書に収める「士尊書状」に、応安六年九月廿一日、士尊は伝宗庵頭老師（竺心景仙）に宛て、雪庭和尚塔所二階の敷地を子細なく渡すこと、及び渡状は追って進むべきことを申した。同文書同月廿七日の「士尊渡状」に、

二階敷地事
東者、限山上之二重切岸、
南者、限井東之小畠之南岸、〈限二階東小鼻〉
西者、限山上切岸、〈限南井之北渚・西切岸〉
北者、東西之大松限之、
自伝宗庵主〈竺心和尚〉之方、任承旨、塔頭所敷地、
限四至堺、渡申処状如件、
応安六年九月廿七日
都管士歳（花押）
住持士尊（花押）

と記す。これによると、雪庭和尚の塔所である二階敷地は東と西を切岸で、北を東西にある大松、南を井戸の東にある小畠南岸でそれぞれ限られていた。この井戸は『鹿山略志』伝宗庵項の定照院脇注に「殿曰吉祥、井曰甘露」とある甘露井である。この甘露井は『鎌倉五山記』円覚寺伝宗庵の項にみえる。甘露井は二階敷地の西南辺にあるので、応安に譲渡された二階敷地は伝宗庵の南隣にあったと推測できる。なお、寛政三年の「円覚寺境内絵図」（『鎌倉の古絵図』Ⅰ）によると、伝宗庵の敷地は現在と同じ旧大仙庵西下にある。これは建武頃の「円覚

寺境内絵図」に描く伝宗庵敷地の南隣で、雪庭の塔頭二階敷地に相当する。伝宗庵が現在地に移った時期は未詳であるが、この地が応安六年に伝宗庵へ譲渡されたことを裏付ける。

以上要するに、建武四年の文書にみえる伝宗庵定照院は雪庭士立の塔所と考えられる。応安六年の文書に雪庭和尚の塔所を二階敷地と記すことから、そこに二階屋（吉祥殿カ）が建っていたと思われる。

（4）黄梅院

1　黄梅院の創立

黄梅院は山号を伝衣山といい、夢窓疎石（第十五世）の塔頭である。夢窓疎石は勢州源氏、高峰顕日の法嗣である。元徳元年（一三二九）八月二十九日、北条高時の請に応じて円覚寺に入院、翌二年九月に住持を辞した。元弘三年（一三三三）五月に鎌倉幕府が滅亡した後、夢窓は京都臨川寺にあって宗門の発展に勤めた。夢窓は、後醍醐天皇崩御の後、その菩提のため足利尊氏・直義とともに天竜寺の創建を成し遂げた。晩年は西芳寺に隠居した。観応二年（一三五一）九月三十日、夢窓は臨川寺三会院にて示寂、三会院及び天竜寺雲居庵を塔所とした。

足利尊氏の家臣であった霜台饗庭氏直は夢窓に帰依していたが、夢窓の示寂後、その塔所を円覚寺境内に造ることを足利尊氏に申し出た。観応三年（一三五二）六月十三日、それが認められ（『鎌倉市史』三―二〇）、同年九月に円覚寺華厳塔のある華陽の敷地を夢窓国師の塔所とすることが許可された。

『鎌倉の古絵図』Ⅰ（鎌倉国宝館図録第十五集）に、二幅の円覚寺華厳塔図（黄梅院蔵）が収録されている。図13は基壇に建つ西向の三重華厳塔を中央に描き、その前方右脇に一棟の建物、塔の東南に鎮守社を書く。敷地正面の石段上に微かに塀が認められるが、表門は不明である。図13は着色画で、敷地の三方を巡る山陵に松樹を表現し、西北入隅部に竹藪を描く。また敷地の周囲を朱線で示し、その二個所に「在判」、華厳塔の前に「御判」

図17　円覚寺華厳塔図（観応3年銘、黄梅院蔵、鎌倉国宝館寄託）

と書き入れる。紙背に「夢窓国師之塔所□」と記す。年紀はないが、夢窓国師の塔所を円覚寺境内に造ることが認められた観応三年六月頃の図である。

図17（観応三年銘）は、基壇に建つ三重華厳塔を中心に、その東南壇上に鎮守社、華厳塔の前方に二階閣、左脇に二棟と右脇に一棟の建物を描く。また、敷地の西南端に西向の表門を書き、その内側より「字に折れて二階閣の前に到る廊下がある。表門前は石段があり、その上に架かる山廊が描かれている。図17は敷地の三方を取り巻く山陵の松樹や、西北入隅部の崖にある竹藪などを水墨画風に描き、敷地の範囲を示す朱線の二個所に「在判」、二階閣の上に「尊氏御判」と書き入れる。紙背に観応三年（一三五二）九月の記銘があり、作図の意図が知られる。

円□華陽□□□所」□□」夢窓国師□□
観応三年九月廿九日□□」在判
華陽敷地所望□」自三会院写本絵図」被下置者也

華陽は円覚寺公界七寮の一つで、維那寮であると考えられている。銘文によると、この絵図は夢窓国師の塔所として華陽敷地を所望すること、その敷地の範囲が定められたことを伝えるために作図されたもので、正本は京都三会院にあり、三会院より円覚寺に下置された写本である。

さて、図13と図17は、ともに黄梅院の創建に先だって作成された絵図であるが、どのような内容を示すのであろうか。図13は、建武二年頃の「円覚寺境内絵図」（図10）に描かれた華厳塔のある敷地の状況に近似するが、後者にくらべ鎮守社が加えられている。華厳塔の前方右脇にある建物は、いずれも華陽軒の建物を示すと考えられる。一方、図17は、図13にくらべ華厳塔の前方に二階閣と左脇に二棟の建物が加わり、また、正面石段の上に表門と両脇塀を描き、その前後に山廊と廊下がある。両図はほぼ同じ時期に書かれたと考えられるので、図17は計画図と推定される。それにしては、卵塔（開山堂）など黄梅院の主要建物がみえない。注意されるのは、華厳塔の前方にある二階閣である。これは華厳塔前の礼堂ともいえる建物である。すると、二階閣は黄梅院の創建に合わせて計画された可能性がある。華厳塔前の左脇（向って右）にある二棟の建物も同じと思われる。これに関して『鎌倉五山記』円覚寺黄梅院の項に、卵塔、斎堂、客殿、僧堂とともに「浮香閣〈二階〉・華陽軒・一枝〈書院〉」を記載するのが注意される。後述のように、『鎌倉五山記』にのせる黄梅院の記事は応安七年（一三七四）の円覚寺大火後に再建された黄梅院の建物を伝えるが、浮香閣、華陽軒、一枝（書院）は応安火災以前に遡る可能性があり、それらは図17の二階閣と華厳塔前左脇にある二棟の建物に同定できる。図17は華厳塔と華陽敷地をその当時のまま描き、そこに黄梅院を創建するにあたり、華陽軒と一枝（書院）を華厳塔の左脇に移設すること、合わせて二階閣と表門、廊下、山廊を新たに造営することを示した絵図と考えられないであろうか。

黄梅院の造営は文和三年（一三五四）三月に、夢窓の門弟である方外宏遠が塔主として京都より下向し、修造に専念することが定められた。また、造営の費用は、饗庭氏直が寄進した常陸国結城村・色好村、椿村三個所の寺領年貢の半分を黄梅院の支用に充て、半分を檀那受用分とすることが定められた。文和三年十月二十六日、足利基氏は黄梅院修造料として常陸国の棟別銭十文を同院に寄せることを方外に伝え、同十一月十二日に承認された（『鎌倉市史』三―六、七）。文和三年（一三五四）十一月、「黄梅院」の額字（後光厳天皇宸筆カ）を賜った。この額は、貞治二年（一三六三）九月、表門に掛けられた。

2　創建期の黄梅院

『日用工夫略集』によると、延文四年（一三五九）八月、足利基氏の要請で鎌倉に下向した義堂周信は円覚寺に属することになり、翌五年夏、黄梅院に居住した。義堂は黄梅院内の一枝軒（書院）に居たようである。義堂の『空華集』巻第一に、つぎの詩を収める。

黄梅西軒の即事

西山の宜を晩対に愛するが為に。　窓を開き毎に座して西簷に向う。

山奴は山を愛する意を解せず。　未だ黄昏に到らず簾を下げ卻く。

黄梅西軒は華陽軒の西側にある一枝（書院）であろう。夕陽に輝く西山の晩景に向うを愛しむために、書院の窓を開き、座して西簷に向うという。

『日用工夫略集』貞治四年四月十一日条に「黄梅化卯塔偈八句を作り、法第中金を差し、羽奥二洲に往く。」とあり、貞治四年四月には卯塔も出来ていた。貞治六年（一三六七）十月七日、足利義詮は、鎌倉・六浦の小間別銭を以て黄梅院華厳塔修造の費用にあて、明年祈禱までに竣工するよう、塔主義堂周信に命じた（『鎌倉市史』三―一三）。この頃には黄梅院が完成し、華厳塔の修理に入ったのであろう。翌応安元年（一三六八）二月二十九日、足利義満は、父義詮の遺骨を黄梅院に分納した。

創建期の黄梅院は、夢窓国師を祀る卯塔（開山堂）と塔主の住房である本坊及び守塔の侍真寮があり、また同じ敷地に華厳塔、鎮守社、二階閣、華陽軒、一枝（書院）、表門などがあったと推定される。『扶桑五山記』円覚寺黄梅院の項に「夢窓国師、卵塔曰香厳、書院曰一枝、」と記し、卵塔の雅称（額銘）を「香厳」と伝える。後述のように、応安七年火災後に再建された黄梅院卵塔の雅称は「最勝輪」であり、「香厳」は創建期の卵塔の雅称と考えられる。また、「一枝」は維那寮書院の雅称であり、独立して建てられた書院の初期例として注目される。現在、黄梅院開山堂に安置する木造夢窓疎石坐像（総高一一八・三センチ、像高八二・七センチ、袖張七六センチ）は南北朝時代の作と考えられ、創建時の開山堂に安置されていた。

なお、卵塔、本坊などは旧華陽の敷地に造営されたと推定されるが、黄梅院創建以前の華厳塔図（図13、図17）によると、敷地は西北隅が入り込み、その土地はそれほど広くない。これを応永三十年の「黄梅院伽藍図」（図18）にくらべると、後者の敷地は西北部を土地造成して拡張したことが推測できる。その時期は詳らかでないが、黄梅院北西の一段低い台地にある続灯庵は、創建にあたり大規模な土地造成を行ったことが現在の敷地から窺える。大喜法忻の塔頭である続灯庵の創建は黄梅院の開創と同時期であり、黄梅院西北部の拡張はその頃行われた可能性が大きい。

3　応安火災後再建の黄梅院と華厳塔

応安七年（一三七四）十一月の円覚寺大火により黄梅院及び華厳塔は罹災した。その後の黄梅院再興は義堂周信に依嘱された。『日用工夫略集』によると、永和四年（一三七八）五月十八日、黄梅院の卵塔と亭が建立された。亭は卵塔前に建つ昭堂である。翌五年六月一日、黄梅院の正寝すなわち本坊が新築された。そして、永徳三年（一三八三）九月晦日、黄梅院で夢窓国師の三十三年忌仏事が行われた。「夢窓疎石三十三年忌仏事結解」(4)によると、当時、黄梅院は卵塔、昭堂、本坊、僧堂、仮門があり、卵塔（開山堂）に夢窓国師の頂像を祀り、「最勝輪」の額を掛けていた。開山堂「最勝輪」と表門「黄梅院」の額字は後小松天皇の宸筆である。この時期の黄梅院に僧堂が造られたことは注意される。

一方、華厳塔は夢窓国師三十三年忌に間に合わなかった。義堂は、至徳四年（一三八七）夏に黄梅院華厳塔重建のために勧縁疏を造り募縁した。三重華厳塔は、明徳元年（一三九〇）頃、完成した。明徳元年十月の黄梅院華厳塔勧進銭納下帳(5)によると、華厳塔は台輪、頭貫、腰貫、礎盤、飛虹梁などを用いた禅宗様建築で、屋根は榑の仮葺であった。なお、同じ納下帳によると、当時黄梅院に侍真、納所、典座、直歳などの役僧が居住しており、侍真寮、庫裏（納所、典座寮）、直歳寮の存在が推測できる。

『鎌倉五山記』円覚寺黄梅院の項に、

五葉聯芳〈客殿〉・還核殿〈客殿後改為二還核一云々、〉・常円〈僧堂〉・最勝輪〈卵塔〉・淡味〈斎堂〉・浮香閣〈二階〉・華陽軒・一枝〈書院〉

と記す。この記事は、卵塔の雅称を「最勝輪」とするので、応安火災後に復興された黄梅院の資料によると考えられる。本坊客殿の雅称は「五葉聯芳」、後に「還核殿」に改めたという。「常円」は僧堂の、「淡味」は斎堂の雅称である。斎堂は亨堂すなわち昭堂である。浮香閣、華陽軒、一枝（書院）は応安火災後にも再建されたのであろう。

4　応永八年火災後再興の黄梅院と華厳塔

応永八年（一四〇一）二月晦日、黄梅院と華厳塔は火災にあった。翌九年三月十六日、全国の夢窓派寺院百二十ケ寺から助縁を募るため黄梅院勧進銭事が定められた（『鎌倉市史』三―四一）。同年四月二十五日に定められた黄梅院造営規式によると、華厳塔造営は京都料足をもって下行すること、卵塔は黄梅院常住費用で造営すること、大坊（本坊）は関東勧進銭を以て造営すること、公方足利満兼を総奉行とすること、関東勧進銭は夢窓忌以前に沙汰すべきことが定められた（『鎌倉市史』三―四二）。その後の造営経過は不明であるが、卵塔、本坊、庫裏などは応永十年の夢窓忌には出来ていた。華厳塔は造営が遅れ、応永十一年冬に塔主心翁中樹は華厳塔重造釈迦・多宝二尊勧縁疏を造って助縁した（『鎌倉市史』三―四五）。応永八年火災後、二階閣、華陽軒などは黄梅院内に再建されなかった。

5　応永二十八年の火災と再興後の黄梅院

黄梅院は応永十一年に再興されたが、応永二十八年十一月十二日に再び火災にあった。火災後、黄梅院の復興はいち早く進められ、翌二十九年正月二十六日に卵塔材木註文（主要部材の数量と寸法を記す）が作成された(6)。そして翌三十年二月十五日には、同院の造営をほぼ終えたらしく、常住納所梵忻などにより「黄梅院造営勧進銭納下帳」（『鎌倉市史』三―四八）が作られ、京都へ送られた。それによると、造営費用は大部分を京都奉加銭に依ったことがわかる。奉加銭は京都分二千三百五十五貫三百文、関東分四十五貫六百文、総計二千四百貫九百文で、その内下行費用の合計は二千三百三貫六百八文であった。奉加銭総計の次に卵塔、亭、本坊、僧堂、庫裏客殿、庫裏、仮山門、中居、鎮守、廊下〈三ケ所〉、米倉、直歳寮、薪屋をあげるので、奉加銭はこれらの造営費に充てられたのである。これらは、応永三十年三月八日の記銘がある「黄梅院伽藍図」（図18）に描かれた建物とほぼ一致する。「黄梅院伽藍図」は図下に京都御前（将軍足利義量）及び門下諸尊宿が一見したことを記し、黄梅院主蘭室妙薫の証判と日付があり、応永三十年に再興された黄梅院の様子を描いた絵図である。

黄梅院伽藍図（以下、「黄梅院図」と記す）によると、黄梅院は山陵を背にした敷地の西面に表門を開き、その東方山陵寄りに卵塔と亭が西向きに建つ。卵塔は東南に鎮守があり、旧華厳塔とほぼ同じ位置に建てられた。華厳塔は再建されなかったのである。卵塔と亭及びその前庭は一段高く造成され、前庭正面に石段と石垣を築く。

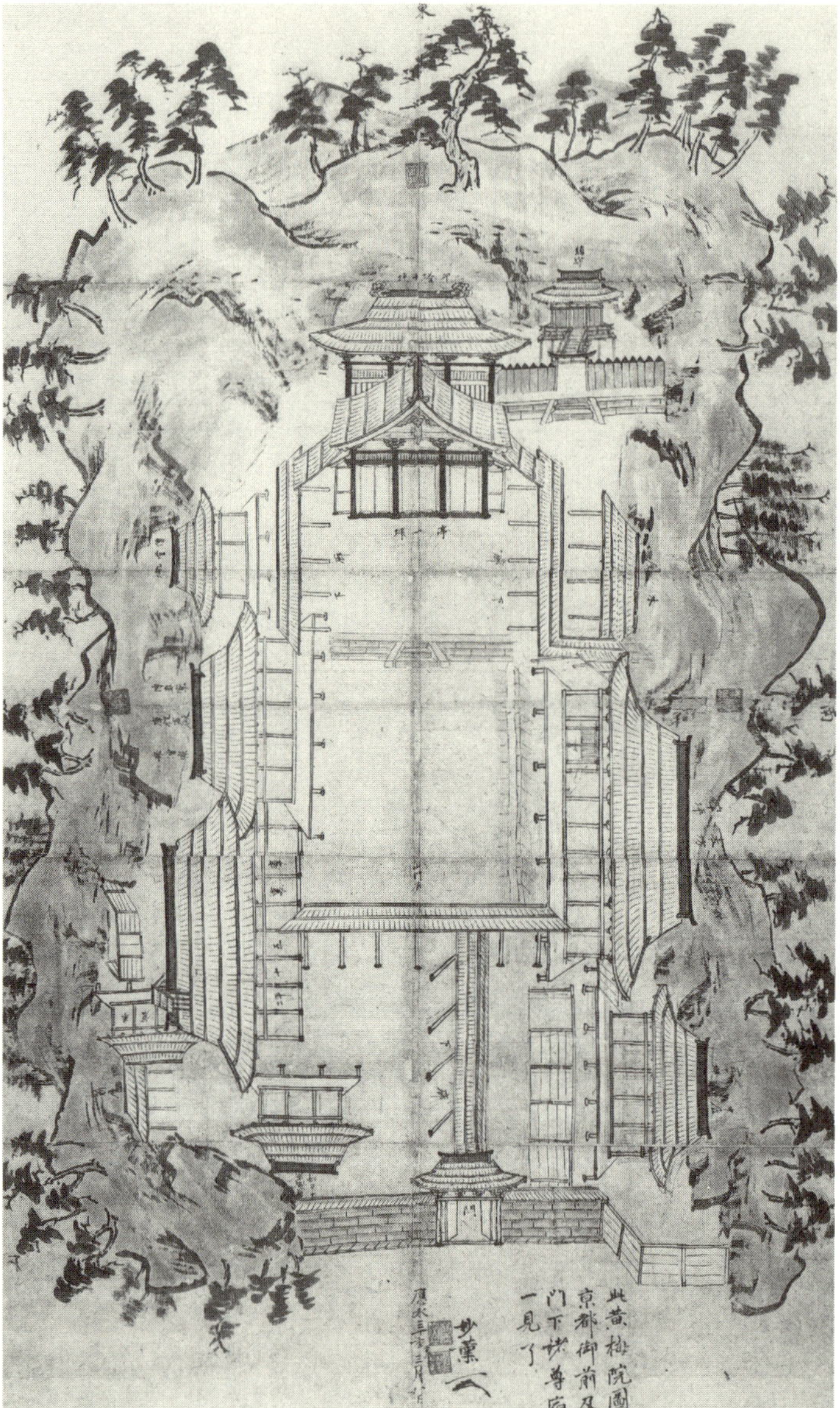

図 18　黄梅院伽藍図（応永 30 年、黄梅院蔵、鎌倉国宝館寄託）

前庭は亭両脇から西に延びる南北両廊下により囲まれ、北廊下の外に僧堂、南廊下の外に木屋がある。前庭西方の下段は中庭を挟んで南側に本坊と中居、北側に庫裏客殿と庫裏が相対して建てられた。また、庫裏の西脇に直歳寮、背後に米倉と薪屋がある。中庭の中央に本坊西端と庫裏を結ぶ山門廊を渡し、山門廊中央と表門と結ぶ廊下がある。「黄梅院図」については先学の研究がある。(7) つぎに、主な建物について述べる。

卵塔と亭

先述の卵塔用材注文及び「黄梅院図」によると、卵塔は正面三間（二十八尺）、側面一間（十四尺）の規模で、屋根は入母屋造板葺、箱棟の両端に三雲型飾の鬼板を置く。正面柱間寸法は中央間十二尺、両脇間八尺である。「卵塔十坪」の書入れがあるので、一坪は六・二六尺四方である。建築様式は禅宗様で、礎盤に立てた丸柱を地覆、腰貫、内法貫、頭貫、台輪で繋ぐ。柱太さは径一尺三寸（仕上げは一尺二寸カ）、柱高さは十四尺五寸（側面柱間とほぼ同じ）である。組物は三斗組、外廻り柱間は正面中央間が扉のほか、壁は竪板張り、内法貫と頭貫の間に竪格子欄間をはめる。内部に夢窓国師の頂相を安置していた。なお、応永三十年二月の「黄梅院造営勧進銭納下帳」下行条に「百十五貫文、釈迦・多宝修理塗彩飾、」をのせる。釈迦・多宝は華厳塔の本尊と考えられ、卵塔内に奉安されたのかもしれない。

亭は卵塔の前に少し離れて建つ。平面規模は卵塔と同じで、正面三間（二十八尺）、側面二間（各七尺）と推定される。屋根は切妻造板葺の妻入り形式で、妻飾に虹梁大瓶束架構を表す。破風は先端に刳形を付け、拝みに鰭付三花懸魚を飾る。禅宗様建築で、組物は通実肘木付三斗組である。内法貫上に竪格子欄間を嵌め、正面建具は三間とも端喰付板扉、両側面は前一間を戸口、後一間を外に張出す脇壇としていたらしい。基壇を描かないが、卵塔、亭とも土間床である。卵塔・亭は柱、台輪、斗栱を黒く塗るので、彩色されていたらしい。

本坊と中居

本坊は敷地の中央南側にあって中庭に面して北向に建つ。平面規模は正面十間、側面六間、六十坪、屋根は入母屋造板葺、周囲に榑縁をめぐらす。軸部は角柱に縁長押と内法長押を廻し、柱頂に舟肘木をあげる。客殿は東端にある間口四間、奥行四間の部屋で、正面中央二間に外開き桟唐戸を立てる。応永三十年の「黄梅院造営勧進銭納下帳」下行条に「弐貫参百八十文　推板〈書院料〉、」の記載がある。また、奉加銭の合計について「肆拾五貫陸百文　関東分〈加推板料足二貫五百□□□、〉」とあり、推板は付書院に用いる床板と解せられる。付書院は本坊における住持の書院に設けられた。黄梅院本坊の書院は客殿西脇間の奥にあったと推察される。室町時代の京都禅院における塔頭本坊は客殿両脇に間口二間の御所間と御影間を設けるのが一般的であった。関東では客殿両脇間を礼間及び檀那間と称した。黄梅院本坊はそのうち御所間（檀那間）を欠くことになる。書院は二間四方の部屋であろう。客殿背後の部屋は、南北朝期の円覚寺方丈を参照すると、書院の東側に院主の眠蔵、その東に衣鉢侍者の室があったと推定される。

なお、本坊正面十間のうち東側六間は客殿と西脇間、書院などを設けたとすると、西側四間はどのように用いられたのであろうか。本坊の西方に別棟の中居があるので、本坊西側は一間中廊下の西側に小客殿及び小書院などのような院主常住の部屋が設けられたかもしれない。

中居は正面五間、側面四間、二十坪の平面規模である。屋根は入母屋造板葺、周囲に榑縁をめぐらし、本坊との間に渡り縁を付け、また、中庭側に板塀を立てる。中居は院主に侍してその身辺の雑事に奉仕する中居衆の寮舎である。永享七年五月の「黄梅院年中下行定書」に「壱貫八百文　大茶〈十二ケ月分、中居茶礼共〉」の記事があり、中居で茶礼がおこなわれた。

庫裏と庫裏客殿

庫裏は正面八間、側面六間二尺五寸（五十坪）で、本坊につぐ規模を有する。屋根は入母屋造板葺、棟の西端に煙出し小屋根を造る。内部は土間を広くとり、床上に納所寮、典座寮があったと推定される。この時期の黄梅院に院主、侍真、中居のほかに納所、典座、直歳などの役僧が居たことは、永享七年の「黄梅院年中下行定書」により知られる。塔頭に庫裏を造り、納所・典座寮を設けるのは中心伽藍の庫院が衰退したことに関連する。庫裏客殿は正面五間、入母屋造板葺の屋根をあげ、周囲に榑縁をまわす。内部に侍真寮と衆僧寮が設けられ、また侍真や納所などが接客に用いる客殿があった。侍真は卵塔の近くに居て、開山頂相に侍する守塔である。

僧堂

僧堂は黄梅院に居住する衆僧の坐禅道場である。規模は方三間（九坪）、入母屋造板葺の屋根をあげ、周囲に濡縁をめぐらす。堂内に本尊地蔵菩薩を安置していた。衆僧は本来、本寺の選仏場を生活の場として、そこで坐禅、食事、就寝したが、室町時代前期ころから坐禅が衰退し、選仏場が営まれなくなった。禅院における坐禅は一部の塔頭に設けられた僧堂にて維持されたのである。応安七年火災後に再建された黄梅院に僧堂があったので、こうした傾向は十四世紀後半に始まったことが知られる。

塔頭における僧堂は相国寺普広院の例が知られる。相国寺蔵「普広院旧基封境絵図」は、応仁の乱で罹災した普広院の再建計画図であり、乱前の状態に依拠して計画されたと考えられている(8)。絵図によると、敷地の南西隅にある東向開山塔（卵塔）の北側にある僧堂は、方三間の土間堂で東面し、堂内南北西三面に狭牀を備えていた。

山門

山門は、応永三十年の「黄梅院造営勧進銭納下帳」に「仮山門」と記される。「黄梅院図」の山門は詰組斗栱をあげた禅宗様の四脚門で、内開き板扉を立て、屋根を入母屋造板葺とする。門の両脇は石積塀に板屋根を掛ける。応永三十年に再建された山門は仮山門であったが、その後、嘉吉二年（一四四二）十月に黄梅院奉加銭として三十三貫八百門が相国寺で計上されているので（『鎌倉市史』二―三五五）、山門は絵図の通りに再建されたと思われる。

以上、応永二十八年回禄後に再興された黄梅院は、創立以来最も充実した規模を有していた。

（5）続灯庵

続灯庵は山号を万富山といい、大喜法忻（第三十世、仏満禅師）の塔頭である。円覚寺境内東北の山陵にある。大喜法忻は参州今川基氏の四男で、太平妙準に師事し、その法をついだ。駿河清見寺、那須雲巌寺、鎌倉の浄妙寺、浄智寺、円覚寺、建長寺を歴住した。円覚寺に入院したのは貞治元年（一三六二）春であり、その年に寿塔を営み、同年九月に落慶した。傑翁是英（円覚寺第三十八世）の『仏慧禅師語録』偈頌に、

　　賀続灯庵開基　安寅季秋晦

四壁山高聳碧層　斧斤不犯立規縄

三千仏国乾坤闊　日月長懸正続灯

の詩をのせる。続灯庵を取りまく岸壁が高く青空に聳える様子が窺える。現在の続灯庵の地形は創建時に遡ると思われる。また、義堂の『空華集』巻第八に寿塔慶讃の詩をのせる。

　　次韻同慶円覚大喜師自造寿塔

経㆓営寿塔㆒役㆓工師㆒。欲㆑庇㆓児孫㆒豈小慈。

弾㆓圧湘南潭北地㆒。拓㆓開八万四千基㆒。

山形遠献青三面。雲気横分白六岐。
占二断鹿頭多少景一。画図応レ不レ待二王維一。

山景の優れた円覚寺境内東北の景を占有して、湘南潭北の地を切開き、寿塔を開拓して一幅の境致を創出した。その画図はまさに王維を待たずという。続灯庵は円覚寺境内東北の山陵を切開いて造営された。大喜は寿塔を造るにあたり、鎌倉公方と京都の将軍足利義詮の御教書を受けたはずであり、また、その敷地について寺家評定衆と鎌倉府奉行人の許可を得たと思われる。開基檀那は大喜の俗弟今川範国であり、彼の助力により大規模な土木工事が行われたと推定される。大喜法忻は、貞治三年に円覚寺を退院し、青山慈永のあとを受けて建長寺に入院した。晩年は続灯庵に隠退し、応安元年（一三六八）九月廿四日、庵後方の岩窟に生きながら入定した。辞世頌に「諸仏降跡処、続灯大光明、岩上開一室、一坐五百生、」という。塔の扁額は「祥光」といい、岩窟前に掛けられた。

なお、江戸時代の史料であるが、『続灯庵霊亀記』に続灯庵の方丈霊亀殿の伝承をのせる。この記は仏日庵の所蔵になり、『円覚寺史』に紹介されている。それによると、続灯庵主実際法如の請によって、誠拙周樗は文化三年（一八〇六）秋に霊亀記を作ったという。『霊亀記』に蘭長老（芳洲法蘭）の記を引いて、開祖が方丈で説く禅会上に霊亀が来たことを瑞祥として、方丈を霊亀殿と呼んだという。また、続灯庵は応永以後四度の火災にあったが、霊亀と足利尊氏親書法華経一軸、金如意珠の三は無事であったという。芳洲法蘭は、元禄十三年〜宝永五年に続灯庵々主であった。方丈を霊亀殿と呼ぶのは開祖以来の呼称と思われる。同記によると、方丈は開祖入定窟の前方にあった。

続灯庵は応安七年の大火で焼失し、その後応永二十八年十一月十二日にも罹災した。『鎌倉五山記』円覚寺続灯庵の項に「祥光〈塔〉・霊亀〈客殿〉」と記す。これは室町時代前期の様子を伝える。「祥光」は開山入定窟前に掛けた額銘、「霊亀」は本坊客殿の雅称である。

『新編相模国風土記稿』円覚寺続灯庵の項に、客殿（霊亀殿）に開祖の像を安置すると記す。井上禅定「大光明」に円覚寺続灯庵宝物について、「亀甲はもとより開山像・本尊・文書什具に至るまで一切大正十二年の震災に堂舎と共に焼失」したと記す。開祖像と本尊は客殿の仏間に安置されていたと考えられる。開祖頂像を本坊仏間に安置するのは創建以来の形式かもしれない。

（6）冨陽庵

冨陽軒は東岳文杲（六十一世、仏地禅師）の塔頭である。東岳文杲は武蔵の人、大拙文巧の法を嗣、寿福寺と建長寺に住持した後、応永八年（一四〇一）頃、円覚寺に入院した。東岳は大仙庵開祖桃渓徳悟の法系に属するので、住山中に大仙庵南の地を割譲され、退居寮として冨陽軒を営んだ、冨陽軒は維那寮の寮舎であった。東岳は応永二十三年（一四一六）五月十九日に示寂、冨陽軒を塔所とした。冨陽軒は後に冨陽庵と称された。『鎌倉五山記』円覚寺諸塔・冨陽庵の項に「天真〈卵塔〉・海眼〈井〉」と記す。『五山記考異』も同じで、卵塔は雅称を「天真」と称した。室町時代前期に創立された塔頭で卵塔（開山堂）を造るのはめずらしい。現在、冨陽庵本堂に安置する木造東岳文杲坐像（総高一〇九・二センチ、像高七二・二センチ、袖張七六・二センチ）は十五世紀前半の作と考えられており、創建期の冨陽庵開山堂に安置されたと推察される。また、冨陽庵内の「やぐら」中にある開祖東岳文杲和尚塔（宝篋印塔）は応永二十三年六月五日の刻銘がある。卵塔（開山塔）はこの「やぐら」の前方に建てられたのではないだろうか。本坊は仏壇に開基の位牌を安置していた。『鹿山略記』によると、冨陽庵の開基檀那は上杉中務少輔朝宗入道禅助（応永二十一年八月卒）である。

小結

1　鎌倉時代創立の円覚寺大仙庵、白雲庵、伝宗庵の三塔頭は開山堂と二階建本坊を備えていた。開山堂は土間堂であったと考えられ、堂内仏壇に開祖頂像（坐像）を安置していた。『東明和尚塔銘』に、東明示寂後、全身を「大明之塔」に葬るとあるのは、開山堂に埋葬したのであろうか。伝宗庵の開山堂は開祖南山の頂像を安置した仏壇の下に霊骨器を埋葬していた。本坊は一階に客殿を備え、二階を詩会の場などに用いていた。

2　南北朝期から室町時代前期創立の円覚寺塔頭で開山堂の存在が知られるのは正続庵、蔵六庵、黄梅庵、同契庵、冨陽庵の四塔頭で、続灯庵入定窟（祥光）を含めてもよい。開山塔頭正続院と黄梅庵は開山堂の前に昭堂を設けていた。

黄梅庵開山堂と昭堂はともに桁行三間の規模で、禅宗様の土間堂であった。黄梅庵開山堂は堂内仏壇に開祖の頂像と華厳塔の本尊釈迦・多宝を安置していたと推察される。冨陽庵は開山堂に開祖像を安置し、その後方に在る「やぐら」に開祖の石塔（宝篋印塔）を安置していた。

3　南北朝期の続灯庵本坊は客殿奥の仏間に開祖像を安置していたと考えられる。これは本坊客殿奥に仏間を設けた比較的早い例である。

応永三十年再建の黄梅庵本坊は桁行十間、梁行六間の規模で、屋根は入母屋造板葺、周囲に榑縁をめぐらす。軸部は角柱に縁長押、内法長押を廻し、柱頂に舟肘木をあげる。本坊は表向に四間四方の客殿、内向に二間四方の書院を配し、書院は書院窓（付書院）を備えていたと推察される。

表7　鎌倉時代創立の寿福寺塔頭　　　　○印：来朝僧　△印：入宋・入元僧

	塔頭	世代・塔頭開祖	勅諡号	嗣法	示寂	影堂	位置	備考
1	逍遥庵	△開山明庵栄西	千光祖師	虚庵懐敞	建保3.7.5	法雨	伽藍西方山腰	室町末衰退
2	蔵六庵	○6　大休正念	仏源禅師	石渓心月	正応2.11.29	円湛	伽藍南	建武2.円覚寺移設
3	松鵠庵	△7　寂庵上昭	宏光禅師	蔵叟朗誉	正和5.6.16			室町末廃絶
4	桂光庵	△10　林叟徳瓊	覚源禅師	蘭渓道隆	元亨1.10.10		伽藍西北丘	

典拠：『扶桑五山記』『鎌倉五山記』、寛政二年「寿福寺境内絵図」

Ⅲ　寿福寺の塔頭

寿福寺の塔頭は鎌倉時代創立が四塔頭、南北朝期から室町時代前期創立が十二塔頭である。塔頭の開祖、嗣法、卵塔（開山堂）銘などは表7～表8を参照されたい。

（1）蔵六庵

蔵六庵は大休正念（第六世、仏源禅師）の塔頭である。大休は宋国永嘉郡の人、石渓心月の法をついだ。文永六年（一二六九）に来日したのち鎌倉に至り、北条時宗の命により禅興寺に入院した。ついで建長寺、寿福寺、円覚寺に移った。大休は、寿福寺住持の時、弘安七年（一二八四）に寿塔蔵六庵を寺内に営んだ。正応二年（一二八九）冬、円覚寺にて病み、十一月に正観寺に遷り、同月二十九日、衆を集めて入室させ、晦日に示寂した。諸徒は、遺体を荼毘に伏し、霊骨を亀谷山の寿塔蔵六庵に収めた。

これより先、大休正念が弘安七年に著した「蔵六庵円湛塔無生銘」（『念大休禅師語録』）に蔵六庵の創立について、大要つぎのように記す。

大休は来朝して、文永六年に禅興寺に入院して以来、今弘安七年に及び首尾住山已に十六年を得る。世寿七十に満ち、亀谷山を終焉の地とし、そこに寿塔を創立した。庵は蔵六、塔は「円湛」と号し、無生の銘を著す。（○中略）蔵六は亀の如く隠密全真、円湛は鏡の如く一塵も受けず、親口親言自らこの銘を紀す。無示無説の故に無生という。

表８　南北朝期から室町時代前期創立の寿福寺塔頭　　△印：入元僧

	塔頭	世代・塔頭開祖	勅諡号	嗣法	示寂	開創	位置	備考
1	悟本庵	13　険崖巧安	円応禅師	大休正念	元弘 3.7.23	自照	伽藍南	旧蔵六庵跡
2	正隆庵	15　大用恵堪	霊光禅師	無学祖元	貞和 3.5.25		伽藍南	
3	積翠庵	16　寒潭恵雲	通照禅師	雲叟恵海			伽藍西方丘	
4	大沢庵	17　象先文岑		桃渓徳悟	康永 1.10.8			室町末廃絶
5	聯灯庵	△ 25　足庵祖麟		霊巌至昭	文保 3.11.27			室町末廃絶
6	桂蔭庵	31　月山希一	覚知禅師	玉山徳璇	貞治 5.6.13		伽藍東北	
7	定光庵	41　大拙文巧	広覚禅師	象外禅鑑				室町末廃絶
8	松月庵	53　起宗宗冑		寂庵孫			伽藍西方山腰	室町末廃絶
9	雲龍庵	謙叟宗礼		物外可什				室町末廃絶
10	大秀庵	大林秀茂						室町末廃絶
11	桂昌庵	海岐充東		咲雲				室町末廃絶
12	瑞龍庵	益中禅三		瑞雲	室町前期			室町末廃絶

典拠：『扶桑五山記』『鎌倉五山記』、寛政二年「寿福寺境内絵図」

蔵六庵は卵塔（開山堂）の雅称を「円湛」という。『念大休禅師語録』偈頌雑題に、北条時宗に蔵六庵の額を求めた偈を載せるので、蔵六庵は時宗が没する弘安七年四月以前に創建されていた。その序に、

上二守殿一偈一。求二塔庵蔵六一并序引。

（○前略）。而況年僅七十。来日無二多擬意一。於二当山経蔵側一造二生塔一所一。庵屋数間。以為二末後帰其之地一。今将二落成一。欲レ求二　大手筆蔵六庵額一。表而出レ之。非二惟泉石有レ所レ増輝。抑亦永為二外護之縁一輒成二一偈一申呈。得レ垂二電覧一。不レ勝二栄幸之至一。

とある。これによると、寿塔蔵六庵は寿福寺経蔵の側に営まれた。庵屋は数間の規模である。経蔵は法堂の前方南辺にあったので、蔵六庵の敷地は後の悟本庵の位置に当たる。

創建期の蔵六庵は卵塔「円湛塔」を中心に庵主の住房があった。卵塔（開山堂）には、大休生前に造られた頂相（木像）が安置された。『念大休禅師語録』大小仏事に「蔵六庵安二頭相一」の法語をのせる。頭相は頂相に同

じで、大休の寿像である。同じ大小仏事に「蔵六庵釈迦仏安座」の法語がある。大覚禅師三周忌に、北条時宗は金泥装塑釈迦如来を造立して、西来庵の塔庭に安奉して供養した。これを参考にすると、蔵六庵の釈迦仏は開山堂に安置されたと考えられる。

なお、『念大休禅師語録』大小仏事に、蔵六庵に薬師・観音・地蔵各千尊を安奉する法語を載せる。その法語に「我今この庵道場を開く。十方仏土悉く現前。三千聖像同一会。寛廓空の如く辺有ることなし。一瞻一礼普く恭敬。一色一香供養を修す。」とある。三千聖像は道場本坊客殿に祀られたのではないだろうか。また、同語録・偈頌雑題に、つぎの偈を載せる。

題二蔵六庵帰雲扁一

老病摧残已に七旬、縛茆に待ち尽し囂氛を絶つ。心はなお湛水のごとく明月を印す、身もし長空の暮雲に帰れば、羨を湛えた曾郎は十字を分け、却憐の矮叔は三文を費やす。何如亀谷深く蔵六、人これ人に非ず聞くことを欲せず。

帰雲扁は「帰暮雲」に因む扁銘である。すると、「帰雲」は蔵六庵本坊書院の額銘の可能性がある。正応二年（一二八九）春、大休正念は建長寺端蔵主の求めに応じて、息と菴の二大字を蔵六庵にて書いた（「大休正念墨蹟」）。これは本坊の書院にて書いたのであろう。

大休以後の蔵六庵については、元亨元年（一三二一）九月に寿福寺住持（第十一世）となった秋澗道泉の語録に、浄願寺石浦和尚、資福古源和尚などの位牌を蔵六庵祖堂に入れた時の法語がみえる。祖堂は位牌壇を備えていた。

蔵六庵は建武二年（一三三五）に円覚寺境内に遷された。蔵六庵を円覚寺に移したのは大休正念の法嗣で、建武二年に円覚寺住持となった大川道通であると考えられる。

（2）悟本庵

悟本庵は険崖巧安（第十三世、仏智円応禅師）の塔頭である。険崖は肥前の人、建長寺において大休正念の侍者を司り、建治三年（一二七七）、大休が寿福寺に遷ると、同寺において蔵主を司り、大休正念の法をついだ。元亨三年（一三二三）七月、建仁寺に入寺し、つづいて相陽に来て寿福寺住持となった。険崖は、建仁寺内に五葉庵を、寿福寺内に梧本庵を創めて、時に閑居した。嘉暦三年（一三二八）頃、夢窓疎石の円覚寺辞譲により、険崖がかわって円覚寺に入寺した。元弘元年（一三三一）七月、建長寺に入寺し、同三年（一三三三）七月二十三日、建長寺現住のまま示寂した。寿八十六歳。建仁寺五葉庵と寿福寺悟本庵を塔所とした。後に仏智円応禅師と勅諡された。(9)

悟本庵は、仏殿（法堂兼用）の南方にあり（図16）、その位置はもと大休正念の蔵六庵が在った処と思われる。蔵六庵の跡地に悟本庵を遷したのは大川道通と推定される。

悟本庵の卵塔（開山堂）は雅〔称〕を「自照」という。『清拙和尚語録』仏祖讃・険崖和尚讃に「今則端坐吾本超然眼盖乾坤、更有一処三昧門、」とある。また同語録・拈香に、

険崖和尚　三回忌拈香

葛藤の椿子倒れて三年、靚体の音容なお宛然、五葉聯芳応未巳、一炉沈水祥烟を起こす、

とある。開山堂に安置された険崖和尚の頂相を目の当りにすると、その面影はなお昔のままである、という。寿福寺蔵の木造伝険崖巧安坐像（総高九七・四センチ、像高六〇・三センチ、裾張五九・五センチ）は南北朝時代の作と考えられている。

表９　鎌倉時代創立の浄智寺檀那塔及び塔頭　　△印：入宋・入元僧

	塔頭	世代・塔頭開祖	勅諡号	嗣法	示寂	影堂	位置	備考
	檀那塔 荘厳殿	檀那・北条宗政 北条師時			弘安 4.8.9 応長 1.9.22	荘厳殿	伽藍南方	室町末廃絶
1	蔵雲庵	△開山南洲宏海	真応禅師	兀庵普寧	嘉元 1.1.21	両曜	伽藍西南	
2	真際精舎	△４　世無象静照	法海禅師	石渓心月	徳治 1.5.15		旧常葉に在 伽藍西方	鎌倉末境内に移す
3	正統庵	５　世高峰顕日	仏国禅師	無学祖元	正和 5.10.20	常寂		建武２建長寺へ移す
4	正紹庵	△　見山崇喜	仏宗禅師	無学祖元	元亨 3.6.8		伽藍西方	
5	正源庵	太平妙準	仏応禅師	高峰顕日	嘉暦 2. 閏 9.24	大勝輪		

典拠：『鎌倉五山記』、玉村竹二『五山禅僧伝記集成』

悟本庵は応永元年（または二年）十二月の寿福寺火災に類焼した。室町時代前期の悟本庵について、『鎌倉五山記』寿福寺諸塔条に、

自照〈卵塔〉。聯芳〈祖師〉。護法〈土地〉。帰雲洞。

と記載する。「自照」は卵塔（開山堂）の扁、「聯芳」と「護法」は祖師堂と土地堂の扁で、ともに本坊の客殿奥にある仏間に設けられたと思われる。「帰雲洞」は悟本庵の西南にある隧道で、寿福寺十境の一つであった。

Ⅳ　浄智寺の塔頭

浄智寺の塔頭は鎌倉時代創立が五塔頭、南北朝期から室町時代前期創立が七塔頭である。塔頭の開祖、嗣法、卵塔（開山堂）銘などについては表９～表10を参照されたい。

（１）楞伽院

楞伽院は竺仙梵僊の塔頭である。竺仙梵僊は元国明州の人、姓は徐氏、保寧寺の古林清茂の会下に列なり、のち明州の天童寺に掛搭した。元徳二年（一三三〇）に来朝、鎌倉に下向して建長寺に掛錫、明極楚俊の会下に首座を勤めた。正慶元年（一三三二）二月、浄妙寺に入院、香を古林清茂に嗣香して、その法をついだ。建武元年（一三三四）十

表 10　南北朝期から室町時代前期創立の浄智寺塔頭　　○印：来朝僧

	塔頭	世代・塔頭開祖	勅諡号	嗣法	示寂	影堂	位置	備考
1	楞伽院	○　竺仙梵僊		古林清茂	貞和 4.7.9	最勝	伽藍南方	室町後期廃絶
2	正覚庵	天庵妙受	仏性禅師	高峰顕日	貞和 1.12.21	有り		室町末廃絶
3	大円庵	別伝妙胤		陵虚谷				室町後期廃絶
4	同証庵	必聞令聞		南峰妙譲				室町後期廃絶
5	正印庵	大同妙喆		高峰顕日	貞治 5.11.12			室町後期廃絶
6	興福院	大見妙喜		天庵妙受				室町後期廃絶
7	福生庵	義耕可由						室町後期廃絶

典拠：『鎌倉五山記』、玉村竹二『五山禅僧伝記集成』

一月十五日、後醍醐天皇の綸旨を受けて、竺仙は浄智寺に入寺した。翌建武二年、竺仙は浄智寺内の「天柱峰下故址」を賜り、寿塔楞伽院を営んだ。暦応二年（一三三九）、浄智寺を退院し、楞伽院に退居した。その後、暦応四年三月十三日、光明天皇の綸旨を受けて南禅寺に入院した。貞和二年（一三四六）正月、足利尊氏の命により山城真如寺に住持し、翌貞和三年、足利直義の請を受けて建長寺に入寺、禅林典礼を悉く行った。翌貞和四年四月、疾を以て暫く建長寺内の布金館に居たが、七月に浄智寺の楞伽院に帰った。七月八日、戸部侍郎上杉憲顕が来訊し、帰って竺仙の様子を将軍足利義詮に告げた。翌日、将軍は安房国正木郷田庄若干を捨て、その塔を賑わした。弟子等は悲泣し、競って真賛を求めた。師は一々これを書き与え、了って遺偈を書き、泊然として示寂した、という。七月十六日、全身を楞伽院の最勝塔に帰した、寿五十七歳と伝える(10)。

『竺僊和尚行道記』によると、建武元年（一三三四）、竺仙は浄智寺入寺に際し、官幣三万、地三千畝を賜った。また、翌二年、天柱峰下の故址を賜り、そこに寿塔を営んだ。その天柱峰下に大海を見下ろす景観が楞伽山にすこぶる類似するので、師はその勝景を楽しみ楞伽院を作ったという。楞伽院は中心伽藍後方の丘陵にあり、その南方に天柱峰が聳えていた。天柱峰下の故址とあり、この地は北条宗政を祀る御堂（荘厳殿）の旧跡であ

った可能性がある。(11)

1　南北朝期の楞伽院

『竺僊和尚行道記』に楞伽院の建物について、

榜曰。心地要門。燕居之所。曰一粟乾坤。曰語心堂。曰含暉室。曰最勝岩。（考、岩一作室）。絶頂作レ亭曰二妙高一。曰以二楞伽一為レ事。

と記す。「心地要門」は楞伽院表門の雅称であり、衆生をして開示悟入せしめる処の門である。『竺僊和尚住金宝山浄智禅寺語録』建武四年六月頃の法語に、

知客を請う上堂。心地要門を開却し、普く大地の人入ることを請う、入り則ち無にせず、裏許の事は作麼生。有者は便ち道う、断臂の師僧より後直ちに如今に至る識者多し。是の如く是の如し。〈乃ち知客を召して云く〉。南来者は明窓下に安排する、北来者もまた明窓下に安排する。〈下座〉。

とある。心は万物を滋生する大地の如く一切諸法を生む。如来心地の要門は、すべての人に開放されていた。

「一粟乾坤」は燕居の所の雅称である。一粟が天地を含む意で、『夢窓国師語録』偈頌にみえる一菴あるいは小菴と同じ竺仙の庵室であろう。

「語心堂」は燕居の所にあげられる。語心堂の名は他にみえないが、『竺僊和尚語録』に「語心台」あるいは「語心台石」がみえる。『竺僊和尚語録』建武三年六月旦上堂の法語に、

（○前略）。進んで云く、頑石点頭また意有り、青山撫掌の音多し、如何がこれ語心台。師云く、一句相到らず、満目青山青。

とあり、語心台の石について述べている。語心台の石は上面を人工的に磨いた石であった。「竺僊和尚天柱集」

前偈頌に、白雲庵主（不聞契聞）に寄せた偈をのせる。それに、竺仙と不聞は水際の磨礱石の上で、共に心について語ったことをのせる。この石は語心台の石に同じである。語心台は台石の名称で、語心堂はその台石を備えた堂をいうのではないだろうか。

「含暉室」は竺仙退居の室であった。「竺僊和尚天柱集」雑著に含暉室記をのせる。

含暉室記

丁丑歳藹。余含暉二字を以て扁し、ここを以て退居の室に備える。弟子たずね問う、乃ち之に謂って曰く、此地既に高く面南面す。天行の日月かわるがわる相継ぐ、以て牖頬窓歯の間を往来し、内にその景を入れる、四壁を充満、常煦にして晃然。又修営の始めに於いて、障隔皆楮素を以てす、工人美を愛し雲母を加え飾る。この故に雲霧晦昧の宵と雖も、天地万象、皆聚墨の如くならざるなし、しかるにこれ変わらず、益々虚白を滋す。是勝を見るに因って、乃ち思う、人は徳耀を含む、猶是の如し。代を眷みるに之なし、慕尚に勝えず、既に尚之を慕う。時に内照を欲し、および爾曹を訓えるは、この光大を蓄え、是に由って立つ。（○後略）

「含暉室」は建武四年十二月に完成した。含暉室は退居の室に備えたとあるので、この室は本坊内にあったと考えられる。含暉室は高台にあって南面し、窓を開き、室内壁面は皆素紙を以て仕上げたが、工人の薦めで雲母を加え飾った。この故に雲霧晦昧の宵でも、天地万象、皆集めた墨の如くになるが、しかしこれは変わらず、益々虚白をます、という。浄智寺は北向に伽藍を建てるので、含暉室は本坊の内向にある院主の書院かもしれない。

「最勝岩」は妙高峰にあった。『竺僊和尚語録』自賛に、

妙高峰頂経行処。最勝岩前静坐時。

喚醒蓬萊張八伯。笑将二鉄笛一順風吹。

〈楞伽菴常住〉

とある。竺仙梵僊示寂後、その全身は楞伽院の最勝塔に埋められたという。最勝塔（開山堂）は最勝岩の傍らにあったと思われる。

「妙高亭」は浄智寺の絶頂、天柱峰にある二階建の亭である。そこから足下に青天と伊豆大島を遠望できた。竺仙梵僊は退居後、楞伽院で過し、そこの本坊で示寂した。

以上、南北朝期の楞伽院は、妙高峰にある最勝岩の傍らに最勝塔（開山堂）を立て、境内最高峰の天柱峰に妙高亭を立てていた。表門と本坊、庵室及び語心堂はそれより北方のやや下がった高台にあったと推定される。

2　室町時代前期の楞伽院

延文二年（一三五七）十月の浄智寺回禄により楞伽院は類焼した。『鎌倉五山記』浄智寺諸塔条に、

楞伽院、竺仙和尚、諱梵僊、嗣法古林〈明州人也〉、最勝岩、石取堂、心地要門〈外門〉、

と記す。『五山記考異』も同じであるが、『鎌倉五山記』（明月院本）は最勝岩に〈卵塔〉と注記する。最勝岩傍らに卵塔が存在したか否か詳らかでないが、南北朝期にあった一粟乾坤（庵室）、語心堂、含暉室、妙高亭は再興されず、「石取堂」という新しい建物が中心になっている。室町時代前期の楞迦院は規模が縮小されたと推定される。

（2）正源庵

正源庵は太平妙準（第五世　仏応禅師）の塔頭である。太平妙準は下野の人、下野雲巌寺に高峰顕日に参じた。正応四年（一二九一）、円覚寺の桃渓徳悟の会下に湯菜侍者、請客侍者を勤め、延慶三年（一三一〇）、建長寺の

約翁徳倹の会下で書記を掌った。元応元年（一三一九）、太平は浄智寺住持に任ぜられ、入院して嗣法を高峰顕日に通じ、その法をついだ。嘉暦二年（一三二七）閏九月二十四日、浄智寺にて示寂、寿五十三歳。太平妙準は浄智寺内の高峰顕日の塔所正統庵の祖塔に合わせて祀られた。その骨器の銘は夢窓疎石が選文し、自ら刻んだ。太平妙準は、後に仏応禅師の勅謚を受けた(12)。建武二年（一三三五）、夢窓疎石は、建長寺にあった無学祖元の塔頭正続院の跡に浄智寺から高峰顕日の塔頭正統庵を移して建長寺正統庵とし、浄智寺正統庵の跡を太平妙準の塔頭に改塔し、正源庵と称した。正源庵は開山堂の雅称を「大勝輪」という。

正源庵は延文二年の浄智寺火災に類焼したか否か未詳である。『鎌倉五山記』浄智寺諸塔・正源庵項に、

駐春〈客殿〉、大勝輪〈卵塔〉、黄金閣、龍淵〈井額〉

と記す。『五山記考異』及び『鎌倉五山記』（明月院本）同寺諸塔・正源庵の項に載せる記事もこれとほぼ同じである。三書に載せる浄智寺諸塔の記事は十四世紀後半から十五世紀前半頃の資料を基にすると考えられる。「駐春」は本坊客殿の雅称、「大勝輪」は卵塔（開山堂）の額銘、「黄金閣」は本坊二階閣の雅称である。『日用工夫略集』応安三年（一三七〇）十月十六日条に、義堂周信は浄智寺の黄金閣に芳庭法菊を訪ねた。その座に無外円方が居て、三人で天下禅林の人材について談話したことを載せる。翌応安四年三月二日、芳庭法菊和尚は正源庵黄金閣上で示寂した。芳庭は黄金閣を居室にしていた。『空華集』巻第三に収める「又和㆓答少室㆒兼簡㆓芳庭㆒〈三首〉」と題する詩の一首に、

黄金閣上白眉の僧。旧約相尋ねて友朋に到る。
記得す昨年風雪の夜。西窓灯下伝灯を話しことを。

とある。義堂は、昨年風雪の夜、黄金閣上にいる芳庭を訪ね、西窓灯下で禅林の伝灯について話したという。黄

金閣は正源庵本坊の二階にある芳庭の居室であった。

本坊二階の居室を「黄金閣」と称するのはどのような意味があるのであろうか。これについて参考になるのは、つぎの詩である。『空華集』巻第三に「次レ韻寄二答芳庭和尚一〈三首〉」と題しその一首に、つぎの詩を載せる。

黄金百尺の台を座断して。霊蹤未だ必ずしも温台に在らず。
塵塵供に応ず四天下。底事か巌中定に入り来る。

黄金百尺の台は、唐慧忠国師が南陽白崖山中に居して、黄葉を敷いて坐を温めたという故事により、芳庭の居住する黄金閣を指している。「なに事か巌中定に入り来る、」とあり、黄金閣を岩中の禅室に見立てている。義堂は、また鎌倉禅興寺で黄金閣を詠んでいる。『空華集』巻第九に、つぎの詩を載せる。

寄賀禅興僧大宝

東風吹落一緘書。聴三得焦桐響二爨余一。禅苑中興端有レ待。法門外護果何如。虚空架起黄金閣。瓦礫場開白玉除。迢遞山川無レ限意。両郷相憶月升初。

禅興寺が回禄し、その復興が始まったことを賀した詩である。「虚空架起す黄金閣、瓦礫場開く白玉の除。」とあり、黄金閣は瓦礫（色相）の中にあって虚空に立つ一心法界の象徴（無縫閣）と考えられる。

以上、南北朝期から室町時代前期の正源庵は卵塔（開山堂）と黄金閣のある二階建本坊を中心に、諸寮舎、庫裏、井戸などを備えていたと推定される。龍淵井は正源庵の山上にあったという。

第二節　本坊を中心とする塔頭

本坊を中心とする塔頭は十四世紀前半にもあったが、十四世紀後半から多くなる。つぎに、本坊の室名が知られる塔頭について記す。

Ⅰ　建長寺の塔頭

（1）宝泉庵

宝泉庵は天鑑存円（第六十三世、仏果禅師）の塔頭である。天鑑は無礙妙謙の法嗣、至徳元年（一三八四）に円覚寺住持となり、のちに建長寺に昇住し、住持中に退居寮宝泉庵を営んだ。応永三年（一三九六）四月十一日示寂、宝泉庵を塔所とした。のち仏果禅師の勅諡号を受けた。本坊客殿を「列聖」という。開山堂を設けず、本坊に開祖像を祀ったと推定される。宝泉庵は華厳塔西北の山稜にあった。

（2）金剛院

金剛院は東暉僧海（第六十六世）の塔頭である。東暉は千峯本立の法嗣、応永二年（一三九五）に建長寺に入院し、同年六月二十七日に示寂した。塔所金剛院は寂後に造営されたと推定される。本坊客殿を「渓雪斎」と称した。開山堂を設けず、本坊に開祖の像を祀っていたと推察される。金剛院は境内の北方、華厳塔の後方にあった。

（3）一渓庵

一渓庵は心源希徹（第七十世）の塔頭である。心源は月山希一の法嗣、建長寺に入院した時期など不明である。応永十年（一四〇三）十月十三日に示寂、一渓庵を塔所とした。本坊客殿を「蘭華斎」と称した。開山堂はなく、本坊が中心であったようである。一渓庵は方丈の北東、正受庵東の丘上にあった。

Ⅱ　円覚寺の塔頭

（1）正伝庵

正伝庵は明岩正因（第二十四世、大達禅師）の塔頭である。明岩正因は相州の人、西澗子曇の法嗣である。貞和四年（一三四八）二月、関東公方足利直義は、明岩が鎌倉万寿寺門前に定めた寿塔・正伝庵の敷地を許可した。その後、明岩は文和元年（一三五二）十一月、円覚寺に入院、同三年（一三五四）九月八日、将軍足利義詮の御教書を得て、正伝庵を円覚寺内に移した。明岩が円覚寺内に求めた寿塔・正伝庵の敷地は正続院西南に接する土地である。明岩は、貞治四年（一三六五）、八十一歳の時に自己の尊像・木造明岩正因坐像（頭頂―裾先八七・五センチ、坐高五六・五センチ）を作らせ、同年十二月十三日に自身で点眼して安座供養し、諸経諸穀稲などを奉納して正伝庵に安置した。また、現在の正伝庵本尊・木造宝冠釈迦像（頭頂―裳先四一センチ、坐高三〇センチ）は南北朝時代の作と考えられている。これは明岩在世中の本尊であり、本坊に安置されたと思われる。明岩は応安二年（一三六九）四月八日示寂、正伝庵を塔所とした。正伝庵については卵塔の雅称が伝わらない。明岩坐像及び本尊宝冠釈迦は本坊客殿奥の仏間に安置されたと推察される。

（2）天池庵

天池庵は容山可允（第二十八世）の塔頭である。容山可允は嶮崖巧安の法嗣、延文三年（一三五八）頃、円覚寺に入院し、延文五年（一三六〇）四月十八日に示寂した。天池庵は応安元年（一三六八）夏に追造された。『空華集』巻第二に、つぎの詩をのせる。

戊申夏瑞鹿天池庵成次レ韻賀レ之

山為レ城也海為レ池　中有二難提新肇一基

更好鋤レ雲栽レ竹去　年年産二出籜龍兒一

天池庵は蔵六庵の東山陵に造営された。山陵を切岸して一城と為し、そこ生じた海を池としたこと、その敷地に新たに竹を栽えたことが窺える。『鎌倉五山記』円覚寺天池庵の項に「南溟〈書院〉。（北溟寮舎ィ）（扶搖寮舎ィ）」と記す。『鎌倉五山記』は室町時代前期の資料であるが、天池庵は応安七年の円覚寺大火を免れたので、創建以来の建物を伝えると推定される。これによると天池庵は卵塔がなかったようである。書院は本坊内にある塔主の居間兼書斎である。書院の雅称は南海に因んだ「南溟」、寮舎も北海と東海に因んだ「北溟」と「扶搖」の雅称を付けていた。

（3）如意庵

如意庵は無礙妙謙（第三十六世、仏真禅師）の塔頭で、方丈東方の岡上にある。無礙妙謙は武州の人、高峰顕日の法嗣である。無礙は、応安二年（一三六九）五月に建長寺正統庵塔主であり、それ以前の応安元年頃、円覚寺に入院したと推定される。応安二年七月十三日に示寂した。無礙寂後、応安三年二月に仏真禅師塔所の敷地を円覚寺より分与された。「如意庵文書」によると、敷地は東限が禅興寺堺、北限が黄梅院堺、西限が仏日庵茶園、南限が水落で、現在とほぼ同じ位置である。如意庵はその後、まもなく完成したと思われるが、応安七年十一月の大火により焼失した。

如意庵は永和二年（一三七七）に塔主久庵僧可により再興されたようで、同年十二月廿五日、義堂周信は如意庵に赴き遷塔の賀を述べた。塔主は久庵僧可で、同年九月頃、明より帰朝して円覚寺蔵主を務めていた。『鎌倉五山記』円覚寺如意庵の項に「摩尼殿〈客殿〉」と記す。如意庵は応永年間の円覚寺火災に無事であったので、これは応安火災後に再興された本坊である。如意庵は卵塔（開山堂）を備えていなかったと推定される。

（4）帰源庵

帰源庵は境内西南の岡上にある傑翁是英（第三十八世、仏恵禅師）の塔頭である。傑翁是英は鎌倉大慶寺之庵道貫の法嗣で、出羽の資福寺を開いた。その後、大慶寺に還り、浄智寺に住持した後、円覚寺に昇住した。傑翁の円覚寺入院は応安四年（一三七一）四月廿九日である。住山中に帰源庵を構えて退閑したという。永和四年（一三七九）三月十二日、当庵にて示寂した。『仏恵禅師語録』偈頌に、

蘭室〈聖春居士土屋修理亮帰源院〉

九畹春温方丈床　六門風浄自芬芳

梅兄礬弟紗窓外　蕙帳高垂熏国香

の詩をのせる。土屋修理亮帰源院は帰源庵の開基檀越である。『鹿山略志』帰源院の項に帰源院檀越について「檀越土屋修理亮、法名帰源院蘭室聖春居士、慕師徳風、構本院於鹿山之東麓、為師之東庵、」と記す。『鎌倉五山記』円覚寺帰源庵の項に「不二〈客殿〉」とあり、本坊客殿の雅称は「不二」という。帰源庵は応安七年の円覚寺大火に無事であったので、これは創建以来の本坊を伝える。帰源庵は卵塔を設けなかったのであろう。現在、円覚寺蔵六庵本堂に安置されている木造傑翁是英坐像（総高七六センチ、像高五〇・二センチ、袖張五六・五センチ）は南北朝時代末頃の作で、もと帰源庵に安置されていたと考えられている。(13) 開山坐像は本坊に安置されたと思われる。天正十六年（一五八八）十一月の「帰源庵校割帳」（『神奈川県史』三下―九四〇八）によると、客殿の道具に本尊観音と弁財天像、三牌、韋駄天像、開山仏恵禅師御影と叔悦和尚位牌、奇文和尚御影があった。また両御影のほかに仏恵禅師画像一幅、之庵和尚画像一幅、釈迦幷羅漢像三幅一対が客殿の道具として記載される。仏恵禅師御影は現存する木造傑翁是英坐像と考えられ、本坊客殿奥の仏間に安置されたと推察される。

Ⅲ　寿福寺の塔頭

（1）松鵠庵

松鵠庵は寂庵上昭（第七世、宏光禅師）の塔頭である。寂庵は千光祖師の四世孫、蔵叟朗誉の法をついだ。『清拙和尚語録』仏祖讃・寂庵和尚によると、寂庵は入元して南浦、約翁、無象、樵谷を同行の友として周遊問道し、虚堂智愚、偃渓広聞、介石智明、簡翁を巡礼の師とした。その時期は正元元年（一二五九）から文永二年（一二六五）の間である。寿福寺は正嘉二年（一二五八）正月に全焼したので、寂庵は火災後に入元し、文永二年には帰国していたと思われる。帰国後、寂庵は蔵叟朗誉のもとにあって、寿福寺の復興に尽力したと思われる。『清拙和尚語録』仏祖讃・寂庵和尚に、寂庵は「亀谷中興の肄業」といわれる。寂庵は大休正念のあとをついで、弘安八年（一二八五）に寿福寺住持となった。寿福寺の第八世南山士雲は正和三年（一三一四）十二月に寿福寺に入寺したので、この間、寂庵は寿福寺住持であったのであろう。正和五年（一三一六）六月十六日示寂、寿八十八歳、寿福寺松鵠庵を塔所とした。謚を宏光禅師という。

松鵠庵の位置は未詳である。『鎌倉五山記』寿福寺諸塔・松鵠庵の項に卵塔など建物を載せない。これは松鵠庵が卵塔を設けず、本坊に開祖像を安置したことを示すのかもしれない。貞和五年（一三四九）五月、中巌円月は寿福寺住持全提志令（第二十二世）の請により前版となり、結夏秉払を遂げた。その後、前版の職を辞し、松鵠庵に借住したことが『中巌円月自歴譜』にみえる。

（2）正隆庵

正隆庵は大用恵堪（第十五世、霊光禅師）の塔頭である。大用は京都の人、無学祖元の法嗣である。大用が寿福寺に入寺した時期は、寿福寺第十四世鉄庵道生（元徳三・一三三一年寂）のあと、元徳三年頃と推定される。貞和三年（一三四七）五月二十五日示寂、寿八十歳、寿福寺正隆庵を塔所とした。正隆庵は伽藍の南、悟本庵の東隣にあった。

正隆庵については卵塔の雅称などが伝わらない。寿福寺蔵の木造迦葉尊者立像（像高一三四センチ、肘張四七・五センチ）は、もと正隆庵に安置されていたと伝えられる。この像は創建期の正隆庵本坊客殿奥の仏間に安置されたのであろう。

（3）桂蔭庵

桂蔭庵は月山希一（第三十一世、覚智禅師）の塔頭である。月山希一は玉山徳璇の嗣法、月山が寿福寺に住持であった時期は未詳である。寿福寺第二十九世、南峰妙譲は観応元年（一三五〇）以後に寿福寺に住持し、第三十三世夢礙妙謙は応安元年（一三六八）、円覚寺入院以前に寿福寺住持であったので、月山の寿福寺入寺は延文年間（一三五六〜六〇）頃と推定される。月山希一は貞治五年（一三六六）六月十三日示寂、寿七十五歳、桂蔭庵を塔所とした。『新編鎌倉志』に載せる寿福寺図（図16）によると、桂蔭庵は伽藍の東北、総門内にある双碧池の北方にあった。

『鎌倉五山記』寿福寺諸塔条に桂蔭庵について、卵塔のことを伝えない。現在、寿福寺に所蔵される木造伝月山希一坐像（総高九四・五センチ、像高六二・六センチ、袖張五七・五センチ）は、南北朝時代の作と考えられている。開祖月山希一坐像は、その大きさからみて本坊の仏間に安置されたと思われる。

Ⅳ　浄智寺の塔頭

（1）正紹庵

正紹庵は見山崇喜（仏宗禅師）の塔頭である。見山崇喜は上野の人、二度入宋し、帰朝後、無学祖元に参じ、その法をついだ。世良田長楽寺及び鎌倉浄智寺に住持し、後に京都の南禅寺に遷住した。帝は見山を召して禅要を問い、特に仏宗禅師の号を賜ったという（『高僧伝』）。元亨三年（一三二三）六月八日、浄智寺の正紹庵にて示寂した。正紹庵は伽藍の西方に在った。正紹庵は『鎌倉五山記』にみえるが、その卵塔（開山堂）など建物は未詳である。

（2）正印庵

正印庵は大同妙喆の塔頭である。大同妙喆は陸奥の人、下野雲岩寺の高峰顕日に参じて印可を受けた。晩年に天竜寺に春屋妙葩の会下に在り、のち関東に下向して浄智寺の住持となった。また、下野に伝法寺を開創して、その開山となった。貞治五年（一三六六）十一月十二日示寂、伝法寺と浄智寺正印庵を塔所とした。『鎌倉五山記』浄智寺諸塔・正印庵の項に「宝林〈客殿〉・荘厳殿〈檀那塔〉」と記す。『鎌倉五山記』（明月院本）は同じ正印庵の項に「宝林〈客殿〉」とのせ、荘厳殿〈檀那塔〉を諸塔と別に記載し、北条宗政と師時を祀るとする。この方が正しいと思われる。室町時代前期の正印庵は本坊が中心で、客殿に宝林の額を掛けていた。

（注）
（1）『神奈川県史』資料編3上、5706文書。
（2）舘隆志「蘭渓道隆の霊骨器と遺偈」（前掲）に引く「義天碩信書状」（栃木県足利市寿徳寺所蔵）による。
（3）玉村竹二『五山禅僧伝記集成』による。
（4）『鎌倉市史』史料編第三・黄梅院文書二七。

（5）『鎌倉市史』史料編第三・黄梅院文書三五。
（6）『鎌倉市史』史料編第三・黄梅院文書四六。
（7）関口欣也「黄梅院境内絵図」『神奈川県文化財図録』建造物篇。川上貢『禅院の建築』（新訂）中央公論美術出版、二〇〇五年。
（8）川上貢「普広院旧基封境絵図」同著『建築指図を読む』中央公論美術出版、一九八八年。
（9）玉村竹二『五山禅僧伝記集成』による。
（10）注9に同じ。
（11）関口泰『金宝山浄智禅寺』昭和一六年。
（12）注9に同じ。
（13）『鎌倉市文化財総合目録』彫刻篇、円覚寺蔵六庵。

第三章　鎌倉五山の塔頭における開山堂と本坊の平面形式

Ⅰ　開山堂と昭堂の平面形式

（1）開山堂と昭堂の構成

開山堂と昭堂の構成よりなる塔頭は建長寺開山塔頭西来庵、円覚寺の開山塔頭正続院と檀那塔仏日庵、および黄梅院の四例である。

1　建長寺西来庵開山堂と昭堂

弘安二年に創建された西来庵開山堂（御影堂）は方三間程の土間堂で、母屋に置いた仏壇に開山蘭渓道隆坐像と釈迦如来像を安置していた。開山の霊骨器（銀製）は仏壇後ろの地下に築いた石卵（石室）に奉安され、その直上の床に開山石塔（無縫塔）を立てていたと推察される。創建当初の西来庵は開山堂前の昭堂がなく、昭堂は南浦紹明が住持の時、延慶元年（一三〇八）十二月に創建されたと考えられる。

西来庵は応永二十一年の建長寺火災に類焼した。十五世紀中ごろの西来庵祖塔は開山堂・合の間・昭堂よりなる複合建築であった。開山堂は方三間（十八尺四方）の規模で、昭堂及び合の間と同じ土間堂であった。開山堂内部は母屋に設けた仏壇に開山蘭渓道隆坐像と乙護童子像を祀った宮殿を安置していた。開山石塔（無縫塔）を開山坐像背後の床に立て、石塔下の石卵（石室）に開山霊骨器を奉安していたことは創建期と同じである。

昭堂は一華心林の再建になり、方三間「もこし」付の形式であったと推定されている。

2　円覚寺仏日庵御霊屋と昭堂

元亨三年（一三二三）の「北条貞時十三年忌供養記」によると、仏日庵御霊屋は内陣の奥に時宗（道杲）、時宗室（覚山志道）、貞時（宗演）の各墓堂があり、内陣両側に左・右廊が付いていた。御霊屋は桁行五間、梁行三間ほどの規模が推定される。貞治二年（一三六三）四月の「仏日庵公物目録」に載せる「三所仏前御具足」によると、三所仏前のうち本堂は開基北条時宗の道杲堂、弥勒堂は時宗室の慈氏殿、観音堂は北条貞時の無畏堂である。各仏前具足は青磁花瓶・香炉一対が共通し、三所仏壇が同一の御霊屋内に並んでいたことが推察される。御霊屋の前には祭享のための昭堂が接続していた。昭堂は「もこし」付で、桁行五間の規模と推定される。

3　円覚寺正続院開山堂と昭堂

無学祖元の建長寺塔頭正続院は、建武二年に円覚寺舎利殿の地に遷して開山塔と定められた。移設当時の開山堂は不明であるが、舎利殿は昭堂を兼ねた可能性がある。建武頃の「円覚寺境内絵図」に描かれた舎利殿は入母屋造の方三間「もこし」付の形式であったと推定される。

応永二十八年十一月の火災により正続院は焼失した。応永末年に再建された正続院開山堂（常照塔）は、開山堂の背後に宿龍池がある地形からすると、基壇に建つ方三間の土間堂と推定され、堂内背面中央間に作った厨子に開山仏光国師坐像を安置し、その前に禅宗様須弥壇（現存）を置いていたと推察される。応永三十一年七月二日、正続院使統勝が伊勢国桑名から受け取った正続院造営料材木が「円覚寺文書」（『鎌倉市史』一一一三四〇）に記載される。そのうち八寸方柱二十九本は開山堂及び昭堂主屋の用材と考えられる。開山堂に要する柱は側柱十二本と内部厨子前二本を合わせて十四本である。貞享二年（一六八五）に再建された現在の開山堂は方三間、柱間六尺五寸等間の十九尺五寸四方で、石積基壇に立ち、床板敷である。柱は側柱が径五寸七分丸柱、厨子前柱が径六寸六分丸柱である。堂内は背面中央間柱より三尺五寸前に丸柱二本柱を立て、開山頂像安置の厨子を作る。厨子の前に置いた禅宗様の仏壇は鎌倉時代末頃のものと推定されており、室町時代前期の正続院開山堂に用いられた可能性がある。

一方、現在の舎利殿（昭堂）は基壇積み方三間「もこし」付の禅宗様仏殿で、開山堂前方の下段に建つ。柱間寸法は正面、側面とも中央間七・四尺、両脇間五・五七尺、両端間四・一五尺である。柱は総丸柱で、主屋側柱径七寸八分、来迎柱径九寸三分、「もこし」柱径六寸である。応永再建の昭堂は同形式の方三間「もこし」付建築として、正続院材木のうち八寸方柱十五本を主屋側柱（十二本）と来迎柱および大瓶束に充てることも可能である。「もこし」柱は六寸方柱を用いたであろう。この時期の昭堂は仏牙舎利を安置せず、堂内背面「もこし」両脇間に土地堂と祖師堂の脇壇を設けていたと推定される。

4　円覚寺黄梅院開山堂と昭堂

応永三十年（一四二三）に再建された黄梅院は西向に建つ卵塔（開山堂）と亭（昭堂）を中心に、その前方中庭をはさんで南側に本坊、北側に庫裏客殿と庫裏を相対して配していた。開山堂は正面三間（二十八尺）、側面一間（十四尺）の規模の禅宗様土間堂で、屋根は入母屋造板葺である。柱間装置は正面中間に扉を立てるほか全て竪板壁であり、内法貫の上に欄間を付けている。堂内は背面の仏壇に夢窓疎石坐像と華厳塔の本尊釈迦・多宝を安置していたと推察される。

開山堂の前にある昭堂は、開山堂と同規模の正面三間、側面一間（十四尺）の禅宗様建築である。屋根は切妻造板葺の妻入り形式で、妻飾に虹梁大瓶束架構を表す。破風は先端に刳形を付け、拝みに鰭付三菱懸魚を飾る。

組物は通肘木付三斗組、内法貫上に竪格子欄間を嵌める。正面建具は三間とも端喰付板扉である。軸部材は彩色されていたらしい。

（2）開山堂単独の構成

1　寿福寺逍遥庵開山堂

寿福寺逍遥庵は開山堂前に昭堂を建てなかった。『鎌倉五山記』（明月院本）寿福寺逍遥庵の項によると、卵塔（開山堂）は「法雨」といい、堂内仏壇に開山栄西坐像を安置し、また開基源実朝木像を祀る檀那塔（開山像の左脇壇）と祠堂（位牌壇）を備えていた。これによると、開山堂は桁行三間の規模を有したと推定される。

2　浄妙寺祖堂（開山堂）

室町時代末の浄妙寺祖堂は三間四方の規模であった。この祖堂の古材が現在の方丈仏壇に転用されている。それによると、祖堂は桁行中間七尺、両脇間六尺の規模で、前より二間目通りの中央に径七寸の粽付丸柱を立て、中間と両端柱との間を頭貫と台輪で繋ぎ、拳鼻付禅宗様の出組斗栱を詰組に配し、その内側を仏壇としていた。祖堂は土間堂で、仏壇前に禅宗様須弥壇を置いていた。仏壇には開山行勇禅師坐像（南北朝時代作）と足利直義木像を安置していた。

3　建長寺正統庵開山堂

正統庵は応永廿一年十二月の建長寺大火に類焼を免れたと伝えられる。現在、正統庵客殿に安置する木造高峰顕日坐像は、墨書銘から仏師院恵により正和四年（一三一五）九月に造立された寿像である。室町時代の開山堂は仏壇にこの開祖像を安置していた。

正統院蔵の宝暦五年板額「常寂塔記」および高峰顕日坐像の胎内納入銘札によると、(1) 元禄十六年（一七〇三）

の大地震により常寂堂（祖堂）は倒壊し、国師像が前庭盤石上に跳び出した。それ以来、祖堂を欠いていた。宝暦五年（一七五五）五月十五日、守塔海会元和は旧祖塔辺を掘ったところ、鍬子下に石槨を発見し、槨中に仏国国師の霊骨器を得た。そこで、大匠を召して常寂塔の造営を告げ、六月二十八日に常寂塔を上梁した。十月十九日、開祖像を須弥座に移し仏事を讃揚した。常寂塔は方十二尺の規模で、背面中央間西柱と須弥座は故物を用いた。石槨は須弥座下に埋め、新石槨をその中に納めて霊骨器を奉安し、方石で蓋をした。方石の台に青石の自然石を据え「仏国禅師之塔」と印した、という。

開祖頂像の須弥座下に埋めた石槨中に国師の霊骨器を奉安していた。宝暦再建の開山堂は方三間（十二尺四方）の小規模な建物であった。

4　建長寺龍峰庵開山堂

応永廿一年十二月の建長寺大火により龍峰庵は類焼した。室町時代前期の龍峰庵の建物は『鎌倉五山記』により窺える。開山堂（卵塔）は「無相之塔」といい、堂内仏壇に開祖約翁徳倹坐像（現存）を安置していた。

文政八年（一八二五）の「龍峰院無相塔再建記」[2]に、元文三年（一七三八）夏、偶々当庵乾位置の土を移し平地にした序に、深く掘り石郭を得た。郭中に石卵あり、石卵中に鑞瓶を安置してあった。瓶は周囲一尺五寸、深さ七寸、内に骨身を塡め、外に歳月を記してあった。僧が駢集焼香したが、廟宇を建てる遑がなかった。唯これを記し、これを封し後岩石窟中に露安した。宝泉庵印宗座元は国師の裔であり、常に塔処が風雨に不利であるのを患い、自ら衣資を捨て御影堂の再建を図ったが、遂にこれを果さず逝去した、という。

その後、印宗座元の弟子胤西堂は龍峰院に居して国師御影堂の再建をはかった。文政八年春、客殿（清居殿）の後ろに御影堂を営み、七月に完成した。国師頂像座位の床下に石室を作り、その中に石卵骨器を奉安した。開山堂に「無相之塔」の額を掲げ、良辰をトし、像位を厳飾、清衆を屈請し、落慶安座の仏事を修した、という。

文政八年再建の開山堂は正面三間（十二尺五寸）、側面三間（十五尺三寸）の小規模な板敷堂で、屋根は寄棟造茅葺である。内部は背面一間通りを仏壇とするが、後の改造である。現在中央仏壇の厨子に本尊聖観音坐像を安置し、開祖頂像を右側面に増設した脇壇に安置している。開祖頂像と本尊聖観音坐像は南北朝時代の作である。室町時代前期の開山堂は中央仏壇に開祖頂像、その脇壇に聖観音坐像を安置していたと推察される。

5　建長寺宝珠庵開山堂

宝珠庵は応永廿一年十二月の建長寺大火に罹災したと考えられる。室町時代前期の宝珠庵は『鎌倉五山記』によると開山堂と本坊を中心としていた。開山堂の雅称は「如意」、本坊客殿の雅称は「大光」である。

宝珠院には、江戸時代初期の開山堂（柱・頭貫など室町）があったが、近年解体された。『鎌倉市文化財総合目録』建造物篇に宝珠院開山堂の調査報告が収められている。それによると、開山堂は基壇に立つ桁行三間（十五尺、中央間六尺）、梁行二間（七尺五寸等間）の規模である。軸部は径八寸四分の丸柱を石の礎盤に立て、地覆、内法貫、頭貫、台輪をめぐらす。斗栱は三斗組、軒はもと二軒であった。建具は正面中央間双折桟唐戸、両脇間連子窓、両側面前一間引違戸、背面の三間は竪板壁であった。内部は転根太床（新しい）を設け、出三斗にして竿縁天井を張る。背面中央間に仏壇を作っていた。現在、客殿に安置する開祖了堂素安坐像は南北朝期（頭部）の作であり、開山堂に安置されていた。

以上、鎌倉五山の塔頭における室町時代の開山堂は堂内中央に開祖の頂像（木造坐像）を安置するほか釈迦如来・聖観音菩薩などの坐像を祀り、あるいは建武年間の建長寺天源庵開山堂のように天源庵造営に功のあった二公の寿像や寿福寺逍遥庵開山堂に開基像を祀った例もある。これらによると、開山堂は桁行三間が一般的で、基壇に立ち、建築様式は禅宗様の土間堂であったと推察される。

Ⅱ　本坊の平面形式

（1）客殿と書院を備えた本坊

塔頭に塔主とその住坊である本坊が置かれた早い例は、弘安七年（一二八四）に大休正念が寿福寺内に営んだ寿塔蔵六庵である。蔵六庵は開山堂（円湛塔）のほかに「庵屋数間」といわれる本坊があった。本坊には客殿と「帰雲」の扁額を掛けた書院があったと推察される。

徳治二年（一三〇七）に創建された建長寺玉雲庵は本坊に書院（密蔵軒）を備えていた。蔵六庵及び玉雲庵の本坊は表向きに客殿を設けていたと推定される。

応永二十八年（一四二一）の火災後に再建された円覚寺正続院本坊は客殿を「宿龍」、書院を「雙明軒」と称した。この雅称は、永和三年（一三七七）頃再建された正続院本坊に遡ると推察される。

『鎌倉五山記』によると、建長寺実際庵は卵塔の雅称を「同照」といい、本坊客殿を「春桂堂」、書院を「交蘆室」と称した。これは実際庵が創立された応永二十四年（一四一七）頃の建物である。

応永三十年に再興された円覚寺黄梅院の本坊は、敷地の中央南側にあって中庭に面して北向に建つ。平面規模は正面十間、側面六間、屋根は入母屋造板葺、周囲に榑縁をめぐらす。軸部は角柱に縁長押と内法長押を廻し、柱頂に舟肘木をあげる。客殿は北面東端にある間口四間、奥行四間の部屋で、正面中央二間に外開き桟唐戸を立てる。応永三十年の「黄梅院造営勧進銭納下帳」下行条に「弐貫参百八十文　推板〈書院料〉、」の記載がある。

また、奉加銭の合計について「肆拾五貫陸百文　関東分〈加推板料足二貫五百□□□、〉」とあり、推板は書院（付書院）に用いる床板と解せられる。本坊における住持の書院に書院窓（付書院）が設けられたと考えられる。黄梅院本坊の書院は客殿西脇間（礼間）の奥にあったと推察される。書院は二間四方の部屋であろう。書院の東側に院主の眠蔵、その東に衣鉢侍者の室があったと推定される。なお、黄梅院本坊は檀那間を欠いていた。本坊正面十間のうち西側四間は一間中廊下の西側に小客殿及び小書院などのような院主常住の部屋が設けられたかもしれない。

以上、客殿と書院を備えた本坊は鎌倉時代後期に遡ると推定される。なお、上記の塔頭は開山堂があったので、本坊に仏間を設けなかったと考えられる。

（2）二階建の本坊

中世の鎌倉五山塔頭の本坊は二階閣をあげた例が知られる。二階閣をもつ本坊は建長寺の西来庵摩穹閣、正統庵邀月閣、龍峰庵奎光閣、雲外庵撃蒙閣、広徳庵慶源閣、回春庵披雲閣、円覚寺の大仙庵二階閣、白雲庵雲封亭、伝宗庵二階閣などが知られ、鎌倉時代創立の塔頭が多い。二階建の本坊は一階に客殿と書院を備えていたと考えられる。西来庵本坊は客殿を「資深」、庵主間を「橘檀」といった。本坊二階閣は塔主の居間・書院であり、また円覚寺白雲庵雲封亭は「夢堂」と称され、詩会などに用いられた。

（3）客殿と仏間を備えた本坊

鎌倉五山の塔頭本坊に仏間を設けたと推定される早い例は、明岩正因の塔頭である円覚寺正伝庵の本坊である。明岩は文和三年（一三五四）九月、足利義詮の御教書を得て、鎌倉万寿寺門前に定めた正伝庵の敷地を円覚寺内に移し、正続院西南に隣接する土地に寿塔を営んだ。明岩は、貞治四年（一三六五）、八十一歳の時に自己の尊像・木造明岩坐像（現存）を作らせ、正伝庵に安置した。正伝庵については開山堂の雅称が伝わらないので、開山坐像は本坊客殿奥の仏間に安置されたと推定される。また、正伝庵本尊・木造宝冠釈迦像は明岩在世中の本尊であり、本坊の仏間に安置されたと思われる。明岩は応安二年（一三六九）四月に示寂、正伝庵を塔所とした。

円覚寺帰源庵は傑翁是英の塔頭である。傑翁は応安四年（一三七一）四月に円覚寺住持となり、住山中に帰源庵を構えて退閑した。永和四年（一三七九）三月、傑翁は帰源庵にて示寂した。『鎌倉五山記』円覚寺帰源庵項に「不二〈客殿〉」と記す。帰源庵は応安七年の円覚寺大火に無事であったので、これは創建以来の本坊を伝える。帰源庵には卵塔（開山堂）はなかったと推察される。現在、円覚寺蔵六庵本堂に安置されている木造傑翁是英坐像は南北朝時代末頃の作で、もと帰源庵にあったという。開祖像は本坊客殿奥の仏間に安置されていたと推察される。

『鎌倉五山記』によると、室町時代前期の建長寺雲外庵は卵塔（開山堂）の雅称を「慈照」といい、本坊客殿の雅称を「撃蒙軒」、書院の雅称を「忘筌」と称した。土地堂と祖師堂は本坊の仏間に設けられたと推察される。

以上、開山堂（卵塔）を設けない塔頭では、本坊に開祖の頂像を安置した。当初は開祖の画像を客殿背面の壁に掛け、あるいは客殿背面に作った奥行の狭い仏壇に開祖像（画像）を安置したと思われるが、十四世紀中ごろになると客殿奥の仏間に設けた仏壇に開祖の木像や塔頭の本尊を安置するようになったと推察される。それの早い例は明岩正因が円覚寺内に営んだ正伝庵で、本坊は十四世紀半ば頃に造営された。応安元年（一三六八）に示寂した大喜法忻の塔頭円覚寺続灯庵本坊、永和四年（一三七九）に寂した傑翁是英の塔頭円覚寺帰源庵本坊も客殿奥に仏間を設けていたと推察される。

（注）
（1）『鎌倉市文化財総合目録』彫刻篇　建長寺正統庵。
（2）『鎌倉市文化財総合目録』建造物篇　建長寺龍峰院の項に収録。

あとがき

鎌倉時代後期に創立された建長寺と円覚寺は中国南宋五山第一の経山万寿禅寺を模して創建されたと伝えられる。両寺は創立に当り五山禅院の伽藍とともに、中国の永い歴史のなかでも様式的に最も洗練され、完成した南宋の建築と文物を日本に招来したのである。

本書は中世鎌倉五山の建築について、その創立から鎌倉時代末及び南北朝期における最盛期の主要伽藍と室町時代前期にいたる塔頭の建築を考察した。室町時代における鎌倉五山禅院の主要伽藍は、盛期に比べて規模が縮小されたことが知られる。つぎにその概要を記す。

室町時代前期に再建された仏殿は法堂を兼ねることが一般的であった。仏殿の前方左辺にあった庫院は再興されず、それに代って方丈一郭に大庫裡が建てられた。僧堂は建てられたが、盛期の僧堂と異なり、僧衆が坐禅を行う場ではなかった。とりわけ、公方足利成氏が古河へ移った康正の乱（一四五五）以降、室町時代末の五山禅院はしばしば火災にあい、また所領からの年貢が入らず堂宇を維持できず、伽藍はいち著しく衰退し、塔頭の多くが廃絶した。とりわけ、円覚寺は永禄六年（一五六三）十二月の大火により仏殿と山門をはじめ開山塔正続院および塔頭の多くを焼失した。その後、正続院は喜連川家の縁者三伯昌伊の尽力により北条氏康の時に鎌倉尼五山太平寺の仏殿と客殿を移して昭堂（現舎利殿）と宿龍殿に充て、また開山堂と庫裏を再建した。しかし、仏殿の再興は遅れて寛永二年（一六二五）冬になってようやく落成供養された。

中世鎌倉五山の建築については先学による研究があり、本書はそれらの研究成果に負う所が多い。特に、玉村竹二・井上禅定著『円覚寺史』は円覚寺の創立とその後近代に至るまでの伽藍及び塔頭の盛衰が知られ、また禅僧の日常生活を知る上で大いに参考になった。太田博太郎著『中世の建築』は中世における京都及び鎌倉五山の伽藍配置の特色と主要堂宇の建築様式が明らかにされている。また、関口欣也著『中世禅宗様建築の研究』は元弘元年の「建長寺指図」に描かれた仏殿の形式とその特性を考察し、建長寺仏殿は中世五山仏殿の典型的規模で、その後の五山仏殿の規範になったことを指摘された。また、永禄円覚寺大火後の復興のために作られた円覚寺仏殿元亀四年古図について考察され、当仏殿は建長寺型仏殿と同一であり、詳細な断面により典型的な中世方五間「もこし」付仏殿の断面形式とその寸法がうかがわれる貴重な図面であることを明らかにされた。

本書の内容に関して研究誌にすでに発表したものを、つぎに記す。

中世禅僧の詩に表現された書院窓　『建築史学』第四十三号　二〇〇四年九月

中世における建長寺方丈について　『建築史学』第五十二号　二〇〇九年三月

最後になりましたが、貴重な古絵図の掲載を許可していただきました円覚寺宗務本所と塔頭黄梅院および鎌倉国宝館に対してお礼申し上げます。また、本書を出版するにあたりご指導とご配慮を賜りました中央公論美術出版小菅勉社長に厚く感謝申しあげます。

平成二十八年六月

鈴木　亘

著者略歴

鈴木　亘（すずき　わたる）

1937 年　横浜生

横浜国立大学工学部建築学科卒

株式会社　竹中工務店設計部

横浜国立大学工学部助手

文化学院講師

工学博士

著書

『平安宮内裏の研究』（中央公論美術出版、1990 年）

『書院造と数寄屋考』（中央公論美術出版、2014 年）

中世鎌倉五山の建築 ©

平成二十八年七月　五　日印刷
平成二十八年七月十五日発行

著　者　鈴　木　　亘
発行者　日　野　啓　一
印　刷　理　想　社
製　本　松　岳　社
用　紙　日本製紙株式会社

中央公論美術出版

東京都千代田区神田神保町一-十-一
電話〇三-五五七七-四七九七

ISBN 978-4-8055-0771-1